DIETRICH STERNBERG

Der Gesellschaftszusatz in der Handelsfirma

Schriften zum Wirtschaftsrecht

Band 19

Der Gesellschaftszusatz in der Handelsfirma

Ein Beitrag zur Reform des Firmenrechts

Von

Dr. Dietrich Sternberg

DUNCKER & HUMBLOT / BERLIN

Gedruckt 1975 bei Buchdruckerei Bruno Luck, Berlin 65
Printed in Germany
ISBN 3 428 03381 7

Vorwort

Die vorliegende Abhandlung ist meine Dissertation, die ich im März 1974 fertiggestellt und im Sommersemester 1974 dem Fachbereich Rechts- und Wirtschaftswissenschaften der Johannes Gutenberg-Universität Mainz vorgelegt habe. Die Veröffentlichung berücksichtigt die firmenrechtliche Entwicklung bis Dezember 1974.

Besonders danken möchte ich an dieser Stelle Professor Dr. Walther Hadding.

Dietrich Sternberg

Inhaltsverzeichnis

Abkürzungsverzeichnis

Bücher und Aufsätze, die mit ihrem Verfassernamen zitiert werden, sind mit ihrem vollen Titel im Schrifttumsverzeichnis aufgeführt.

a. A. — anderer Ansicht

ABl.EG — Amtsblatt der Europäischen Gemeinschaften (Jahrgang, Teil, Nummer)

AcP — Archiv für die civilistische Praxis (Band und Seite)

ADHGB — Allgemeines Deutsches Handelsgesetzbuch von 1861

AktG — Aktiengesetz von 1965

ALR — Allgemeines Landrecht

ArchbR — Archiv für bürgerliches Recht (Band und Seite)

AWD BB — Außenwirtschaftsdienst des Betriebsberaters (Jahr und Seite)

BayObLG — Bayerisches Oberstes Landesgericht

BB — Der Betriebsberater (Jahr und Seite)

BGB — Bürgerliches Gesetzbuch vom 18. 8. 1896, RGBl. S. 195

BGBl. — Bundesgesetzblatt (Jahr, Teil, Seite)

BGH — Bundesgerichtshof

BGHZ — Entscheidungen des Bundesgerichtshofes in Zivilsachen, Amtliche Sammlung (Band und Seite)

BTDrs. — Bundestagsdrucksache (Legislaturperiode und Nummer)

DB — Der Betrieb (Jahr und Seite)

DIHT — Deutscher Industrie- und Handelstag

DJT — Deutscher Juristentag

DNotZ — Deutsche Notar-Zeitschrift (vor 1933: Zeitschrift des Deutschen Notarvereins) (Jahr und Seite)

DR — Deutsches Recht (Jahr und Seite)

EG — Einführungsgesetz

GmbHG — Gesetz betr. die Gesellschaft mit beschränkter Haftung v. 20. 4. 1892, RGBl. S. 477

GmbHRdSchau — Rundschau für GmbH (Jahr und Seite)

GrünhutsZ — Zeitschrift für das Privat- und öffentliche Recht der Gegenwart, begr. v. Grünhut (Jahr und Seite)

GS — Gesetzessammlung

HGB	Handelsgesetzbuch vom 10. 5. 1897, RGBl. S. 219
HRR	Höchstrichterliche Rechtsprechung (Jahr und Nummer der Entscheidung)
JFG	Jahrbuch für Entscheidungen in Angelegenheiten der freiwilligen Gerichtsbarkeit und des Grundbuchrechts, begr. v. Ring (Jahr und Seite)
Jherings Jb	Jherings Jahrbücher der Dogmatik des bürgerl. Rechts (Band und Seite)
Jus	Juristische Schulung (Jahr und Seite)
JW	Juristische Wochenschrift
JZ	Juristenzeitung (Jahr und Seite)
KG	Kammergericht
LZ	Leipziger Zeitschrift (Jahr und Seite)
MittBayNot	Mitteilungen des Bayerischen Notarvereins, der Notarkasse und der Landesnotarkammer Bayern (Jahr und Seite)
MDR	Monatsschrift für Deutsches Recht (Jahr und Seite)
NJW	Neue Juristische Wochenschrift (Jahr und Seite)
OLG	Oberlandesgericht
OLGE	Sammlung der Rechtsprechung der Oberlandesgerichte (Band und Seite) dung)
Recht	Zeitschrift „Das Recht" (Jahr und Nummer der Entschei-
RGBl.	Reichsgesetzblatt (Jahr, Teil, Seite)
RGRK	Reichsgerichtsrätekommentar (s. Schrifttumsverzeichnis)
RGZ	Entscheidungen des Reichsgerichts in Zivilsachen, Amtliche Sammlung(Band und Seite)
RJA	Entscheidungen in Angelegenheiten der freiwilligen Gerichtsbarkeit und des Grundbuchrechts, zusammengest. im Reichsjustizamt (Band und Seite)
Seuff. Arch	Seufferts Archiv für Entscheidungen oberster Gerichte (Band und Nummer)
VVaG	Versicherungsverein auf Gegenseitigkeit
ZAkfDR	Zeitschrift der Akademie für Deutsches Recht (Jahr und Seite)
ZGR	Zeitschrift für Unternehmens- und Gesellschaftsrecht (Band und Seite)
ZHR	Zeitschrift für das gesamte Handelsrecht und Wirtschaftsrecht (Band und Seite)

§ 1 Die Notwendigkeit systematischer Überlegungen zum Gesellschaftszusatz im Firmenrecht

Dem Firmenrecht ist unlängst idyllische Provinzialität und liebenswerte Irrationalität bescheinigt worden[1]. In der Tat fordert es zur Kritik heraus, wenn auf der einen Seite der Grundsatz der Firmenwahrheit immer wieder durchbrochen[2], auf der anderen Seite am Grundsatz der Unterscheidbarkeit von Firmen am selben Ort nachdrücklich festgehalten wird[3]. Dieser scheinbare Widerspruch in der Anwendung des Grundsatzes der Firmenwahrheit ist jedoch in der Anlage des deutschen Firmenrechts begründet. Es läßt sich als Mischsystem[4] kennzeichnen[5]: Die ursprüngliche Firma unterliegt dem Grundsatz strenger Firmenwahrheit, während bei einem Wechsel des Unternehmensträgers die Fortführung einer übernommenen Firma auf Kosten der zuverlässigen Information über die Inhaberschaft am Unternehmen gestattet ist. Einer Firma kann aber meist nicht entnommen werden, ob es sich um eine ursprüngliche oder abgeleitete Firma handelt. Daher ist auch der Informationswert der ursprünglichen Firma zweifelhaft[6]. Auf diesen Gegebenheiten dürfte es u. a. beruhen, daß systematische Untersuchungen zum Firmenrecht selten sind[7].

Allerdings ist die Rechtsprechung stets um eine Ordnung des Firmenrechts bemüht gewesen[8]. Sie hat die Grundsätze der Firmenwahrheit,

---

[1] *Wiethölter*, in: Aktuelle Probleme, S. 49.

[2] Die GmbH u. Co. kann eine Firma „Josef Schütz" unverändert fortführen (vgl. *Sudhoff*, in: Aktuelle Probleme, S. 59).

[3] BGHZ 46, 7.

[4] *Hofmann*, JuS 1972, 233 Anm. 7 m. w. Nachw.

[5] Demgegenüber tendieren die romanischen Rechte und das schweizerische Recht (dazu *Joos*) zur strengen Firmenwahrheit, während in den angloamerikanischen Rechtskreisen (dazu *Hofstetter*) firmenrechtliche Gestaltungsfreiheit herrscht (vgl. *Hofmann*, JuS 1972, 233 Anm. 3 und 4 m. w. Nachw.). Nach *Wiethölter*, in: Aktuelle Probleme, S. 49, hat „hinter dem gesamten Firmenrecht ein Privatkrieg zwischen Bartolus (Firma = Zeichen für ein Unternehmen, also Firmenfreiheit) und Baldus (Firma = Name für den Unternehmer, also keine Freiheit) gestanden".

[6] *Wessel*, BB 1972, 67 l. Sp. oben.

[7] Das Firmenrecht erscheint „immer etwas blutleer" (*Sudhoff*, in: Aktuelle Probleme, S. 59). *Hofmann*, JuS 1972, 233 hält es nicht für erforderlich, eine neue Theorie der Firmenwahrheit zu entwickeln.

[8] Zunächst in dem Bestreben, daß — nachdem ein Handelsregister geschaffen worden war, in das alle Firmen eingetragen werden mußten — unwahre

Firmenklarheit, Firmenbeständigkeit, Firmeneinheit, Firmenausschließlichkeit und Firmenöffentlichkeit entwickelt und verfeinert, so daß seit der Jahrhundertwende Änderungen der firmenrechtlichen Vorschriften nicht mehr erforderlich schienen[9]. Eine klare Systematik des Firmenrechts ist jedoch nicht erkennbar. Das mag eine Ursache darin haben, daß das Firmenrecht überwiegend durch Entscheidungen der Oberlandesgerichte geprägt wird[10]. Diese „Provinzialität" steht einer einheitlichen Rechtsentwicklung entgegen, die bei der zunehmenden räumlichen Ausdehnung der Unternehmen wünschenswert erscheint. Zum anderen muß man feststellen, daß mit der bloßen Vermehrung von Meinungsäußerungen allein heute ein einheitlich gehandhabtes Firmenrecht nicht zu erreichen ist[11].

Hinsichtlich des Gesellschaftszusatzes wird der Grundsatz der Firmenwahrheit freilich auch bei der abgeleiteten Firma strenger durchgeführt[12]. Das beruht zum einen auf den ausdrücklichen gesetzlichen Regelungen[13], zum anderen darauf, daß die „Rechtsnatur" des Firmeninhabers als besonders wichtige Information angesehen wird[14]. Aber auch in den Entscheidungen, die sich mit dem Gesellschaftszusatz in der abgeleiteten Firma befassen, erfolgt die Lösung kasuistisch[15], maß-

---

Angaben daraus möglichst ferngehalten werden sollten (so die Begründung des Täuschungsverbots in Art. 16 II ADHGB: *v. Hahn,* S. 89; *Koch,* Art. 16 Anm. 32, S. 239).

[9] Reformbemühungen sind vereinzelt geblieben (vgl. etwa *Franke,* Zur Reform des Firmenrechts und der Handelsregistereintragung, Köln 1937; *J. v. Gierke,* ZHR 100, 305 ff.; *Kröner,* ZAkfDR 1936, 1046 ff.; *Randenborgh,* DNotZ 1961, 508; *Wessel,* BB 1969, 885 ff.; *Wellmann,* GmbHRdSchau 1972, 193).

[10] Zwischen den Weltkriegen durch das KG und das BayObLG als den damals für die weitere Beschwerde allein zuständigen Oberlandesgerichten (vgl. *Wellmann,* GmbHRdSchau 1972, 193).

[11] *Wellmann,* GmbHRdSchau 1972, 193.

[12] Nimmt man das Urteil BGHZ 53, 65 = BB 1970, 318, das Urteil BGHZ 62, 217 = NJW 1974, 1191 sowie den Vorlegungsbeschluß des OLG Hamm, NJW 1973, 2000 und die Reformbemühungen (§ 24 a HGB) zusammen, kann man von einer Tendenz zu uneingeschränkter Firmenwahrheit beim Gesellschaftszusatz sprechen.

[13] §§ 4 AktG, 4 GmbHG, 3 GenG.

[14] Die obligatorische Urform, gewissermaßen ihr essentiale, ergibt sich aus der wahren Angabe der Rechtsform des Firmeninhabers (vgl. *Bußmann,* S. 24).

[15] *Balser/Meyer/Pichura,* S. 29. Wird die Firma einer AG, KGaA oder GmbH fortgeführt, so muß der nicht mehr zutreffende Gesellschaftszusatz gestrichen werden. Ebenso der Zusatz „OHG", wenn eine KG die Firma übernimmt. — Weniger bedenklich ist es nach Ansicht von *Westermann, Harry,* Handbuch I Rn 139 m. w. Nachw., wenn der Zusatz „KG" erhalten bleibt, obwohl die Firma von einer OHG fortgeführt wird. — Bei Firmenfortführung durch einen Einzelkaufmann müssen die Zusätze „OHG" und „KG" weggelassen werden (Westermann, Harry, Handbuch I Rn 139 m. w. Nachw.). Dagegen kann eine Firma, die in anderer Weise auf eine Personen-

geblich unter dem Gesichtspunkt, ob der Rechtsverkehr getäuscht und geschädigt werden kann. Wegen der Bedeutung des Gesellschaftszusatzes ist aber eine über den Einzelfall hinausgehende systematische Betrachtung erforderlich.

Besonders deutlich wird das im Bereich der Grundtypenvermischung. Die „Sägewerke GmbH" ist einziger Komplementär einer KG. Kann diese — bei wörtlicher Anwendung des § 19 HGB — firmieren: „Sägewerke GmbH und Co." (ist das eine OHG?), „Sägewerke GmbH und Co. KG" (diese Firmierung scheint sich immer mehr durchzusetzen), „Sägewerke GmbH KG" (was ist eine „GmbH KG"?), „KG Sägewerke GmbH" (ist das eine KG oder eine GmbH?), „GmbH Sägewerke KG"?

Bei dem erneuten Siegeszug[16] der GmbH und Co. ist es nicht verwunderlich, daß die neueren firmenrechtlichen Untersuchungen die Firma der GmbH und Co. zum Gegenstand haben[17]. Dabei wird zum Teil versucht, durch Differenzierungen im Gesellschaftsrecht: GmbH und Co., GmbH und Co. im weiteren, im engeren Sinne, GmbH und Co. KG, GmbH und Co. als „Einheitsgesellschaft" (im engsten Sinne), Ein-Mann-GmbH und Co. KG[18] firmenrechtliche Lösungen zu finden. Inwieweit zwischen Gesellschaftsrecht und Firmenrecht eine wechselseitige Beeinflussung besteht, wird noch zu untersuchen sein. Den auf die Firma der GmbH und Co. beschränkten Untersuchungen muß man freilich eines entgegenhalten[19]: Es handelt sich nicht um ein Problem der GmbH und Co., sondern um ein allgemeines firmenrechtliches Problem[20].

---

mehrheit hindeutet, unverändert fortgeführt werden (kritisch dazu Westermann, Harry, Handbuch I Rn 139). — Bei Fortführung der Firma eines Einzelkaufmanns durch eine OHG ist in der Regel ein Gesellschaftszusatz nicht unbedingt erforderlich (Westermann, Harry, Handbuch I Rn 139 m. w. Nachweisen; BGH, NJW 1974, 1191).

[16] Der erste Höhepunkt lag in den Jahren nach 1920. Die GmbH und Co. war damals stärker eine Rechtsform für Unternehmensverbindungen. Heute ist ihre wichtigste und meistverbreitete Erscheinungsform die eines Rechtskleides für mittelständische Unternehmen, bei denen die GmbH einziger Komplementär ist, ihr im wesentlichen die Geschätfsführung der KG obliegt und die Gesellschafter beider Gesellschaften ganz oder teilweise identisch sind (vgl. *Schilling*, in: Festg. f. Kunze, S. 189).

[17] *Hofmann*, JuS 1972, 234 Anm. 12 m. w. Nachw.; *Gohl*.

[18] Zusammenstellung bei *Daubenbüchel*, S. 24.

[19] Insbesondere *Gohl*, der (S. 32) ein aus den §§ 4 AktG, 4 GmbHG abgeleitetes Prinzip der Offenkundigkeit zur Zulässigkeitsvoraussetzung gesellschaftsvertraglicher Gestaltungen erhebt.

[20] Register- (und Firmen-)recht entscheiden nicht über die Zulässigkeit gesellschaftsvertraglicher Gestaltungen (vgl. *Westermann*, Vertragsfreiheit, S. 452 Anm. 53 mit Hinweis auf F. Baur, Der Testamentsvollstrecker als Unternehmer, in: Festschr. f. Dölle, S. 259 f.: „dienende Funktion des Registers").

Der verengte Ansatz ist auch den firmenrechtlichen Bemühungen im Rahmen der GmbH-Reform[21] entgegenzuhalten. Ausgehend vom Sonderfall der GmbH und Co. soll in einem § 24 a HGB[22] eine allgemeine Firmenvorschrift für Kommanditgesellschaften eingeführt werden, deren persönlich haftende(r) Gesellschafter nur eine oder mehrere Kapitalgesellschaften sind. Dadurch soll offenbar der Träger der unbeschränkten Haftung näher kenntlich gemacht werden. Demgegenüber ist kürzlich der Hinweis auf die Nachschußpflicht der Genossen in der Genossenschaftsfirma entfallen[23].

Neue firmenrechtliche Vorschriften sollten aber nur „anläßlich einer allgemeinen Überholung des Firmenrechts" geschaffen werden[24]. Ein Eingreifen des Gesetzgebers würde eine Prüfung voraussetzen, welche rechts- und wirtschaftspolitische Bedeutung dem Gesellschaftszusatz überhaupt zukommt[25]. Damit würde das gesamte Firmenrecht zur Diskussion gestellt[26].

Grundsätzliche Überlegungen sind jedoch nicht nur anläßlich einer Reform des Firmenrechts erforderlich, sondern müssen bereits im Rahmen des geltenden Rechts angestellt werden, will man die Probleme des Gesellschaftszusatzes in befriedigender Weise lösen.

---

[21] RegEntwurf eines GmbHG und EGGmbHG, BTDrs. 7/253.

[22] i. d. F. des § 26 RegEntwurf EGGmbHG.

[23] § 3 Abs. 3 GenG in der neuesten Fassung (BGBl. 1973 I 1451).

[24] *Kastner/Stoll*, Die GmbH und Co. KG im Handels-, Gewerbe- und Steuerrecht (Wien 1970), S. 461, zit. von *Geßler*, in: Festg. f. Kastner, S. 155.

[25] *Geßler*, in: Festg. f. Kastner, S. 158.

[26] Vgl. Anm. 25.

§ 2 Allgemeine Kennzeichnung des firmenrechtlichen Gesellschaftszusatzes

I. Abgrenzung des Gesellschaftszusatzes von anderen Firmenbestandteilen

Als Bestandteile der Firma unterscheidet man den Firmenkern[1], sowie notwendige und freiwillige Firmenzusätze.

Der Firmenkern, der stets auf zwingenden Vorschriften beruht, besteht aus einem Personennamen oder einer Sachbezeichnung[2]. Phantasiebezeichnungen sind nach deutschem Firmenrecht als Kern einer ursprünglichen Firma unzulässig[3].

Besteht eine Firma nur aus dem Firmenkern, so wird sie eine einfache Firma, hat sie einen Zusatz, so wird sie eine zusammengesetzte Firma genannt[4].

Firmenzusatz kann sein: ein Personenname, eine Sach- oder Phantasiebezeichnung, eine Bezeichnung der Rechtsform, d. h. regelmäßig des Gesellschaftstyps.

Nach Art der Firmenbestandteile unterscheidet man zwischen Personenfirma, Sachfirma[5] und gemischter Firma. Von letzterer spricht man, wenn Name und Geschäftsgegenstand in der Firma enthalten sind[6].

---

[1] Die Unterscheidung beruht auf dem allgemeinen Sprachgebrauch, *Baumbach/Duden*, § 17 Anm. 3 B. Nach Ansicht von *Schlegelberger/Hildebrandt*, § 18 Anm. 2, 3, 8 ist sie rechtlich belanglos.

[2] „Firmenkorpus", *Pisko*, in: EhrenbergersHdb. II 1, S. 288.

[3] Im Unterschied zu ausländischen Rechtskreisen, z. B. England. Die Beteiligung einer ausländischen Gesellschaft als namengebender Gesellschaft kann deshalb scheitern, und zwar auch dann, wenn ihre Firma einen Namen enthält, der als solcher in Deutschland nicht erkannt wird. Vgl. z. B. „Celdis", BayObLG DNotZ 1973, 126; dagegen *Latinak*, NJW 1973, 1215 ff. und nunmehr auch das BayObLG, NJW 1973, 1886 („Mesirca"). Vgl. auch *Beitzen*, DB 1972, 2051; *Wellmann*, BB 1972, 1383.

[4] HGB-RGRK *(Würdinger)*, § 18 Anm. 3.

[5] Bisweilen wird auch die Sachfirma der juristischen Person als Personenfirma bezeichnet, weil sie der Name der juristischen Person sei. Richtig ist daran, daß die Firma stets Personen*name* ist (*Pisko*, in: EhrenbergsHdb. II 1, S. 277), weil sie den Unternehmensträger, also eine Person oder Personenmehrheit bezeichnet, erst in abgeleiteter Hinsicht auch das Unternehmen (vgl. unten § 8 II 1).

[6] *J. v. Gierke*, ZHR 100, 334 Anm. 68.

Nicht jede Firma hat einen Zusatz: so die ursprüngliche Firma des Einzelkaufmanns „Otto Müller“[7]. Eine Sachbezeichnung ohne Zusatz ist als ursprüngliche Firma nicht denkbar[8].

Die Aufnahme von Zusätzen in die Firma ist freiwillig, mit Ausnahme des die Rechtsform kennzeichnenden Zusatzes[9]. Deshalb wird der obligatorische Zusatz bisweilen mit zum Firmenkern gerechnet[10].

Mit Ausnahme der OHG-Firma, bei der die Angabe sämtlicher Gesellschafternamen genügt, ist die Aufnahme eines die Rechtsform

---

[7] Wird die Firma „Otto Müller“ durch mehrere Erwerber übernommen, die das Unternehmen in der Rechtsform einer OHG weiterführen, dann ist die Beifügung eines das Gesellschaftsverhältnis bezeichnenden Zusatzes nicht erforderlich (OLG Düsseldorf, NJW 1960, 2289). Vgl. auch oben § 1 Anm. 15.

[8] Siehe aber Art. 22 Abs. 2 EGHGB; weitere Ausnahme: die Firma juristischer Personen i. S. der §§ 33 ff. HGB. Bei der *abgeleiteten* Firma scheint die Sachbezeichnung ohne Zusatz unausweichlich. Aus der Gesellschaft „Sägewerke GmbH und Co.“ tritt die GmbH aus. Nach verbreiteter Ansicht muß bei Fortführung der Gesellschaft mit einer natürlichen Person als einzigem Komplementär der Bestandteil „GmbH“ gestrichen werden, während die bisherige Sachfirma weiterbestehen kann (OLG Frankfurt, DB 1970, 583: „Import-Schuh KG“; a. A. OLG Celle, NJW 1963, 543 = BB 1963, 327, wenn ein Einzelkaufmann das Unternehmen erwirbt; dagegen BGH, BB 1965, 1202). Tritt aus der Gesellschaft mit der Firma „Sägewerke und Co.“ der letzte Kommanditist aus, so liegt es nahe, daß der Bestandteil „und Co.“ gestrichen werden muß (so BGH, BB 1970, 318 = NJW 1970, 705 = BGHZ 53, 68 für die Firma „Meier und Co.“, wenn ein Einzelkaufmann das Unternehmen erwirbt. Dies muß aber nach *Hofmann*, JuS 1972, 241 Anm. 70 auch für das Ausscheiden des letzten Gesellschafters angenommen werden). Der das Geschäft allein Fortführende könnte dann „Sägewerke“ firmieren. Dies ist aber bedenklich, weil die Firma als solche gar nicht zu erkennen ist (Minderkaufmann, Etablissementsbezeichnung; dazu BGHZ 22, 36) und das Vorliegen einer alteingesessenen Firma vorgetäuscht würde: Nach Art. 22 Abs. 2 EGHGB können Firmen aus der Zeit vor dem 1. 1. 1900 fortgeführt werden, die den Voraussetzungen des HGB nicht entsprechen (Einzelheiten bei *Brüggemann*, in: Grosskomm. HGB, § 18 Anm. 18). Die Fortführung der Sachfirma einer AG durch einen Einzelkaufmann ist nach Ansicht von *Würdinger* (HGB-RGRK, § 24 Anm. 39) unter Wegfall des Gesellschaftszusatzes möglich, so daß Max Müller firmieren könnte „B.er Rüben-Zuckerfabrik“. Demgegenüber hat das OLG Bremen (DNotZ 1971, 674) in analoger Anwendung von § 6 UmwandlG entschieden, daß ein Einzelkaufmann die Sachfirma einer GmbH und Co. KG nur mit einem Nachfolge- oder Inhaberzusatz nach § 18 Abs. 1 HGB fortführen darf.

[9] Die Einteilung in Firmenkern, fakultative und obligatorische Firmenzusätze entspricht der Auffassung von *Würdinger*, in: HGB-RGRK, § 18 Anm. 3; *J. v. Gierke*, ZHR 100, 324; ein Zwang zur Aufnahme eines Zusatzes kann allerdings auch nach § 30 Abs. 2 HGB bestehen, wo die Art des unterscheidenden Zusatzes aber freigestellt ist.

[10] *Hofmann*, JuS 1972, 234 (unter II, 1) und 239; *Riechert*, DB 1956, 493; *Schlegelberger/Hildebrandt*, § 18 Anm. 3; wohl auch *Westermann, Harry*, Handbuch I, Rn 131; OLG Hamm, DNotZ 1967, 392; RGZ 96, 195: Man kann den Kern insoweit als wesentlichen Bestandteil der Firma bezeichnen, als er den gesetzlich schlechthin notwendigen Teil derselben darstellt. Wie hier dagegen BayObLGE 1971, 115; 1972, 165; *Brüggemann*, in: Großkomm. HGB, § 18 Anm. 5, 6 a.

bezeichnenden Zusatzes zwingend vorgeschrieben. Für die AG, die KGaA und die eingetragene Genossenschaft ist der Zusatz gesetzlich festgelegt (= bestimmter Zusatz). Nur im Bereich der OHG und KG besteht eine Wahlmöglichkeit zwischen verschiedenen Zusätzen, in gewisser Hinsicht auch bei der GmbH (unbestimmter Zusatz)[11].

Nicht nur die Handelsgesellschaften haben eine Firma. Auch sonstige privatrechtliche oder öffentlichrechtliche juristische Personen unterliegen, soweit sie Kaufmannseigenschaft besitzen, dem Firmenzwang[12], wie z. B. die Stiftung[13], der wirtschaftliche Verein, der VVaG, die Sparkasse. Umfassend ist deshalb die Bezeichnung „Rechtsformzusatz". Da sich die Untersuchung im wesentlichen auf die Handelsgesellschaften beschränkt, wurde die Bezeichnung „Gesellschaftszusatz" gewählt. An geeigneter Stelle wird auf die außerhalb des Gesellschaftsrechts geregelten Firmenträger eingegangen werden.

Unter „Gesellschaftszusatz" wird danach im folgenden der gesetzlich vorgeschriebene Firmenbestandteil verstanden, der die Rechtsform einer Handelsgesellschaft entweder bestimmt oder unbestimmt bezeichnet.

II. Arten des Gesellschaftszusatzes

Nach der gesetzlichen Regelung kann man verschiedene Arten des Gesellschaftszusatzes unterscheiden:

1. Es gibt zunächst den das Bestehen eines Gesellschaftsverhältnisses nur andeutenden Zusatz („und Co."): § 19 HGB, § 4 GmbHG.

2. Im Vordergrund steht demgegenüber der bestimmte Gesellschaftszusatz, wie er bei der OHG und der KG möglich, bei der AG und der GmbH gesetzlich vorgesehen ist.

3. Daneben spielt der zusammengesetzte Gesellschaftszusatz eine Rolle.

a) Es kann sich um einen aus den andeutenden (1.) oder bestimmten Elementen (2.) zusammengesetzten Gesellschaftszusatz („und Co. KG", „und Co. GmbH") handeln.

b) Von einem zusammengesetzten Gesellschaftszusatz kann man auch bei der „A GmbH KG", „A GmbH und Co. KG", „X AG und Co." u. ä. sprechen, obwohl der Gesellschaftszusatz der beteiligten Gesellschaft und der Gesellschaftszusatz der aufnehmenden Gesellschaft[14] auf

---

[11] Vgl. unten § 4.

[12] *Baumbach/Duden*, §§ 33 — 35 Anm. 1 A.

[13] Der Zusatz „Stiftung" in der Firma ist nicht zwingend, aber wünschenswert, *Berndt*, S. 36.

[14] Unter „aufnehmender Gesellschaft" wird im folgenden die Gesellschaft bezeichnet, an der eine andere Gesellschaft entweder seit der Gründung

verschiedenen rechtlichen Grundlagen beruhen. Streng genommen müßte man deshalb den Gesellschaftszusatz vom „Gesellschafterzusatz“[15] trennen. Es ist jedoch zweifelhaft, ob diese Unterscheidung in der Firma hinreichend verdeutlicht werden kann. Der Firmenbestandteil „GmbH und Co. KG“ wird jedenfalls überwiegend als einheitlicher Gesellschaftszusatz aufgefaßt[16].

In der firmenrechtlichen Entwicklung läßt sich — insbesondere am Beispiel der GmbH — erkennen, daß im Laufe der Zeit meistens für einzelne Gesellschaftstypen eine Festlegung auf eine bestimmte Art des Gesellschaftszusatzes stattfindet. So ist auch die Bemerkung *Geßlers*[17] zu verstehen, daß sich „wahrscheinlich im Laufe der Zeit ohnehin der vollständigere Zusatz und Co. KG (bei der GmbH und Co.) durchsetzen“ wird[18].

---

oder durch Beitritt beteiligt ist (nicht zu verwechseln mit der aufnehmenden Gesellschaft bei der Verschmelzung von Aktiengesellschaften: § 339 Abs. 1 S. 2 AktG). „Beteiligte Gesellschaft“ meint eine Gesellschafter-Gesellschaft, meist gerade die namengebende.

[15] Soweit ersichtlich spricht nur das HansOLG Hamburg (MDR 1965, 580) vom „Gesellschafterzusatz“.

[16] Vgl. auch *Derichs*, S. 15: Der Zusatz „AktG und Co.“ muß als Ganzes gesehen werden, und unten § 4 III 2.

[17] in: Festschr. f. Kastner, S. 158.

[18] Die Festlegung der Firmierung bestätigt die Beobachtung, daß gesetzgeberisch vorgesehene Typen, die meist noch als solche in die Gesetze übergehen, dort vielfach aus Gründen der Rechtssicherheit zu Klassen erstarren. Dies ist bei den Gesellschaftsformen durchaus geschehen (*K. Schmidt*, S. 84; für die GmbH: *Schilling*, in: Festg. f. Kunze, S. 195).

§ 3 Der Gesellschaftszusatz in der Entwicklung des Gesellschaftsrechts

„Die Entwicklung der Firma (— und des Gesellschaftszusatzes —) hängt vornehmlich mit der Entwicklung des Gesellschaftswesens zusammen“[1].

Dies gilt bereits für die Entstehung der Firma: Von den bürgerlichen Namen abweichende Handelsnamen[2] finden sich zuerst bei den Handelsgesellschaften[3]. Es lag nahe, die gemeinsam handelnden Gesellschafter mit einer Gesamtbenennung zu bezeichnen, aber auch die Zugehörigkeit zu demselben Geschäft klarzustellen, wenn das Geschäft von verschiedenen Personen vertreten wurde[4].

Beim Einzelkaufmann bestand für eine Abkürzung oder Vereinfachung kein Bedürfnis. Die lediglich den bürgerlichen Namen des Einzelkaufmanns enthaltenden Bezeichnungen wurden deshalb lange Zeit nicht als besondere Handelsnamen angesehen[5].

Man nahm sogar an, nur Gesellschaften könnten eine Firma haben[6]. Dies änderte sich erst mit der Erkenntnis, daß das Geschäft den Inhaber überdauern und unabhängig von ihm betrachtet werden kann[7,8]. Hinzu kam die besondere Wertschätzung der Namenskontinuität.

In der Entwicklung des Gesellschaftszusatzes kann man drei Abschnitte unterscheiden: (I) Die Zeit der ältesten Handelsgesellschaften, (II) die Entstehung neuer Gesellschaftsformen, (III) die Beteiligung von

---

1 *Endemann,* Handelsrecht, S. 63.

2 Vom „Handelsnamen“ spricht man, wenn man die Eigenschaft der Firma als Sondername ihres Trägers verdeutlichen will.

3 *Behrend* I. Bd., Abt. 1, S. 252; *J. v. Gierke,* ZHR 100, 311. Auch das preußische ALR kannte nur die Gesellschaftsfirma („Societätshandlungen“, 2. Teil, 8. Titel §§ 617, 620); ebenso der code de commerce („raison sociale“, Art. 21, 25).

4 *Anschütz/v. Völderndorff,* S. 152.

5 *Goldschmidt,* Universalgeschichte, S. 243.

6 *Endemann,* Handbuch, S. 193.

7 *Endemann,* Handelsrecht, S. 62: „Gerade im Gebrauch der Firma prägte sich . . . zuerst bei den Gesellschaften, später allgemeinhin, die Idee aus, daß das Geschäft und die Person des Inhabers zweierlei sind“.

8 *Raiser, Th.,* S. 16: „Zum einen . . . bewirkt die Firma, der gesetzlichen Konzeption zum Trotz, eine Verselbständigung der Unternehmenssphäre. Zum anderen mußte das Gesetz die Veräußerlichkeit des Unternehmens nebst seiner Firma anerkennen und regeln, womit es zugleich seine Selbständigkeit als Organisation gegenüber der Person des Inhabers zugab“.

Gesellschaften an der Bildung von Gesellschaften. Schließlich läßt (IV) die gegenwärtige Einstellung zu den gesetzlich vorgezeichneten Gesellschaftstypen auch die Fragen des Gesellschaftszusatzes nicht unbeeinflußt.

I. Die Zeit der ältesten Handelsgesellschaften

Die ältesten Hauptformen der modernen Handelsgesellschaften sind die Kommanditgesellschaft, die offene Handelsgesellschaft und die Aktiengesellschaft. Nach der Systematik des HGB ist man geneigt, die KG als modifizierte OHG anzusehen. Jede der drei Hauptformen ist aber unabhängig von der anderen entstanden, zeitlich in der wiedergegebenen Reihenfolge[9, 10].

1. Personalgesellschaften

Behrend[11] vermutet, daß ursprünglich, wenn mehrere persönlich haftende Gesellschafter vorhanden waren, die Firma deren Namen sämtlich enthalten mußte, während nur die nicht persönlich haftenden Gesellschafter durch den Zusatz „et socii" („et Compagnie") angedeutet wurden. Danach würde ein Gesellschaftszusatz sich erstmals bei der Kommanditgesellschaft gefunden haben. Aber schon die OHG der Gebrüder Fugger firmiert: „Ulrich Fugger und Gebrüder von Augsburg". Diese Firma wird allgemein als erste Firma in Deutschland angesehen[12]. „Et socii", „et compagnie", „und Gebrüder" dürften somit die ersten das Bestehen eines Gesellschaftsverhältnisses andeutenden Zusätze gewesen sein. Der Firmenkern bestand bei der KG und der OHG aus dem Namen eines der Gesellschafter.

2. Aktiengesellschaften

Die moderne Aktiengesellschaft nimmt ihren Ausgang von den großen Unternehmungen im Zeitalter der Entdeckungen und der industriellen

---

[9] *Goldschmidt*, Universalgeschichte, S. 254 und System, S. 130. Das preußische ALR unterscheidet überhaupt nicht zwischen verschiedenen Arten von Handelsgesellschaften (2. Teil, 8. Titel §§ 614 — 683), während der code de commerce bereits drei Gesellschaftsarten kannte (société en nom collectif, société en commendite und société anonyme, Art. 19). Erst nach und nach brachte man sich in Deutschland die Unterschiede der einzelnen Gesellschaftsarten zum Bewußtsein.

[10] Den Redaktoren der Bestimmungen über die KG schwebte das Bild des kaufmännischen Kapitalgebers vor, der nur nicht an die Öffentlichkeit treten und sich deshalb nicht als persönlich haftender Gesellschafter beteiligen will. So ist die KG ins Schlepptau der OHG geraten und wird überwiegend unbefangen nur als Abart der OHG dargestellt. Dazu kritisch: *Teichmann*, S. 96.

[11] Bd. I, Abt. 1, S. 252.

[12] *Reinhardt, E.*, S. 81.

Entwicklung[13]. Als erste deutsche AG gilt die Brandenburgisch-Ostindische Kompagnie aus dem Jahre 1651[14]. Über vereinzelte Bildungen hinaus gewann die Aktiengesellschaft aber erst mit dem Bau der großen Eisenbahnlinien allgemeine Bedeutung[15].

Bei der Aktiengesellschaft sah man von vornherein als Träger der Firma nicht die einzelnen Aktionäre an, sondern das Aktienunternehmen selbst[16]. Die Firma der Aktiengesellschaft entsprach deshalb nicht einem Bedürfnis nach Abkürzung, weil „nicht die Personen (die Aktionäre), sondern der Zweck, das Unternehmen als handelnd im Verkehr auftreten“[17]. Der Zweck der Aktiengesellschaft wurde mit einer Sachbezeichnung umschrieben, im wesentlichen aus den Bereichen der Industrie, der Banken und Versicherungen. Die Bezeichnung als „Verein“ oder „Gesellschaft“ war häufig, wurde aber nicht als Notwendigkeit empfunden. Es genügte z. B. „Getreidekunstmühle in Rosenheim“, „Haunstetter Weberei“, „Berliner Brodfabrik“[18], „Zuckerfabrik Heilbronn“[19]. Ein Bedürfnis für die Aufnahme eines Gesellschaftszusatzes in die Firma der Aktiengesellschaft bestand deshalb nicht, weil der Firmenkern in der Regel aus einer Sachbezeichnung bestand und somit eine Abgrenzung gegenüber der KG und der OHG mit dem Namen eines Gesellschafters als Firmenkern ohne weiteres möglich war.

Zu Beginn der Firmenentwicklung ergibt sich demnach folgendes Bild: Die Firma der OHG und der KG enthielt als Kern einen Personennamen, die Firma der Aktiengesellschaft eine Sachbezeichnung. Nur bei der OHG und der KG wurde ein Gesellschaftszusatz gebraucht, soweit er als Abkürzung erforderlich war. Die Unterscheidung von

---

[13] Zur Entwicklungsgeschichte der Aktiengesellschaft ausführlich: *Wiethölter*, Interessen und Organisation der Aktiengesellschaft, S. 53 ff.; *Großfeld* und die bei ihm auf S. 2 Anm. 10 Genannten. *Schmalenbach*, S. 140, meint, daß das Hauptmotiv zur Gründung von Aktiengesellschaften das zu übernehmende große Risiko, nicht so sehr die Aufbringung großen Kapitals gewesen sei. Demgegenüber betont *Großfeld*, S. 104, daß noch weit bis ins 19. Jhd. die beschränkte Haftung keineswegs notwendig zum Begriff der Aktiengesellschaft gehörte.

[14] *Wiethölter*, S. 57. *Behrend*, Bd. I, Abt. 1, S. 252, nennt die Wiener orientalische Kompagnie von 1719.

[15] *Behrend*, Bd. I, Abt. 2, S. 710. Siehe auch den Titel des ersten deutschen Lehrbuchs über Aktiengesellschaften von *Meno Pöhls*, Das Recht der Actiengesellschaften mit besonderer Rücksicht auf Eisenbahngesellschaften, Hamburg 1842.

[16] *Anschütz/v. Völderndorff*, S. 156.

[17] *Endemann*, Handbuch, S. 194; nach französischem Recht hat die AG keine Firma i. S. eines Personennamens (raison sociale), sondern nur eine Bezeichnung (désignation). Sie ist eine société anonyme (*J. v. Gierke*, ZHR 100, 316 Anm. 22).

[18] Beispiele nach *Anschütz/v. Völderndorff*, S. 156.

[19] *Renaud*, S. 129.

Personalgesellschaft und Kapitalgesellschaft[20] war allein anhand des Firmenkerns ohne weiteres möglich.

3. *Vom partikulären Recht zum ADHGB*

Weiterreichende allgemeingültige Aussagen über die firmenrechtliche Entwicklung in Deutschland lassen sich allerdings kaum geben, weil bis zum ADHGB ein eigentliches Firmenrecht sich nur innerhalb der Partikulargesetzgebung nachweisen läßt[21]. Gemeinrechtlich herrschte Firmenfreiheit, d. h. es war in das Belieben des Geschäftsführers gestellt, ob er überhaupt eine Firma annehmen wollte[22]. Das in den Ansätzen der Firmenbildung erkennbare ursprüngliche System blieb deshalb nicht rein erhalten[23]. Beispielsweise nahmen häufig Einzelkaufleute den Zusatz „et compagnie" in ihre Firma auf, um sie nicht ändern zu müssen, wenn sie später einen Gesellschafter gefunden haben würden[24].

Erst das ADHGB (1861)[25] brachte in Anlehnung an den Entwurf eines HGB für Preußen (1857) eine umfassende Regelung des Firmen-

---

[20] Die Ausführungen über die Entwicklung des Gesellschaftszusatzes orientieren sich an dem Begriffspaar Personalgesellschaft — Kapitalgesellschaft. Diese Unterscheidung der Gesellschaftsarten ist zwar nach *Goldschmidt*, System S. 130, juristisch unzureichend, weil sich in der KG, der Genossenschaft und der GmbH das „persönliche" und das „kapitalistische" Element mischen. Sie vermeidet aber, einzelne Elemente zur Differenzierung der Gesellschaftsarten als allein maßgeblich anzusehen, wie z. B. die Organisation (Gesellschaft — Verein), Zurechnung von Recht und Pflicht (Jur. Person — Gesamthand), Verknüpfung von Privat- und vergemeinschafteten Mitteln (Gesichtspunkte nach *Wiethölter*, Aktuelle Probleme, S. 37). Der Gesetzgeber hat sich — bestärkt durch den Nürnberger Entwurf — stets an zwei Grundmustern, offene Handelsgesellschaft und Aktiengesellschaft orientiert. Daneben trifft man nur auf Abarten des Grundtyps, wie KG und stille Gesellschaft, und auf Mischformen wie die GmbH. Auch die scheinbar neben diesem Geflecht stehende Genossenschaft erweist sich mit ihrer aktienrechtlichen Innengestaltung und der nach außen einer Personalgesellschaft angepaßten Verfassung als verwandt, *Teichmann* S. 96.

[21] *Behrend*, Bd. I, Abt. 1, S. 252 Anm. 13 m. w. Nachw. Insbesondere das 15. und 16. Jhd. sind nicht erforscht, vgl. *Bauer*, Unternehmung und Unternehmensformen im Spätmittelalter und der beginnenden Neuzeit, 1936, Vorwort S. VII; vgl. für die Zeit von 1100 — 1500 nunmehr: *Pohlmann*, H., Die Quellen des Handelsrechts, in: Hdb. der Quellen und Literatur der neueren europäischen Privatrechtsgeschichte, Erster Bd. (hrsg. von Coing), München 1973.

[22] *Behrend*, I. Bd., Abt. 1, S. 252.

[23] Aufschlußreich die Entscheidung des Obertribunals zu Berlin vom 4. April 1857 (ZHR 1, 166 ff.) zu der Frage, ob die KGaA — damals! — eine Sachfirma annehmen konnte.

[24] *Koch*, ADHGB Art. 16 Anm. 32, S. 239. Aus dieser Zeit haben sich Sachfirmen von offenen Handelsgesellschaften über den 1. 1. 1900 hinaus gehalten (*Brüggemann*, Großkomm. HGB, § 18 Anm. 28; BGHZ 22, 238).

[25] BGBl. 1869, (Nordd. Bund), 404.

rechts. Die Willkür bezüglich der Wahl und Gestaltung der Firma wurde ausgeschlossen, da — nachdem ein Zwang zur Eintragung der Firma in die Register beschlossen war — unwahre Angaben aus demselben möglichst ferngehalten werden mußten[26].

Die Vorschriften des ADHGB beruhten auf dem Prinzip der „natürlichen Firmen"[27], d. h. daß die Firma ihren Träger bezeichnen muß[28]. Das ADHGB entsprach damit dem dargelegten ursprünglichen System, nach dem man bereits am Firmenkern die Art des Unternehmens — ob Personalgesellschaft oder Kapitalgesellschaft — ablesen konnte. Ganz in diesem Sinne lehnte der preußische Entwurf die Sachfirma für den Einzelkaufmann mit der Begründung ab, daß die Gefahr der Verwechslung mit einer Aktiengesellschaft bestünde[29]. Auch Art. 189 Abs. 3 ADHGB beweist, für wie aussagekräftig der Firmenkern gehalten wurde: Die OHG, die KG und die KGaA durften nicht den Zusatz „Aktiengesellschaft" aufnehmen, nicht etwa mußte die Firma der Aktiengesellschaft einen entsprechenden Zusatz enthalten[30]. Ebenso bezeichnend ist es, wenn *Endemann*[31] die Bildung der Firma einer Aktiengesellschaft aus Phantasienamen deshalb für möglich hielt, weil das eben nicht der Name einer Person sei und es für die AG nur darauf ankomme, daß sie sich von den anderen Gesellschaften unterscheidet. Allerdings stand es frei, „Aktiengesellschaft", oder aber auch lediglich „Gesellschaft" hinzuzufügen[32]. Daß es sich bei der „Gasbeleuchtungsgesellschaft in München" oder der „Metallurgischen Gesellschaft"[33] um eine Aktiengesellschaft handelte, ergab sich dann jedoch nur aus dem Umkehrschluß: der Firmenkern enthielt keinen Personennamen.

4. Unterscheidung von Personal- und Kapitalgesellschaften anhand des Firmenkerns

Die Erkennbarkeit der Gesellschaftsart anhand des Firmenkerns war jedoch durch die Beifügung von unterscheidenden Firmenzusätzen

---

[26] *Koch*, S. 239.

[27] *Behrend*, Bd. I, Abt. 1, S. 254: Die Firma von Einzelkaufmann, offener und Kommanditgesellschaft werden aus Personennamen gebildet, die Firma der Aktiengesellschaft und der Genossenschaft soll unpersönlich sein.

[28] Maßgeblich bereits der Entwurf eines Handelsgesetzbuches für die preußischen Staaten nebst Motiven, 2. Teil: Motive, Berlin 1857 S. 16/17 (zu Art. 20 a. E.).

[29] Vgl. Anm. 28: S. 16 zu Art. 20 a. E.

[30] *Endemann*, Handbuch, S. 199 Anm. 39 unter Verweisung auf die Protokolle zum ADHGB, S. 37: Ein Antrag, die Bezeichnung „Aktiengesellschaft" obligatorisch zu machen, wurde abgelehnt.

[31] Handelsrecht, S. 65 Anm. 22; *Renaud*, S. 129.

[32] *Endemann*, Handbuch, S. 199.

[33] Beispiele nach *Anschütz/v. Völderndorff*, S. 157.

gefährdet. Dieser Gefahr konnte man auf zweierlei Weise begegnen. Entweder man ließ nur bei der Firma der Personalgesellschaften Sachbezeichnungen als Firmenzusätze zu und verbot Personennamen als Zusätze in der Firma der Kapitalgesellschaften. Oder man verbot umgekehrt Sachzusätze in der Personalgesellschaftsfirma, ließ aber Personennamen als Zusätze in der Kapitalgesellschaftsfirma zu. Geschichtlich war bereits bei der Personalgesellschaftsfirma zur näheren Unterscheidung ein Sachzusatz üblich geworden (z. B. „Kammgarnspinnerei der Gebrüder Müller"). Deshalb mußte man darauf achten, daß in die Firma der AG kein Personenname aufgenommen wurde[34]. Dieses Verbot wurde so streng beachtet, daß *Endemann* einen Personennamen sogar im Nachfolgezusatz einer Aktiengesellschaftsfirma ablehnte[35]. Die Aufnahme von unterscheidenden Firmenzusätzen in dieser Weise zu regeln, war auch deshalb wichtig, weil man der Firma meist nicht entnehmen kann, was Zusatz und was Kern ist.

Die Unterscheidung von Personalgesellschaft und Kapitalgesellschaft blieb also nach der Regelung des ADHGB insofern möglich, als in Fällen, in denen die Firma einen Personennamen enthielt, keine Aktiengesellschaft vorlag. Umgekehrt formulierte *Puchelt*[36]: Bei der Personalgesellschaft ist die reine Sachfirma ausgeschlossen, „weil in der Gesellschaftsfirma mindestens ein Personenname vorkommen muß".

5. *Ausnahmsweise Personenfirma bei der Aktiengesellschaft*

Allerdings konnte man bei den Aktiengesellschaften dennoch Firmen antreffen, die einen Personennamen enthielten. Die erkennbar nur zur näheren Beschreibung gewählten historischen, mit dem Unternehmensgegenstand verbundenen Namen dürften dabei kaum als störend empfunden worden sein[37]. Gravierender war die Bestimmung in Art. 18 ADHGB, wonach die Firma der AG lediglich „in der Regel" vom Gegenstand ihrer Unternehmung entlehnt sein mußte. Auch wenn das Handelsgericht Art. 18 ADHGB eng auslegte, konnte es die Personenfirma für die AG nicht verhindern, weil Art. 26 ADHGB Ordnungsstrafen zur Einhaltung des Art. 18 ADHGB nicht vorsah. Art. 18 ADHGB konnte also nur bei der staatlichen Genehmigung durchgesetzt werden. Wurde die Genehmigung trotz einer für die AG vorgesehenen Personenfirma erteilt, war das Handelsgericht daran gebunden. Im

---

[34] Art. 18 Abs. 2 ADHGB: „Der Name von Gesellschaftern oder anderen Personen darf in die Firma (der Aktiengesellschaft) nicht aufgenommen werden".

[35] Handbuch, S. 199.

[36] S. 48.

[37] *K. Lehmann*, S. 147.

Ergebnis war es somit der Staatsregierung vorbehalten, Personennamen in der Firma der AG zu genehmigen[38]. Als das Erfordernis einer staatlichen Genehmigung im Jahre 1870 wegfiel, bestand diese Möglichkeit nicht mehr.

Im übrigen konnten Aktiengesellschaften gemäß Art. 22 ADHGB die Personenfirma eines erworbenen Geschäfts fortführen.

II. Die Entstehung neuer Gesellschaftsformen

Der zweite Abschnitt in der geschichtlichen Entwicklung des Gesellschaftszusatzes ist gekennzeichnet durch die Entstehung neuer Gesellschaftsformen: Genossenschaft und Gesellschaft mit beschränkter Haftung, und durch den Wandel im Verständnis der Kommanditgesellschaft auf Aktien.

1. Genossenschaft: Bestimmter Gesellschaftszusatz erstmals vorgeschrieben

In § 2 des Deutschen GenG von 1868[39] war vorgeschrieben, daß die Firma der Genossenschaft den Zusatz „eingetragene Genossenschaft" enthalten muß. Personennamen durften in die Firma der Genossenschaft nicht aufgenommen werden.

Die Regelung des Genossenschaftsgesetzes entsprach einer doppelten Notwendigkeit: Einmal war es notwendig, sie gegenüber den Personalgesellschaften abzugrenzen. Das geschah durch die Bestimmung, daß der Firmenkern — wie bei der Aktiengesellschaft — aus einer Sachbezeichnung gebildet werden mußte und Personennamen als Zusätze unzulässig waren. Zum anderen war eine Abgrenzung gegenüber der Aktiengesellschaft erforderlich, was dadurch gelang, daß — erstmals — die Aufnahme eines *bestimmten* Gesellschaftszusatzes vorgeschrieben wurde[40]. Eine weitere Differenzierung brachte die Einführung der

---

[38] *Koch*, S. 240.

[39] BGBl. (Nordd. Bund) 1868, 416, wörtlich übereinstimmend mit § 2 Abs. 2 des preuß. Gesetzes betr. die privatrechtliche Stellung der Erwerbs- und Wirtschaftsgenossenschaften v. 27. 3. 1867 (preuß. GS 501; abgedruckt bei Koch, S. 392).

[40] *Teichmann* (S. 82 ff.) hat jüngst beschrieben, warum die Genossenschaft — trotz der unbeschränkten Haftung der Genossen im Fall des Konkurses (so schon § 12 GenG des Nordd. Bundes) — einer starren Regelung unterworfen wurde: Das Parlament mußte für die Anerkennung der Genossenschaft als juristische Person und den Verzicht auf die damals zur Gründung noch erforderliche Konzession gewonnen werden. Letzteres dürfte der Grund für den zwingenden bestimmten Gesellschaftszusatz „eingetragene Genossenschaft" gewesen sein. Bei allen Sicherungen zugunsten der potentiellen Genossenschaftsgläubiger sollte erkennbar sein, daß es sich nicht um eine — konzessionierte — Aktiengesellschaft handelte. Siehe zur Entwicklung der Genossenschaft auch die bei *Teichmann*, S. 81 Anm. 55 Genannten, sowie

unbeschränkten Nachschußpflicht und der beschränkten Haftpflicht im Jahre 1889[41]. Man begnügte sich nicht damit, lediglich die beschränkte Haftpflicht besonders zu kennzeichnen, sondern es wurden drei verschiedene Gesellschaftszusätze vorgeschrieben: „eingetragene Genossenschaft mit unbeschränkter Haftpflicht", „. . . mit unbeschränkter Nachschußpflicht", „ . . . mit beschränkter Haftpflicht".

Auf die Firma der Aktiengesellschaft ging von der Regelung des Genossenschaftsgesetzes jedoch unmittelbar keine Wirkung aus[42], auch nicht nach Aufhebung des Konzessionssystems durch die Aktienrechtsnovelle von 1870. Nach einer Änderung der aktienrechtlichen Firmierung bestand kein Bedürfnis: Ob eine Personal- oder eine Kapitalgesellschaft vorlag, ließ sich anhand des Firmenkerns erkennen. Ob eine Aktiengesellschaft oder eine Genossenschaft bestand, ergab sich daraus, ob in der Sachfirma ein Gesellschaftszusatz enthalten war oder nicht.

Daß für die Erkennbarkeit der Gesellschaftsart anhand der Firma der Firmenkern gegenüber dem Gesellschaftszusatz noch eindeutig das Übergewicht hatte, geht aus einer Entscheidung des *Kammergerichts* vom 5. Dezember 1892 hervor[43]. Das Gericht hielt die Fortführung der Personenfirma eines Einzelkaufmanns durch eine Aktiengesellschaft auch dann für unzulässig, wenn die Bezeichnung „Aktiengesellschaft" ausdrücklich in die Firma aufgenommen worden wäre. Die übernehmende AG dürfe weder „S. Sch. Buchdruckerei, Kunst- und Verlagsanstalt" noch „S. Sch. Buchdruckerei, Kunst- und Verlagsanstalt *Aktiengesellschaft*" firmieren. Ebenso meinte *Renaud*[44]: Der Personenname ist grundsätzlich geeignet, „eine Täuschung über den Charakter des Vereins herbeizuführen", und dieser Grundsatz „erleidet . . . auch für den Fall keine Ausnahme, daß die an sich nicht notwendige Bezeichnung als Actiengesellschaft in die Firma aufgenommen wird". In diesem Zusammenhang ist allerdings zu berücksichtigen, daß die Kommanditgesellschaft auf Aktien damals noch als Personengesellschaft angesehen und im Anschluß an die Kommanditgesellschaft geregelt wurde. Deshalb

---

W. Klein, Schulze-Delitzschs Kampf um die Anerkennung der Erwerbs- und Wirtschaftsgenossenschaft als Rechtssubjekt vor dem Hintergrund der politischen Verhältnisse in Preußen. Diss. Heidelberg 1972, und L. *Haas*, Die Bedeutung der Mitgliederhaftpflicht . . . , Diss. Marburg 1962, S. 37.

[41] durch das Gesetz vom 1. 5. 1889 (RGBl. S. 55).

[42] Das mag damit zusammenhängen, daß die Genossenschaft außerhalb des Systems der Handelsgesellschaften (dazu *Wiethölter*, in: Aktuelle Probleme, S. 33) gesehen wurde.

[43] Seuff. Arch 49 Nr. 167, S. 287. Das GmbHG stammt bereits vom 20. April 1892!

[44] S. 127.

mußte eine Verwechslung von Aktiengesellschaft und Kommanditgesellschaft auf Aktien streng vermieden werden[45].

2. *GmbH: Nebeneinander von Personen- und Sachfirma*

Den entscheidenden Wandel brachte erst das GmbH-Gesetz (1892). Die Firma der Gesellschaft mit beschränkter Haftung konnte von Anfang an sowohl aus Personennamen oder einer Sachbezeichnung gebildet werden, mußte aber stets einen *bestimmten* Gesellschaftszusatz („Gesellschaft mit beschränkter Haftung“[46]) enthalten (§ 4 GmbHG). Das GmbHG durchbrach damit erstmals den Grundsatz, daß die Firma der Kapitalgesellschaft stets Sachfirma sein muß. Die Entsprechung[47]: Personenfirma — Personalgesellschaft, Sachfirma — Kapitalgesellschaft wurde aufgegeben.

Die Gründe für die Regelung des GmbHG lagen in dem Umwandlungsanreiz, den das GmbHG für viele Personalgesellschaften bieten sollte. Die seinerzeit erwünschte Umwandlung wollte man nicht am Verlust der Firmenkontinuität der Personalgesellschaften scheitern lassen. Im Entwurf des GmbHG fand sich noch die Ansicht, daß allein die Sachfirma angemessen sei, da „die GmbH ohne Rücksicht auf die Zahl ihrer Mitglieder stets (d. h. auch die Einmann-GmbH) einen rechtlich selbständigen Organismus bieten muß, und dieser Charakter wird schon in der Gesellschaftsfirma, welche keine andere als eine Sachfirma sein darf, nach außen kenntlich hervortreten müssen“[48]. Es wurde auch das Bedenken geäußert, daß die Namen von Gesellschaftern in der Firma zu Täuschungen über die Leistungsfähigkeit der Gesellschaft Anlaß geben könnten und daß keine Gewähr dafür bestehe, daß hinter der individuellen Firma der Zusatz „mit beschränkter Haftung“ stets gebraucht werde. Demgegenüber wurde jedoch darauf hingewiesen, daß erfahrungsgemäß in England die Namensfirma mit dem entsprechenden Zusatz sich bewährt habe[49]. Das englische Vorbild der „limited company“ hat also die gesetzgeberische Entscheidung maßgeblich beeinflußt.

3. *AG und KGaA: Bestimmter Gesellschaftszusatz zwingend*

War aber nach Inkrafttreten des GmbH-Gesetzes die Unterscheidung von Personal- und Kapitalgesellschaft anhand des Firmenkerns nicht

---

[45] *Renaud*, S. 127.

[46] Zumindest „mit beschränkter Haftung“. Vgl. § 4 der Arbeit.

[47] Deutlich angesprochen bei *Schlegelberger/Hildebrandt*, § 19 Anm. 1: „Entsprechend der Tatsache, daß sich diese Gesellschaften als Personalgesellschaften kennzeichnen, ist eine Sachfirma unzulässig“.

[48] *Förtsch*, S. 23 zu § 4; Reichstagsberichte, S. 3728, zit. bei *v. Bargen*, S. 45/46.

[49] *Ritter*, LZ 1910, 84.

mehr möglich, so wurde es nunmehr erforderlich, für die Aktiengesellschaft ebenfalls einen fixierten Zusatz „nach dem Vorgange der GmbH und Genossenschaft“[50] vorzuschreiben, was in § 20 HGB[51] erfolgte.

§ 20 HGB brachte zugleich die firmenrechtliche Gleichstellung von Aktiengesellschaft und Kommanditgesellschaft auf Aktien. Mit der Kommanditgesellschaft auf Aktien hatte es folgende Bewandtnis[52]: In den meisten deutschen Staaten bedurften aus korporationsrechtlichen Gründen und zum Schutz vor unsoliden Unternehmungen Aktiengesellschaften der staatlichen Genehmigung[53]. Um die staatliche Genehmigung zu umgehen, wich man häufig auf die Kommanditgesellschaft auf Aktien[54] aus, die als Unterart der Kommanditgesellschaft angesehen wurde[55]. Nach *Anschütz/v. Völderndorff*[56] hätte sich die Kommanditgesellschaft auf Aktien dennoch als „Aktiengesellschaft“ bezeichnen können, weil das Kapital der Kommanditisten in Aktien zerlegt war. Art. 17 Abs. 3 ADHGB verbot jedoch den Zusatz „Aktiengesellschaft“ für die KGaA, weil das beim Publikum zu Täuschungen über die bei Aktiengesellschaften zu vermutende Staatsaufsicht hätte führen können[57]. Der zulässige Zusatz „Kommanditgesellschaft auf Aktien“ wurde nach allgemeiner Praxis nicht in die Firma aufgenommen, sondern nur bei der öffentlichen Bekanntmachung erwähnt[58].

Nachdem zunächst die staatliche Genehmigung überwiegend auch auf die Kommanditgesellschaft auf Aktien ausgedehnt worden war[59], wurden Aktiengesellschaft und Kommanditgesellschaft auf Aktien durch die Aktienrechtsnovelle vom 11. 6. 1870[60] allgemein davon befreit. Wegen sogleich einsetzender Schwindelgründungen wurde das 1870 eingeführte Normativsystem durch das Gesetz betr. die KGaA und AG[61] reformiert. Beide Gesetze enthielten jedoch keine firmenrechtliche Regelung. Erst durch § 20 HGB wurde festgelegt, daß die KGaA — ebenso

---

[50] Entwurf eines HGB und EG nebst Denkschrift (Reichstagsvorlage), Berlin 1897, S. 38.

[51] HGB vom 10. 5. 1897 (RGBl. S. 219).

[52] Informativ: *Fick*, ZHR 13 (1869), 391 ff.

[53] Ausführlich zum Konzessionssystem: *Großfeld*, S. 120 ff.

[54] In Art. 156 ff. des preußischen Entwurfes zum ADHGB noch stille Handelsgesellschaft auf Aktien genannt (*Wiethölter*, Interessen und Organisation, S. 278 unten; *Boesebeck*, S. 24 ff.).

[55] *Goldschmidt*, System S. 140; *Wiethölter*, Interessen und Organisation, S. 278 unten.

[56] S. 155.

[57] Motive zum preußischen Entwurf, S. 17.

[58] *Anschütz/v. Völderndorff*, S. 155.

[59] Vgl. dazu im einzelnen *Behrend*, Bd. I Abt. 2, S. 712.

[60] BGBl. (Nordd. Bund) 1870, S. 375.

[61] vom 18. Juli 1884 (RGBl. S. 123).

wie die AG — ihre Firma in der Regel dem Gegenstand des Unternehmens entnehmen (obwohl hier mindestens ein Gesellschafter unbeschränkt haftet!) und den Gesellschaftszusatz „Kommanditgesellschaft auf Aktien" enthalten muß.

4. *Keine Festlegung bei den Personalgesellschaften*

Im Zuge der Zeit schien es zu liegen, auch innerhalb des Rechts der Personalgesellschaften eine firmenrechtliche Differenzierung vorzuschreiben. Der Entwurf eines HGB zog dies auch in Erwägung, lehnte es aber aus praktischen Gründen ab[62]. Nach der Denkschrift zum HGB wollte man die häufige Annahme umständlicher Firmen vermeiden, ebenso aber auch die Notwendigkeit eines häufigen Firmenwechsels, wie er hätte eintreten müssen, wenn das Unternehmen eines Einzelkaufmanns auf eine OHG oder KG überging (oder umgekehrt), oder sich eine OHG in eine KG verwandelte (oder umgekehrt)[63].

5. *Keine Personenfirma bei AG, KGaA und Genossenschaft*

Nachdem infolge des GmbH-Gesetzes die Bedeutung des Firmenkerns für die Unterscheidung von Personal- und Kapitalgesellschaft aufgehoben war und man sich nunmehr zunächst am Gesellschaftszusatz orientieren mußte, war der Weg frei für die Aufnahme von Personennamen auch in die Firma der Aktiengesellschaft. Im Gutachten der Industriellen des Regierungsbezirks Köln[64] heißt es denn auch konsequent: „Wir sind der . . . Ansicht, daß ein Grund zum Verbot, Personennamen für die Firma einer Aktiengesellschaft zu verwenden, überhaupt nicht vorliegt, da durch den obligatorischen Zusatz ‚Actiengesellschaft' der Täuschung, als ob in der Firma namhaft gemachte Personen persönlich haftbar seien, genügend vorgebeugt wird".

Eine so weitgehende, derjenigen für die GmbH entsprechende Regelung ist für die AG und die KGaA dennoch nicht erfolgt. Ihre Firmen sind „in der Regel" Sachfirmen. Lediglich das ausdrückliche Verbot der Aufnahme von Personennamen konnte entfallen, weil „der Zusatz ‚Aktiengesellschaft' oder ‚Kommanditgesellschaft auf Aktien' genügt, um Mißverständnisse über die rechtliche Stellung derjenigen Personen, die in der Firma enthalten sind, vorzubeugen"[65].

---

[62] Entwurf eines HGB (Reichstagsvorlage), S. 38.

[63] HGB-RGRK (*Würdinger*) § 19 Anm. 2. Für eine Differenzierung im Bereich des § 19 HGB: *Kröner* ZAkDR 1936, 1074 r. Sp.

[64] Gutachten zum Entwurf eines HGB, Köln 1896, S. 6.

[65] Entwurf eines HGB (Reichstagsvorlage), S. 38.

Dem grundsätzlichen Festhalten an einer Sachbezeichnung als Firmenkern bei AG und KGaA entspricht es, daß bei Fortführung alter Firmen aus der Zeit vor dem 1. 1. 1900 der Zusatz „Aktiengesellschaft" nur dann aufgenommen werden mußte, wenn es sich um eine Personenfirma handelte (Art. 22 Abs. 2 EGHGB)[66].

Letztlich hat sich aber die firmenrechtliche Regelung für die AG und die KGaA als nicht geeignet erwiesen, den Dualismus von Personenfirma und Sachfirma zumindest in einem begrenzten Rahmen aufrecht zu erhalten. Denn Personennamen sind als unterscheidende Zusätze firmenrechtlich überhaupt nicht verboten, auch wenn es sich um die Namen von Aktionären oder Kommanditaktionären handelt[67].

Bei der Genossenschaft blieb die Sachfirma zwingend vorgeschrieben. Auch im Wege der Firmenfortführung kann sie keine Personenfirma erwerben[68]. Die ratio des Verbotes von Personenamen ist es, jeden Zweifel an der Gesellschaftsform auszuschließen[69, 70].

III. Die Beteiligung von Gesellschaften an der Bildung von Gesellschaften

Der dritte Abschnitt der Entwicklung des Gesellschaftszusatzes ist gekennzeichnet durch die Beteiligung von Gesellschaften an der Bildung von Gesellschaften (Grundtypenvermischung oder -verbindung)[71].

---

[66] Dies betont *Ritter,* S. 59. Auf dem gleichen Gedanken beruht die Ansicht von *Staub/Bondi,* 11. Aufl. 1921, § 33 Anm. 10 b, daß entsprechend § 20 HGB (Firma der AG) die Firma einer juristischen Person i. S. d. §§ 33 ff. HGB keine Form haben dürfe, die zu der Annahme Anlaß gebe, Inhaber seien eine oder mehrere persönlich haftende Personen.

[67] *Pisko,* in: Ehrenbergs Hdb., Bd. II 1. Abt., S. 297; *Düringer/Hachenburg/Hoeniger,* § 20 Anm. 2.

[68] *Deumer,* S. 124; noch weitergehend *Pisko,* in: Ehrenbergs Hdb., Bd. II 1. Abt., S. 297, der der Genossenschaft die Fähigkeit abspricht, überhaupt eine abgeleitete Firma fortzuführen.

[69] Ehrenbergs Hdb., Bd. III Abt. 2, S. 51.

[70] Wie das Genossenschaftsrecht gegenüber dem Aktienrecht ist also die Genossenschaftsfirma noch strenger konzipiert als die Firma der Aktiengesellschaft.

[71] Die Begriffe werden weitgehend synonym verwendet. In jüngerer Zeit wird eine Differenzierung danach empfohlen, ob voneinander unabhängige (Verbindung) oder abhängige (Vermischung) Gesellschaften in einer Gesellschaft kooperieren. Nach schweizerischem Recht dürfen GmbH oder Aktiengesellschaft nicht unbeschränkt haftende Gesellschafter einer Kommanditgesellschaft sein (Art. 552 Obligationenrecht; *Meier/Hayoz,* Zeitschrift f. schweiz. Recht 1971, Sonderheft S. 316); das Firmenbild ist also in der Schweiz wesentlich übersichtlicher. Im englischen Firmenrecht wird — durch die Beteiligung einer company limited — gerade im Bereich der Grundtypenverbindung und -vermischung die Regel durchbrochen, nach der Personalgesellschaften einen Handelsnamen wählen können, der noch nicht einmal den Namen eines Gesellschafters aufweist: Es besteht die Pflicht zur Aufnahme eines haftungsbeschränkenden Zusatzes (*Hofstetter,* S. 87).

1. Zulässigkeit der gesellschaftsvertraglichen Gestaltung

Ob Personenvereinigungen Gesellschafter einer Handelsgesellschaft sein können, ist schon im vorigen Jahrhundert streitig gewesen[72]. Die Frage wird heute im Anschluß an RGZ 105, 101 ff.[73] auch für Personalgesellschaften allgemein bejaht[74], wenn auch die Begründung schwer fällt[75]. Insbesondere bei der Beteiligung einer KG als Komplementär einer anderen KG bestehen noch Zweifel[76]. Die Frage der Zulässigkeit von Gesellschaftsbildungen unter Beteiligung von Gesellschaften ist *nicht* Gegenstand dieser Arbeit. In diesem Zusammenhang scheint es aber erwähnenswert, daß *E. Reinhardt*[77] nachgewiesen zu haben meint, daß bereits die Fuggersche-Thurzosche OHG ein Verbändeverband gewesen sei. Aktienbesitz von Aktiengesellschaften kannte man in Deutschland etwa seit 1850[78]. § 1 Abs. 2 GenG regelt ausdrücklich die Beteiligung von Genossenschaften an Gesellschaften und sonstigen Personenvereinigungen[79].

---

[72] Nachweisungen bei *Boesebeck*, S. 72, 73 und *Zemlin* S. 15 Anm. 2.

[73] betreffend die GmbH und Co.

[74] Ausführlich *Düringer/Hachenburg/Flechtheim*, § 105 Anm. 20—22; weitere Nachw. bei *Wellmann*, GmbHRdSchau 1953, 86 Anm. 1 und 2. Eine GmbH und Co. KG kann persönlich haftender Gesellschafter einer KGaA sein (Hans. OLG Hamburg, Die AG 1969, 259).

[75] *Wiethölter*, in: Aktuelle Probleme, S. 21 Anm. 31. Als lange Zeit einziges Gesetz erwähnte die 1. DVO zum UmwandlungsG von 1934 (RGBl. I 1263) in § 10 die Beteiligung an einer OHG, KG oder BGB-Gesellschaft. Nunmehr: § 1 Abs. 1 UmwandlungsG i. d. F. des § 39 Abs. 1 Nr. 1 EGAktG (BGBl. 1965 I 1185): „Beteiligung einer juristischen Person als Gesellschafter" und § 26 Reg.Entwurf eines EG zum GmbHG, Bundesratsdrucksache 595/71 (§ 24 a HGB). Der Wortlaut einiger Vorschriften des HGB kann zwar sinnvoll nur auf die Beteiligung von natürlichen Personen bezogen werden (vgl. die Zusammenstellung bei *Zemlin*, S. 17/18). Eine Entscheidung des Gesetzgebers liegt darin aber nicht.

Unbedenklich: *Mertens*, GmbHRdSchau 1970, 211; *Boesebeck*, S. 72 mit Hinweis (Anm. 168) auf *v. Hahn*, § 3 zu Art. 150: „Es kann aber auch eine Handelsgesellschaft einen Kommandit-Gesellschaftsvertrag zu einem bestimmten, mit ihrem eigenen nicht zusammenhängenden Zweck mit einem andern in der Art abschließen, daß sie in die neue Gesellschaft als persönlich haftender Gesellschafter oder Kommanditist eintritt". Eine Grundsatzentscheidung des BGH steht noch aus. Das betont *Westermann*, Die GmbH und Co. KG, S. 9 Anm. 9.

S. nunmehr § 4 des Entwurfs eines Mitbestimmungsgesetzes, Bundesratsdrucksache 200/74, S. 4 und 19.

[76] *Baumbach/Duden*, § 105 Anm. 1 C, bejahend *Zemlin;* nunmehr auch *Reinhardt, R.*, Gesellschaftsrecht, S. 59; *Fischer*, Großkomm. HGB, § 105 Anm. 27.

[77] S. 85.

[78] *Großfeld*, S. 149, mit weiteren Ausführungen zur Zulässigkeit.

[79] Dazu *G. Fischer*, Die Beteiligung eingetragener Genossenschaften an anderen Gesellschaften, Diss. Münster 1958.

Gegenwärtig erlebt diese Art der Gesellschaftsbildung in der Form der GmbH und Co. (KG) einen neuen Höhepunkt[80].

2. Verlust der Unterscheidungsmöglichkeit von Personal- und Kapitalgesellschaft anhand des Firmenkerns

Die Beteiligung von Gesellschaften an der Bildung von Gesellschaften muß sich notwendig auch auf die Firmenbildung auswirken[81]. Bei den Kapitalgesellschaften ging die Entwicklung ohnehin schon insoweit über die der Personalgesellschaften hinaus, als dort ein Personenname sogar Firmenkern, hier eine Sachbezeichnung jedoch nur Zusatz sein konnte. Durch die Beteiligung von Kapitalgesellschaften mit Sachfirma als namensgebende Komplementäre gelang es nunmehr, auch der Personalgesellschaft eine Sachfirma zu verschaffen[82]. Firmen wie „Sägewerke GmbH und Co. KG" sind heute keine Seltenheit mehr.

3. Die Häufung von Gesellschaftszusätzen

Das Ergebnis dieser Entwicklung ist, daß es nicht nur Kapitalgesellschaftsfirmen ohne Sachbestandteil, sondern auch Personalgesellschaftsfirmen ohne Personennamen gibt. Die Last der Unterscheidung zwischen Personalgesellschaft und Kapitalgesellschaft ist dadurch vollends auf den *Gesellschaftszusatz* verlagert worden. Dort zeigt sich aber zugleich

---

[80] Früher bereits im Anschluß an die Steuergesetzgebung um 1910, *Fischer, R.*, Großkomm. HGB § 105 Anm. 26; Wiethölter, in: Aktuelle Probleme, S. 20. Aus dieser Zeit stammen die Arbeiten von *Cahn*, Die GmbH und Co. Kommanditgesellschaft, 1922, und *Zielinski*, Grundtypenvermischung und Handelsgesellschaftsrecht, 1925. Siehe auch die Auseinandersetzung zwischen *Brodmann*, JW 1922, 1656 ff.; 1923, 683 und *Flechtheim*, JW 1923, 227. Brodmann wendet sich gegen die Verengung der Fragestellung auf die GmbH und Co. i. e. S.

[81] Auf die Schwierigkeiten der Firmenbildung bei der Beteiligung juristischer Personen wies schon *Eltzbacher*, ZHR 45 (1896), 40 ff. hin. Da die juristischen Personen ebensogut wie die natürlichen einen Namen haben, könnten diese Schwierigkeiten höchstens auf dem Gebiet der Deutlichkeit und des Geschmacks liegen.

[82] Dies ist sogar ein Motiv für die Gründung einer GmbH und Co. (*Esch*, DB 1967, 569; *Mertens*, NJW 1966, 1052). Um eine Sachfirma ging es bereits in der grundlegenden Entscheidung RGZ 105, 101: „Hanseatische Motoren GmbH und Co.".

In diesem Zusammenhang sind die oben § 2 Anm. 5 und § 2 II 3 b gestellten Fragen von Bedeutung: Die Sachfirma „Sägewerke GmbH" ist *Personenname* der juristischen Person. In der Firma „Sägewerke GmbH und Co. KG" wird „Sägewerke" jedoch hauptsächlich auf die aufnehmende Gesellschaft bezogen und der „Gesellschafterzusatz" als Teil des zusammengesetzten Gesellschaftszusatzes angesehen. Es ist deshalb gerechtfertigt, von einer Sachfirma zu sprechen (*Lehmann/Dietz*, S. 196). Trifft die Sachbezeichnungen der GmbH-Firma nicht auf das von der KG betriebene Handelsgewerbe zu, muß notfalls die GmbH-Firma geändert werden (OLG Fransfurt, BB 1958, 1272).

ein aus der Beteiligung von Gesellschaften an Gesellschaften resultierendes Dilemma: die Häufung von mehreren gleichartigen oder verschiedenen Gesellschaftszusätzen in einer Firma!

Das Problem wird auf verschiedenen Wegen zu lösen versucht: Während beim Aufeinandertreffen gleichartiger Gesellschaftszusätze eine großzügige Streichung stattfindet[83], läßt man beim Aufeinandertreffen verschiedenartiger Gesellschaftszusätze in einer *Kapital*gesellschaftsfirma den Gesellschaftszusatz der namengebenden Gesellschaft deswegen entfallen, weil darin ein ungelöster Widerspruch, aber auch kein Sinn erkannt wird. Anders entscheidet man sich bei der Firma der *Personal*gesellschaft. Dort kommt es zur Kumulation: z. B. „OHG (und Co.) KG“, „GmbH (und Co.) KG“, oder gar „und Co. GmbH und Co. KG“.

4. Fragwürdigkeit der Unterscheidung von Firmen mit gleichlautenden Firmenbestandteilen

Trotz der abgeschwächten Bedeutung des Firmenkerns scheint aber die Möglichkeit zu bestehen, Personalgesellschaft und Kapitalgesellschaft firmenbildlich wenigstens mit Hilfe des Gesellschaftszusatzes zu unterscheiden: Wo mindestens ein Zusatz „KG“ oder „OHG“ oder „und Co.“ lautet, könnte man eine Personalgesellschaft vermuten. Eine „Sägewerke GmbH und Co.“ (= OHG oder KG) von einer „Sägewerke und Co. GmbH“ (= GmbH) zu unterscheiden, ist von der Art der verwendeten Firmenbestandteile her allerdings nicht mehr möglich. Hier bedarf es eines neuen, gesetzlich nicht verankerten Elements der Firmenbildung: der Reihenfolge der Firmenbestandteile als Interpretationshilfe.

Zusammenfassung

Betrachtet man zusammenfassend die Entwicklung des Gesellschaftszusatzes, so kann man feststellen, daß sie sich ebensowenig wie die der Gesellschaftsformen nach einer bestimmten Systematik vollzogen hat. Die verschiedenen Gesellschaftszusätze beruhen deshalb maßgeblich — neben der ursprünglich erforderlichen Abkürzung — auf der Notwendigkeit einer Abgrenzung gegenüber den anderen Gesellschaftsformen. Ein Zusammenhang des Gesellschaftszusatzes mit der Haftungsbeschränkung ist zwar offensichtlich (§§ 4 AktG, 4 GmbHG, 3 GenG). Eine auf den Gesichtspunkt der Haftung beschränkte Interpretation der Firmenvorschriften würde jedoch — abgesehen von der Firma der KGaA — übersehen, daß das Gesetz noch immer dem Firmenkern eine gewisse Bedeutung beimißt. Das zeigt sich — neben den wiedergegebe-

---

[83] Exemplarisch für die GmbH: *Scholz,* § 4 Anm. 6.

nen Beispielen (§ 3 II 5) — im Bereich des Umwandlungsrechts. Das Registergericht kann die Übernahme der Firma einer Kapitalgesellschaft durch eine Personalgesellschaft nur dann genehmigen, wenn Kern der Kapitalgesellschaftsfirma ein Personenname ist[84]. Firmenrechtlich relevant dürfte deshalb eher der Gegensatz Personalgesellschaft — Kapitalgesellschaft sein, dessen Tauglichkeit für die Ableitung konkreter Schlüsse im Einzelfall allerdings fragwürdig erscheint[85].

IV. Die jüngste gesellschaftsrechtliche Entwicklung

Die jüngste gesellschaftsrechtliche Entwicklung ist — über die Beteiligung von Gesellschaften an der Gesellschaftsbildung (Extremfall: die dreistufige GmbH und Co. KG) hinaus — gekennzeichnet durch die Schaffung von Einmann-Gesellschaften, das Ausweichen auf die Rechtsform der Stiftung[86] und vor allem durch die häufige Bildung atypischer Gesellschaftsformen[87]. Die Gestaltung atypischer Gesellschaften wird durch die sog. „instrumentale" Betrachtungsweise begünstigt[88]: Die einzelnen im Gesetz vorgezeichneten Gesellschaftstypen werden in ihre Bestandteile zerlegt, und die verschiedenen Strukturmerkmale ohne Rücksicht auf die Ausgewogenheit des gesetzlichen Bildes eines bestimmten Gesellschaftstypus je nach Bedarf im Gesellschaftsvertrag zusammengesetzt[89].

Inwieweit eine auf diese Weise bewirkte Typendehnung oder Typenverfremdung noch als zulässig angesehen werden kann, ist in jüngster Zeit ausgiebig untersucht worden[90]. In der vorliegenden Arbeit soll hierzu die Frage gestellt werden, wie sich die gesellschaftsrechtliche Entwicklung firmenrechtlich auswirkt[91]. Ein Beispiel bietet etwa der

---

[84] § 6 Abs. 3 Satz 2 UmwandlungsG lautet: „Auf Antrag kann das Registergericht genehmigen, daß die offene Handelsgesellschaft bei der Bildung ihrer neuen Firma den von der Aktiengesellschaft in ihrer Firma geführten Namen der natürlichen Person verwendet und insoweit von der Vorschrift des § 19 des Handelsgesetzbuches abweicht".

[85] *K. Schmidt,* S. 73 m. w. Nachw.

[86] *Raiser, Th.,* S. 51 ff.

[87] „Typendehnungen" beginnen sich im Anschluß an die Grundtypenvermischung durchzusetzen, Veränderungen des herkömmlichen und dem Gesetz zugrunde liegenden Bildes der Personalgesellschaft, die die grundsätzlich eingeräumte inhaltliche Gestaltungsfreiheit bis zur äußersten Grenze in Anspruch nehmen (vgl. *Westermann,* Vertragsfreiheit, S. 6).

[88] Unter Verdrängung der „institutionellen" Betrachtungsweise: *Mertens,* NJW 1966, 1099 ff. und 1967, 1600; *Schultze/v. Lasaulx,* S. 349.

[89] *R. Reinhardt,* Die Fortentwicklung des Rechts der OHG und KG.

[90] Hervorgehoben seien nur die Habilitationsschriften von *Teichmann, Westermann, Nitschke* und *Immenga.*

[91] *Kl. P. Martens,* Mehrheits- und Konzernherrschaft in der personalistischen GmbH, 1970, Vorwort, sieht in den neuesten gesellschaftsrechtlichen Entwicklungen lediglich rechtstatsächlich existente Gesellschaftskategorien.

Firmierungsvorschlag „GmbH=KG"[92], dessen Anliegen es ist, die innere Verflechtung der gesellschaftsrechtlichen Beziehungen von GmbH und KG erkennbar zu machen. Dieser Vorschlag geht über die bereits erwähnte Festlegung der Reihenfolge von Bestandteilen der Firma hinaus: er mündet ein in eine neue Symbolik.

Schließlich wird die firmenrechtliche Entwicklung von weiteren neu hinzutretenden Gesellschaftsarten beeinflußt werden. „HGaE"[93] und „S. E."[94] sind bisher nur Entwurf, aber auch aus der Entwicklung des europäischen Niederlassungsrechts[95], verbunden mit der Anerkennung von Handelsgesellschaften im EWG-Bereich[96] und der Koordinierung des europäischen Gesellschaftsrechts[97], läßt sich voraussehen, daß mehr und mehr ausländische Unternehmen das deutsche Publikum vor die Frage stellen werden, was sich hinter ihrer Firma verbirgt[98].

Es soll keineswegs in Abrede gestellt werden, daß der Wirtschaftsverkehr in seiner Mannigfaltigkeit viele Gesellschaftsformen braucht.

---

[92] *Fetsch,* S. 21 ff.

[93] Vorschlag des Arbeitskreises GmbH-Reform: Die Handelsgesellschaft auf Einlagen — eine Alternative zur GmbH und Co. KG, 1971. Dazu *Westermann, H. P.,* Zeitschr. f. Rechtspolitik 1972, S. 93—98; *Barz,* NJW 1972, 465; *Schilling,* BB 1972, 1 ff.; *Raisch,* Festschr. f. A. Knur, 1972, S. 165 ff.

Die HGaE wäre die 11. besonders geregelte private Rechtsform für wirtschaftliche Unternehmungen, unter Einbeziehung des Einzelkaufmanns, der BGB-Gesellschaft und des wirtschaftlichen Vereins die vierzehnte privatrechtliche Unternehmensform (vgl. *Erlinghagen,* in: Festschr. f. Rudolf Reinhardt 1972, S. 211). Zur ‚GmbH und stillen Gesellschaft' (GmbH/stG): Nachw. bei *Klunzinger,* DB 1973, 1881 Anm. 6.

[94] Societas Europaea. Verordnungsvorschlag der EG-Kommission ABlEG 1970 C Nr. 124, 1 ff. Nachweise bei *Ipsen,* Europäisches Gemeinschaftsrecht, 1972, S. 697 Anm. 39. Noch ist man sich über die Notwendigkeit dieses Typs einer europäischen Handelsgesellschaft nicht einig, nimmt man schon die Schaffung einer weiteren europäischen Rechtsform in Angriff, die — mit größerer Elastizität — grenzüberschreitende Annäherungen zwischen den Unternehmen gestatten soll (Bulletin EG 1972 Nr. 6, S. 18). Interessant auch die Firma „Saar-Lothringische Kohle-Union, deutsch-französische Gesellschaft auf Aktien, Union charbonnière sarro-lorraine, sociétés par actions franco-allemande" (Saarlor, ABl. EG 1974 L Nr. 113/46).

[95] Art. 58, 52 EWGV. Über den Stand der Rechtsetzungsakte der Organe der EG zur Verwirklichung des Niederlassungsprogramms unterrichtet das Kommissions-Dokument XIV/32/73. Schwierigkeiten bereitet jedoch die Feststellung, inwieweit die einzelnen Mitgliedstaaten der Umsetzung der Rats-Richtlinien nachgekommen sind; zum Stand am 30. April 1970 siehe Mitteilung der Kommission an den Rat. EP-Dok. 234/1970—1971, Anlage I.

[96] BGBl. 1972 II 369; Bulletin EG, Sonderbeilage 2/1969.

[97] Gesetz zur 1. Richtlinie des Rates der EG zur Koordinierung des Gesellschaftsrechts, BGBl. I 1969 S. 1146.

[98] Nach deutscher Handelsregisterpraxis wird eine ausländische Gesellschaft mit ihrer ausländischen Firma und ihrer ausländischen Gesellschaftsform eingetragen (*Dorn,* AWD BB 1973, 245). Allerdings müssen gegebenenfalls die nach deutschem Recht zwingenden Gesellschaftszusätze der Firma der Zweigniederlassung beigefügt werden (*Baumbach/Duden,* § 13 b Anm. C).

Aber es muß doch ein Kompromiß zwischen Vielförmigkeit und Einfachheit hergestellt werden. Einfachheit und Verständlichkeit der Gesetze sind ein unschätzbares Gut[99], insbesondere im Handelsrecht: Der Grund der meisten handelsrechtlichen Vorschriften beruht . . . auf dem Zusammentreffen zahlreicher, sich gegenseitig bedingender Geschäfte, die eine rasche und sichere Abwicklung erfordern und zugleich im Interesse aller Beteiligter eine gewisse Übersichtlichkeit und Erkennbarkeit der geschäftlichen Verhältnisse des Unternehmers notwendig machen[100].

Eine vereinfachende Gestaltung des Gesellschaftszusatzes scheint geboten zu sein.

---

[99] *Schmalenbach*, S. 178.

[100] *Fabricius*, S. 15 unter Berufung auf die Denkschrift zum HGB.

§ 4 Der Gesellschaftszusatz im geltenden Recht

Im folgenden sollen die Probleme des Gesellschaftszusatzes dargestellt werden, wie sie sich bei der Bildung einer ursprünglichen Firma nach geltendem deutschen Recht ergeben.

Da das erwähnte „instrumentale" Denken sich neuerdings über angeblich immanente Schranken gesellschaftsvertraglicher Gestaltungsfreiheit hinwegsetzt[1], beschränkt die Darstellung sich nicht auf die allgemein verbreiteten und anerkannten Formen der Gesellschaftsbildung. Vielmehr werden bei jeder Gesellschaftsform die denkbaren Kombinationsmöglichkeiten zugrunde gelegt. Anhand der Vielfalt der Möglichkeiten wird beispielhaft gezeigt, welche Firmierungen sich bei wörtlicher Anwendung der Firmenvorschriften ergeben. Die Ergebnisse werden jeweils danach bewertet, ob sie eindeutig, mehrdeutig oder unklar sind. Auf die Stellungnahmen in der Rechtsprechung und im Schrifttum wird im Einzelfall hingewiesen[2].

Die Beispiele enthalten um der Übersichtlichkeit willen den Gesellschaftszusatz in abgekürzter Form. Darin soll keine Entscheidung der Frage liegen, ob eine bestimmte Abkürzung des jeweiligen Gesellschaftszusatzes allgemein zulässig ist[3].

---

[1] Vgl. oben § 3 Anm. 89.

[2] Die zur Firmenbildung ergangenen Entscheidungen führen meist nur aus, wie eine konkrete Firma *nicht* lauten kann, so daß nur bei relativ wenigen Firmenbildungen Gewißheit über ihre Zulässigkeit herrscht. Da aber das Risiko der Ablehnung einer gewählten Firma weitgehend vermieden wird, unterbleiben viele sonst denkbare Firmenbildungen.

[3] Die Frage wird unterschiedlich beantwortet. Während die Abkürzungen „OHG" (*Baumbach/Duden*, § 19 Anm. 1 C), „KG" (OLG Düsseldorf, BB 1958, 1272) und „GmbH" (*Lehmann/Dietz*, S. 414; *Scholz*, § 4 Anm. 18 m. w. Nachw. — Gewohnheitsrecht? —) für den Gebrauch der Firma im Verkehr und in der Anmeldung zum Handelsregister überwiegend anerkannt sind, muß der Gesellschaftszusatz „Aktiengesellschaft" stets ausgeschrieben werden (*Lehmann/Dietz*, S. 277); dagegen ist nach *Godin/Wilhelmi*, § 4 Anm. 5 und *Schlegelberger/Hildebrandt*, § 20 Anm. 2 die Abkürzung im gewöhnlichen Geschäftsverkehr zulässig. Die Abkürzungen „eGmbH", „eGmuH" werden im Verkehr (*Meyer/Meulenbergh*, § 3 Anm. 2), nunmehr aber auch in der Anmeldung zum Handelsregister (*Lang/Weidmüller*, § 3 Anm. 2) als zulässig erachtet. Die Reformvorschläge zum GmbHG sehen die Abkürzung „GmbH" vor. Im GenG ist seit kurzem die Abkürzung „eG" festgelegt.

I. Offene Handelsgesellschaft (OHG)

§ 19 Abs. 1 HGB nennt zwei Möglichkeiten der Firmenbildung: Entweder muß die Firma den Namen wenigstens eines Gesellschafters mit einem Gesellschaftszusatz enthalten (1. Alt.) oder die Namen sämtlicher Gesellschafter (2. Alt.).

A. Zunächst soll auf die Firmenbildung eingegangen werden, wenn *nur natürliche Personen* Gesellschafter sind.

1. Nach *§ 19 Abs. 1, 2. Alt. HGB* ergibt sich folgendes:

a) Besteht die OHG aus den Gesellschaftern A, B und C[4], so kann die Firma lauten: „A, B und C". Sie weist in keinem ihrer Bestandteile auf eine Handelsgesellschaft hin. Nach dem Firmeninhalt könnte es sich auch um den Namen einer BGB-Gesellschaft[5] oder schlicht um rechtsgeschäftliches Handeln (im Namen) von A, B und C handeln, aus dem A, B und C als Gläubiger- und Schuldnermehrheit (vgl. §§ 420 ff.; 164 Abs. 1, 3 BGB) berechtigt und verpflichtet werden, ohne daß zwischen ihnen eine weitergehende Sonderrechtsverbindung besteht[6].

Die Besonderheit der *Firma* „A, B und C" liegt darin, daß — im Unterschied zum allgemeinen Vertretungstatbestand — die einmal bei der Firmenbildung gewählte Reihenfolge der Bestandteile eingehalten werden muß. Das wird praktisch, weil rechtsgeschäftliches Handeln für die OHG in der Regel zum Gebrauch der Firma zwingt.

---

[4] A, B und C stehen in der folgenden Darstellung für Personennamen, X, Y und Z für Sachbezeichnungen. Bei natürlichen Personen kommt nur der bürgerliche Name zur Firmenbildung in Betracht, nicht eine für ein eigenes Unternehmen geführte Firma (*Hueck*, 3. Aufl. 1964, S. 9 Anm. 42).

[5] Etwa einer OHG, deren Geschäftsbetrieb nicht nur vorübergehend auf den Umfang eines Minderkaufmanns herabgesunkten ist. Gewisse Formen der Namensbildung sind dem Minderkaufmann untersagt, z. B. das Zeichen „&" (*Baumbach/Duden*, § 17 Anm. 1 C m. w. Nachw. und Beispielen; dazu auch *K. Schmidt*, S. 153 Anm. 3). Zum Namen der BGB-Gesellschaft s. *Westermann, Harry*, Handbuch I, Rn 142 ff., der sich (Rn 143) gegen die Aufnahme eines Zusatzes („Gesellschaft bürgerlichen Rechts" o. ä.) ausspricht, weil sonst der Name „unhandlich" und weitgehend entwertet würde. Zum Namen der Vorgesellschaft s. *Rittner*, S. 355.

[6] Immerhin läßt sich bei der Verwendung mehrerer Namen aber auf das Bestehen einer Außengesellschaft schließen, so daß auch bei Verwendung fremder Namen eine gemeinschaftliche Firma vorliegt, die für die Entstehung einer OHG Voraussetzung ist. Streitig ist, ob die aus dem Namen eines Gesellschafters ohne Zusatz gebildete Firma ausreicht, die nicht aus sich heraus als Dokumentation einer gemeinschaftlichen Unternehmensträgerschaft aufgefaßt werden kann. Bejahend *K. Schmidt*, S. 151, 152 m. w. Nachw., mit dem Hinweis darauf, daß die OHG die aus dem Namen eines Einzelkaufmanns bestehende Firma unverändert fortführen und sogar ein Einzelkaufmann sich zu diesem Zweck vor Anmeldung einer OHG in das Register eintragen lassen kann.

In § 124 Abs. 1 HGB lautet es allerdings: „Die offene Handelsgesellschaft *kann* unter ihrer Firma Rechte erwerben und Verbindlichkeiten eingehen . . .“. Nach Ansicht von *Kämmerer*[7] wird dadurch ein Wahlrecht der vertretungsberechtigten Gesellschafter begründet: sie können angeblich entweder im Namen sämtlicher Gesellschafter handeln oder unter der Firma der OHG am Rechtsverkehr teilnehmen. Nur bei der nach § 19 Abs. 1, 2. Alt. HGB gebildeten Firma — wenn Firma und Gesellschafternamen sich decken — bestehe kein Wahlrecht[8]. Kämmerer verkennt jedoch zum einen den Unterschied zwischen dem allgemeinen Vertretungstatbestand und der nach § 19 Abs. 1, 2. Alt. HGB gebildeten Firma. Zum anderen besteht kein Wahlrecht der vertretungsberechtigten Gesellschafter[9]: Die OHG ist Kaufmann und unterliegt den für Kaufleute geltenden Bestimmungen (§§ 6, 1 ff., 105 HGB), die nicht nur das Recht, sondern auch die Pflicht zur Firmenführung begründen. Die OHG kann deshalb nur unter ihrer Firma auftreten[10]. Im Ergebnis genügt es zwar zur Begründung von Rechten und Verbindlichkeiten der OHG (§ 124 Abs. 1 HGB), wenn aus den Umständen erkennbar ist, daß für die Gesellschaft gehandelt wurde[11]. Doch dies ist keine Besonderheit der OHG, sondern gilt allgemein (§ 164 Abs. 1 Satz 2 BGB) und gleichermaßen für alle Handelsgesellschaften. Vorteilhaft war die Firmierung nach § 19 Abs. 1, 2. Alt. HGB, solange noch Zweifel bestanden, ob die OHG überhaupt unter ihrer Firma klagen oder verklagt werden konnte. In den Beratungen zum ADHGB wurde darauf hingewiesen, daß „bisher schon an vielen Orten Klage gegen eine Gesellschaft, in welcher nicht sämtliche Gesellschafter mit Namen genannt gewesen, angebrachtermaßen abgewiesen worden seien“[12]. Angesichts der dadurch angeregten ausdrücklichen Regelung in § 124 HGB Abs. 1[13]

---

[7] NJW 1966, 801, 802.

[8] *Kämmerer*, NJW 1966, 802 Anm. 18.

[9] Auch *Düringer/Hachenburg*, auf deren 2. Aufl. des Komm. z. Handelsgesetzbuch, 1917, sich *Kämmerer* beruft, vertreten in der 3. Aufl. 1932 (Flechtheim), § 124 Anm. 2 nicht die Ansicht, es bestehe ein Wahlrecht der vertretungsberechtigten Gesellschafter, sondern halten den Gebrauch der Firma lediglich dann nicht für erforderlich, wenn die „Beziehungen des Geschäfts zu dem Vermögen der hinreichend identifizierten Gesellschaft . . . sonst . . . kenntlich gemacht wird“, was auch dann noch möglich sei (§ 126 Anm. 11), wenn der Gesellschafter im eigenen Namen auftritt oder Firma und Privatname übereinstimmen. Der Einzelkaufmann kann allerdings auch seine Handelsgeschäfte unter seinem bürgerlichen Namen betreiben (*Nipperdey*, S. 203 Anm. 41, 42 m. w. Nachw.).

[10] *Schlegelberger/Geßler*, § 124 Anm. 8; *Fischer*, Großkomm. HGB § 124 Anm. 7 (für das Prozeßrecht).

[11] Vgl. Anm. 9.

[12] Protokolle der Commission zur Berathung eines allgemeinen deutschen HGB, Würzburg 1858, S. 276, (zit. von *Kämmerer*, S. 802 Anm. 16; s. dort auch Anm. 26).

[13] Trotz des § 17 Abs. 2 HGB war die Aufnahme von § 124 Abs. 1 HGB

bietet die Firmierung nach der 2. Alt. des § 19 Abs. 1 HGB aber keinen Vorteil mehr[14].

b) Enthält die Firma gleichwohl die Namen aller Gesellschafter, so bedarf es keines Gesellschaftszusatzes. Es ist aber zulässig, „Gesellschaft“ hinzuzufügen, nicht jedoch „und Co.“[15], da dann über die Zahl der Gesellschafter getäuscht würde. Aus diesem Grund darf die Firma im angeführten Beispiel auch nicht verkürzt lauten: „A und B“[16].

c) Fraglich bleibt, wieviele Gesellschafternamen höchstens in die Firma aufgenommen werden dürfen. „Wenn mehr als zwei Mitglieder vorhanden sind, ist es . . . nicht regelmäßig Sitte, daß dieselben sämtlich in der Firma figurieren“[17].

2. Die Regelung des *§ 19 Abs. 1, 1. Alt. HGB* ermöglicht ihrerseits verschiedene Arten der Firmenbildung. Das beruht darauf, daß nur ein unbestimmter Gesellschaftszusatz verlangt, ein bestimmter Gesellschaftszusatz jedoch nicht ausgeschlossen wird. Die OHG mit den Gesellschaftern A, B und C kann danach firmieren:

A und Co. (oder: A & Co., A +[18] Co., A und Cie, A und Gesellschafter, A und G.[19], A und Söhne[20], Gesellschaft A, Gebrüder[21] A)

oder aber:

A OHG (oder: A OH[22])

---

erforderlich. Während § 17 Abs. 2 HGB gestattet, daß ein Kaufmann außer in seinem bürgerlichen Namen auch unter seiner Firma verklagt werden kann, schafft § 124 HGB für die OHG überhaupt erst die Möglichkeit, vor Gericht aufzutreten, *Schlegelberger/Geßler*, § 124 Anm. 8; *Fischer*, Großkomm. HGB § 124 Anm. 7.

[14] Die Firmenbildung nach § 19 Abs. 1, 2. Alt. HGB kommt zwar der Wahrheit am nächsten (*Anschütz/v. Völderndorff*, Art. 17 ADHGB Anm. 2) und es wäre „das Idealste“, „wenn die Namen aller persönlich haftenden Gesellschafter in die Firma aufgenommen werden müßten“ (*J. v. Gierke*, ZHR 100, 329; *Westermann, Harry*, Handbuch I, Rn 130). Das Institut der Firma ist jedoch dem Bedürfnis nach Abkürzung entsprungen, so daß es von vornherein nicht darum geht, möglichst alles Wissenwerte in die Firma aufzunehmen.

[15] ZHR 42 (1894), 502.

[16] Zur Zulässigkeit dieser Firmierung nach § 19 Abs. 1, 1. Alt. HGB, s. unten 2.

[17] *Anschütz/v. Völderndorff*, Art. 17 Anm. 2, S. 153.

[18] LG Düsseldorf, BB 1960, 1111.

[19] *Würdinger*, in HGB-RGRK § 19 Anm. 4; *Westermann, Harry*, Handbuch I Rn 131; ablehnend *Schlegelberger/Hildebrandt*, § 19 Anm. 5.

[20] Der Zusatz „und Sohn“ ist unzulässig, wenn noch weitere Gesellschafter vorhanden sind (KG, HRR 1930, Nr. 34).

[21] JW 1908, 461.

[22] Selten, aber nicht ungebräuchlich (OLG Hamm, BB 1965, 806 = NJW 1965, 763 z. B. „Fricke und Scherf OH“, Duisburg).

A und B OHG
A und Co. OHG

Streitig ist, ob die OHG mit den Gesellschaftern A, B und C firmieren kann: „A und B"[23], oder aber — wenn nur die Namen von A und B aufgenommen werden sollen — „A, B und Co." firmieren muß. Letzteres wird für erforderlich gehalten[24], weil andernfalls ein falsches Bild über die Zahl der Gesellschafter entstehe. Darin scheint jedoch eine Überspannung des Grundsatzes der Firmenwahrheit zu liegen[25]: Die Firma der Gesellschaft soll nicht über die Zahl der Gesellschafter Auskunft geben. Es besteht kein Interesse daran zu verhüten, daß der Anschein einer zu geringen Zahl von Gesellschaftern hervorgerufen wird. Nur umgekehrt darf nicht der Eindruck einer größeren Zahl von Gesellschaftern erweckt werden, als tatsächlich vorhanden sind.

3. Faßt man die Möglichkeiten der Firmenbildung nach § 19 Abs. 1, 1. und 2. Alt. HGB zusammen, die sich für eine OHG mit den Gesellschaftern A und B ergeben, so ergibt sich folgende Skala zulässiger Firmierungen (s. o. § 2 II):

(a) Die Firma hat keinen Gesellschaftszusatz:
„A und B".

(b) Die Firma hat einen unbestimmten Gesellschaftszusatz:
„A und Co.".

(c) Die Firma hat einen bestimmten Gesellschaftszusatz:
„A OHG", „A und B OHG".

(d) Die Firma hat einen zusammengesetzten Gesellschaftszusatz:
„A und Co. OHG".

B. Die Überschaubarkeit der Firma einer OHG wird nun durch die *Beteiligung von Handelsgesellschaften* wesentlich beeinflußt. Dabei ist zwischen der Beteiligung von Kapitalgesellschaften (GmbH, AG) — vgl. 1. und 2. — oder Personalgesellschaften (OHG, KG) — vgl. 3. und 4. — zu unterscheiden.

1. Wenn Gesellschafter der OHG A und die B GmbH sind, so kann die Firma mit unbestimmtem Gesellschaftszusatz lauten: „A und Co."; mit bestimmtem Gesellschaftszusatz: „A OHG"; mit zusammengesetztem Gesellschaftszusatz: „A und Co. OHG". Daß die GmbH beteiligt ist, muß also nicht in der Firma zum Ausdruck kommen. Rechtsprechung und Schrifttum konzentrieren sich daher auf die Firma der Kommanditgesellschaft, deren einziger Komplementär eine Handels-

---

[23] bejahend *Lehmann/Dietz*, S. 137, ohne Begründung.
[24] *Würdinger*, in HGB-RGRK § 19 Anm. 4 und 5.
[25] *Düringer/Hachenburg/Hoeninger*, § 19 Anm. 5.

gesellschaft ist. Ist aber eine GmbH die *namengebende* Gesellschafterin einer OHG, muß ihre Firma zur Bildung der OHG-Firma herangezogen werden, da die GmbH keinen anderen Namen hat[26]. Nach dem Wortlaut des § 19 Abs. 1 HGB ergeben sich folgende Möglichkeiten:

(2. Alt.)	„A und B GmbH“	(1)
	„B GmbH und A“	(2)
(1. Alt.)	„B GmbH und Co.“	(3)
	„B GmbH OHG“	(4)
	„A und B GmbH OHG“	(5)
	„B GmbH und A OHG“	(6)
	„B GmbH und Co. OHG“	(7)

Hierzu seien folgende Erläuterungen gegeben:

(1) ist mehrdeutig: Ebenso firmiert eine GmbH mit den Gesellschaftern A und B oder der OHG „A und B“ als namengebendem Gesellschafter. (1) ist die übliche Firmierung einer GmbH. Sie genießt nach der firmenrechtlichen Entwicklung Vorrang. (1) ist deshalb als OHG-Firma unzulässig, weil eine GmbH vorgetäuscht wird.

(2) ist sprachlich eindeutig[27]. Möglicherweise schließt aber der flüchtige Betrachter von dem Zusatz „GmbH“ bei dem namengebenden Gesellschafter auf die Rechtsform der Gesellschaft. Dieses Bedenken wird auch durch die Firmierung

(3) nicht ganz ausgeräumt[28], obwohl das farblose „und Co.“[29] klarstellt, daß „B GmbH“ den Gesellschafter bezeichnet. Gleichzeitig bildet sich aber das Bewußtsein eines neuen Gesellschaftszusatzes: „GmbH und Co.“. (3) ist zulässig und üblich[30].

(4) soll sprachlich eindeutig sein, da „in der deutschen Sprache bei einem zusammengesetzten Wort das letzte Wort dasjenige (ist), das Grund und Wesen bezeichnet, das sog. Grundwort“[31]. Die philologische Argumentation überzeugt jedoch nicht, weil die Reihenfolge der einzelnen Firmenbestandteile beliebig ist[32] und sprachlichen Gesetzmäßigkeiten nicht unterliegt. Ebensowenig steht fest, daß „die Aufeinanderfolge der beiden Gesellschaftsbezeichnungen nur als zeitliche Reihenfolge gewertet werden“ kann und daß „die zuletzt genannte Bezeich-

[26] OLG Celle, NJW 1963, 544; OLG Frankfurt, BB 1958, 1272; RGZ 113, 216.

[27] Zulässig nach *Wellmann*, GmbHRdSchau 1953, 87.

[28] Darauf geht das OLG Celle, NJW 1963, 544 ein.

[29] „und Co.“ ist klanglich farblos (HansOLG Hamburg, MDR 1965, 580 m. w. Nachw.).

[30] Die AG und Co. ist seltener, z. B. „W. Seger AG und Co.“ (zit. bei *Zielinski*, S. 19 Nr. 4).

[31] *Schmatz*, DNotZ 1956, 614.

[32] *Würdinger*, in HGB-RGRK § 18 Anm. 13.

nung als die gegenwärtige und maßgebende empfunden" wird[33]. Denkbar ist auch die Firma „OHG B GmbH". Anders als bei der Firmierung (1) besteht hier kein Konflikt mit der Firma einer anderen Gesellschaftsform[34]. Eine GmbH mit der „B OHG" als Gesellschafterin würde üblicherweise anders firmieren. (4) ist aber unklar. Man weiß nicht, ob eine OHG oder eine GmbH vorliegt. Das Nebeneinander der Gesellschaftszusätze ist geeignet, Mißverständnisse hervorzurufen[35].

(5) ist mehrdeutig. Abgesehen davon, daß das Nebeneinander der Gesellschaftszusätze unklar ist, bleibt offen, ob die „A und B GmbH" oder A und die „B GmbH" Gesellschafter der OHG sind.

(6) ist mehrdeutig: Es könnte sich auch um eine OHG mit den Gesellschaftern „B GmbH" und „A OHG" handeln.

(7) ist mehrdeutig: Gesellschafter der OHG könnte auch eine „B GmbH und Co." sein. (7)wird jedoch — wie die entsprechende Firma der KG — als zulässig angesehen.

Als eindeutig erweist sich danach allein die Firmierung „B GmbH und Co." (3).

Die Beispiele (1) und (2) sind allerdings günstiger zu beurteilen, wenn die GmbH als namengebender Gesellschafter der OHG eine Sachfirma hat[36], etwa „Sägewerke GmbH". (1) läßt dann erkennen, daß es sich bei der firmierenden Gesellschaft nicht um eine GmbH handelt; denn „A" und die „Sägewerke" können nicht Gesellschafter einer GmbH sein. Trotzdem besteht die Gefahr, eine GmbH zu vermuten; denn Firmen wie „A Sägewerke GmbH" oder „Sägewerke A GmbH" sind durchaus geläufig, wobei entweder „A" oder „Sägewerke" verdeutlichende Zusätze sind.

Ob man die übrigen Beispiele durch klarstellende Hilfsmittel[37] aufrecht erhalten kann, erscheint zweifelhaft. Das Einklammern von Firmenbestandteilen oder Abtrennen mittels Komma oder Trennungsstrich verlangt bereits Überlegungen, die man beim allgemeinen Publikum nicht ohne weiteres voraussetzen kann. Wird — so muß man fragen — die Firma der OHG im Beispiel (4) etwa deutlicher, wenn die Gesellschaft „(B GmbH) OHG" oder „B GmbH (OHG)" firmiert?

[33] *Grussendorff*, DNotZ 1954, 96.

[34] *Hesselmann*, Handbuch der GmbH und Co., S. 85.

[35] Vgl. die entsprechenden Ausführungen zur KG unten II B 1; RGZ 104, 341; OLG Hamm, DNotZ 1954, 92, 94.

[36] Trifft die Sachbezeichnung der GmbH-Firma nicht auf das von der OHG betriebene Handelsgewerbe zu, muß notfalls die GmbH-Firma geändert werden (OLG Frankfurt, BB 1958, 1272).

[37] Einklammerung: A GmbH und Co. (OHG); Bindestrich: A GmbH-OHG; Ausschreiben: A GmbH und Co. offene Handelsgesellschaft o. ä. (*Weipert*, GmbHRdSchau 1953, 27 a. E.).

Auch die Änderung der Reihenfolge[38] bringt keine Abhilfe: „OHG A und B GmbH" (5) und „OHG B GmbH und A" (6) sind ebenfalls mehrdeutig.

Die Mehrdeutigkeit der Firmierungen beruht zum einen auf dem Zusammentreffen verschiedenartiger Gesellschaftszusätze, zum anderen darauf, daß die Aufnahme mehrerer Gesellschafternamen in die Firma weitgehend die Möglichkeit offenläßt, die aneinander gereihten Gesellschafternamen als Einheit zu begreifen, d. h. insgesamt als Firma nur *einer* Gesellschaft. So kommt es, daß eine scheinbar eindeutige Firma wie „A und B GmbH" (1) doch Zweifel entstehen läßt. Unter beiden Aspekten wirkt sich die Verwendung des farblosen „und Co." günstig aus.

Aus der Beteiligung anderer Kapitalgesellschaften[39] ergeben sich keine abweichenden Probleme.

2. Weitere Schwierigkeiten entstehen, wenn *mehrere* Handelsgesellschaften beteiligt sind, z. B. die „X AG" und die „B GmbH". Zur Veranschaulichung seien nur zwei Beispiele entsprechend der obigen Aufstellung[40] gegeben:

„X AG und B GmbH" (1)
„X AG und B GmbH OHG" (6).

In Beispiel (1) entspricht es zwar einer unbefangenen Betrachtungsweise, die Kapitalgesellschaften als Gesellschafter einer OHG anzusehen. Aber ebenso könnte eine GmbH mit der „X AG" und „B" als Gesellschafter firmieren. Gegen das Erscheinen von „AG" in einer GmbH-Firma ist man allerdings besonders streng[41].

(6) enthält gleich drei verschiedene bestimmte Gesellschaftszusätze. Um welche Gesellschaftsform es sich handelt und wer nur Gesellschafter ist, bleibt für den Rechtsverkehr schwer erkennbar.

3. Daß durch die Beteiligung von Personalgesellschaften unhandliche Firmierungen entstehen können, läßt bereits die vierfache Art der Firmenbildung bei der OHG[42] erwarten. Sind B und die OHG „A und C" (oder „A und Co.", „A OHG", „A und C OHG", „A und Co. OHG")

---

[38] *Weipert*, GmbHRdSchau 1953, S. 27.

[39] Vereinzelt finden sich auch Beispiele für die AG und Co. OHG (s. *Wiethölter*, in: Aktuelle Probleme, S. 18 Anm. 21: „Café Kranzler Hotelbetriebs-AG und Co OHG" in Frankfurt, „Grundstücksgesellschaft Kurfürstenbräu AG und Co. OHG" in Bonn); „Gruner + Jahr AG + Co.".

[40] Vgl. oben I B 1.

[41] Vgl. Anm. 105, 106.

[42] Vgl. oben I A 3.

Gesellschafter einer OHG, dann kann bei wörtlicher Anwendung des § 19 Abs. 1 HGB die Firma lauten:

„*A und C* und B“	(1 a)
„A und C und Co.“	(1 b)
„A und C OHG“	(1 c)
„A und C und Co. OHG“	(1 d)
„*A und Co.* und B“	(2 a)
„A und Co. und Co.“	(2 b)
„A und Co. OHG“	(2 c)
„A und Co. und Co. OHG“	(2 d)
„*A OHG* und B“	(3 a)
„A OHG und Co.“	(3 b)
„A OHG OHG“	(3 c)
„A OHG und Co. OHG“	(3 d)
„*A und C OHG* und B“	(3 aa)
„A und C OHG und Co.“	(3 bb)
„A und C OHG OHG“	(3 cc)
„A und C OHG und Co. OHG“	(3 dd)
„*A und Co. OHG* und B“	(4 a)
„A und Co. OHG und Co.“	(4 b)
„A und Co. OHG OHG“	(4 c)
„A und Co. OHG und Co. OHG“	(4 d)

(1 a) bis (1 d) sind mehrdeutig. Üblicherweise firmiert so eine OHG mit den Gesellschaftern A, B und/oder C. Hält man es für erforderlich, daß die beteiligte OHG als Gesellschafter erkennbar sein muß[43], dann sind sämtliche Firmen (1 a) bis (1 d) unzulässig.

(2 a), (2 b) und 2 d) lassen nach einiger Überlegung den Schluß zu, daß die „A und Co.“ ihrerseits Gesellschafter ist. Zwar weiß man nicht, ob Träger der Firma letztlich eine OHG oder eine KG ist; in § 19 HGB ist jedoch die Erkennbarkeit der Gesellschaftsform aus der Firma insoweit bewußt offen geblieben. Es besteht also kein Grund, eine Präzisierung nur deshalb zu verlangen, weil die „A und Co.“ Gesellschafter ist. Die Beispiele bleiben allerdings ungewöhnlich. Immerhin fällt auf, daß der Zusatz „und Co.“ geeignet ist, den mehrstufigen Aufbau der Gesellschaft darzustellen.

(2 c) ist mehrdeutig. Man zweifelt, ob sich „und Co.“ auf die beteiligte Gesellschaft oder die aufnehmende OHG bezieht.

(3 a) bis (3 c) sind eindeutig. Besonders einprägsam und die Rechtslage kennzeichnend ist (3 b): „OHG und Co.“. Ob man in (3 c) den Zusatz „OHG“ bei dem namengebenden Gesellschafter streichen könnte —

[43] OLG Neustadt, NJW 1964, 1376.

wie im entsprechenden Beispiel für die GmbH („A GmbH GmbH")[44] —, ist wegen der Bedeutung einer OHG als Gesellschafter für die Firmenbildung der OHG fraglich. Läßt sich die Verdoppelung des Zusatzes „OHG" nicht vermeiden, wird man auf

(3 d) ausweichen müssen. Es ist streitig, ob im Beispiel (3 d) die Firma der namengebenden „A OHG" ohne den Gesellschafterzusatz aufgenommen werden darf, so daß die aufnehmende OHG firmieren könnte: „A und Co. OHG". Nach Ansicht des *OLG Neustadt*[45] ist das zu verneinen. Eine KG, deren Komplementär eine „Carl H. (üge) OHG" ist, dürfe nicht firmieren: „Hüge und Co. KG".

Das OLG Neustadt beruft sich auf eine zu § 19 Abs. 1 HGB ergangene Entscheidung des OLG Frankfurt[46] zur Firma einer OHG, an der eine GmbH als namengebender Gesellschafter beteiligt ist, so daß die Entscheidung des OLG Neustadt auch den Fall betrifft, daß aufnehmende Gesellschaft eine OHG ist. Das OLG Frankfurt hatte allerdings nicht über den Gesellschaftszusatz, sondern über den Firmenbestandteil zu entscheiden, der den Gegenstand des Unternehmens der beteiligten GmbH bezeichnete. Das Gericht hat es abgelehnt, daß dieser Firmenbestandteil abgekürzt in die OHG-Firma aufgenommen werden könne. Die Heranziehung der Entscheidung des OLG Frankfurt trägt die Entscheidung des *OLG Neustadt* also nur insoweit, als die Verkürzung von Carl H. (üge)" auf „Hüge" erfolgt ist. Zulässig ist nach Auffassung des OLG Neustadt die Firma: „S. Glasstahlbetonbau Carl H. (üge) OHG und Co. KG", wobei es sich für die Aufnahme von „und Co." auf das OLG Hamm[47] beruft. Möglich sei aber auch die Firma „S. Glasstahlbetonbau Carl H. (üge) OHG und Co.", wobei für das Weglassen von „KG" auf eine Stellungnahme des OLG München verwiesen[48] wird.

Demgegenüber weist *Eich*[49] darauf hin, daß im Unterschied zur GmbH bei Personalgesellschaften gerade unter dem Gesichtspunkt redlicher Verlautbarungen der Haftungsverhältnisse die abgekürzte Form der Firmierung genüge, wenn sich eine OHG als Gesellschafter beteilige. Daß nur weniger an Haftung erkennbar werde, als in Wirklichkeit den Gläubigern zur Verfügung stehe, schade hier ebensowenig wie in den Fällen der abgeleiteten Firma, in denen „und Co." der übernommenen Firma des Einzelkaufmanns nicht hinzugefügt zu werden brauche[50].

---

[44] Vgl. unten III 3 c.

[45] NJW 1964, 1376.

[46] BB 1958, 1272.

[47] DNotZ 1954, 92.

[48] HRR 1938, Nr. 535.

[49] NJW 1964, 1376 (Urteilsanmerkung zu OLG Neustadt).

[50] Vgl. oben § 1 Anm. 15.

(3 aa) bis (3 dd) sind schon deshalb mehrdeutig, weil nicht erkennbar ist, ob die „A und C OHG“ oder A und die „C OHG“ Gesellschafter sind.

(4 a) — (4 d) sind eindeutig. In (4 b) und (4 d) wirkt „und Co.“ jedoch nicht so klärend wie zuvor. Ob „und Co. OHG und Co. OHG“ (4 d) verständlicher ist als „OHG OHG“ (3 c) ist zweifelhaft.

Bemerkenswert ist die Möglichkeit, mit Hilfe von „und Co.“ einen mehrstufigen Gesellschaftsaufbau zu kennzeichnen. Die Wirkung wird allerdings stark abgeschwächt, wenn „und Co.“ auch in der Firma der beteiligten Gesellschaft enthalten ist.

4. Ist eine KG ihrerseits Gesellschafter einer OHG, so ergeben sich weitere Besonderheiten, wenn die Firma der KG den bestimmten oder zusammengesetzten Gesellschaftszusatz enthält: „A KG“ oder „A und Co. KG“. Entsprechend der oben aufgestellten Einteilung[51] könnte die Firma lauten:

„A KG OHG“	(3 c)
„A KG und Co. OHG“[52]	(3 d)
„A und Co. KG OHG“	(4 c)
„A und Co. KG und Co. OHG“	(4 d).

Wenn (3 c) auch unklar ist, so bestehen doch gegen die Zulässigkeit dieser Firmierung nur geringe Bedenken, weil nach § 19 HGB die Firma ohnehin nicht erkennen lassen muß, ob es sich um eine OHG oder eine KG handelt. Ein Ausweichen auf (3 d) scheint also nicht erforderlich.

Gleiches gilt für (4 c) und (4 d).

Auf die Beteiligung von mehrstufigen Gesellschaften wird sogleich bei der KG eingegangen.

II. Kommanditgesellschaft (KG)

A. Der ursprünglich übliche Fall ist so gelagert, daß *nur natürliche Personen* Gesellschafter sind. Die Firmenvorschrift für die KG (§ 19 Abs. 2 HGB) entspricht der Regelung für die OHG in § 19 Abs. 1, 1. Alt. HGB. Da die Namen von Kommanditisten nicht aufgenommen werden dürfen, enthält die Firma einer KG mit nur einem Komplementär stets einen Gesellschaftszusatz[53]:

„A und Co.“, „A KG“, „A und Co. KG“.

---

[51] Vgl. I B 3.

[52] oder „A KG und Co.“, z. B. „Konz Reifendienst KG und Co.“, Freiburg i. Br., „Schwarz KG und Co.“, Marburg/Lahn.

[53] *J. v. Gierke*, ZHR 100, 329 Anm. 53.

Daß gerade eine KG vorliegt, braucht nicht erkennbar zu sein[54], weil andernfalls ein Übergang von der OHG zur KG oder umgekehrt[55] jeweils eine Änderung der Firma erforderlich machen würde. Hierfür besteht jedoch kein Bedürfnis, weil nach Ansicht des Gesetzgebers die KG lediglich eine Unterart der OHG ist[56]. Hat die KG mehrere persönlich haftende Gesellschafter, so genügt es, deren Namen in die Firma aufzunehmen, da mehrere Namen bereits das Bestehen eines Gesellschaftsverhältnisses andeuten. Die Firma der KG kann dann lauten: „A und B“[57]. Andererseits darf der unbestimmte Gesellschaftszusatz nicht „und Söhne“ lauten, wenn die Söhne beschränkt haften, weil das zu der Annahme verleiten könnte, sie seien „persönlich haftende“, d. h. unbeschränkt verpflichtete Gesellschafter[58].

B. Da ein Ausweichen auf die Namen der Kommanditisten bei der Firmenbildung der KG nicht möglich ist, haben Rechtsprechung und Lehre den Fall besonders erörtert, in dem eine Kapitalgesellschaft, insbesondere eine GmbH, einziger Komplementär ist.

1. Führt die Komplementär-GmbH die Firma „A GmbH“[59], dann kann die Firma — bei wörtlicher Anwendung des § 19 HGB — lauten[60]:

„A GmbH und Co.“	(1)
„A GmbH KG“	(2)
„A GmbH und Co. KG“	(3)
„KG A GmbH“	(4)
„KG A GmbH und Co.“	(5)

Dazu sei wiederum erläutert:

(1) ist eindeutig. Es handelt sich um eine „GmbH und Co.“[61].

(2) ist unklar[62]. Es bestehen Zweifel, ob es sich um eine KG oder eine GmbH handelt[63].

---

54 OLG München, HRR 1938, Nr. 535.

55 und zum Einzelkaufmann. Bis zum Urteil des BGH, BB 1970, 318 galt das Motto: „Rechtsform vergeht, Firma besteht“ (*Veismann*, BB 1971, 976).

56 *Teichmann*, S. 96.

57 *Westermann, Harry*, Handbuch I, Rn 792.

58 OLG Hamm, NJW 1966, 2171; BayObLG, BB 1959, 898.

59 Die Firma der GmbH muß aufgenommen werden, da sie keinen anderen Namen hat (OLG Schleswig, SchlHAnz. 1964, 241 m. w. Nachw.). Daß in der GmbH-Firma der Name einer Person enthalten ist, der nicht Gesellschafter der KG oder Kommanditist ist, steht der Zulässigkeit der Firma nicht entgegen (Bachofner, S. 67).

60 Konkrete Beispiele aus den Handelsregistern finden sich bei Zielinski, S. 19/20; Hesselmann, S. 83; Wiethölter, in: Aktuelle Probleme; Boesebeck, S. 79/80.

61 S. oben B 1. (3).

62 S. oben B 1. (4).

Nach Ansicht des *OLG Hamm*[64] verstößt deshalb das Nebeneinander der Gesellschaftszusätze gegen den Grundsatz der Firmenklarheit (§ 18 Abs. 2 HGB), und zwar auch dann, wenn die beiden Gesellschaftszusätze durch eine Sachbezeichnung getrennt sind, wie z. B. in der Firma „X GmbH Y Industrie KG".

Aus der Unklarheit der Firma folgt nach *Weipert*[65] jedoch nicht notwendig ihre Unzulässigkeit, da § 18 Abs. 2 HGB nicht isoliert betrachtet werden dürfe, sondern durch § 19 HGB ergänzt und näher bestimmt werde. § 19 HGB stelle aber nur geringe Anforderungen an den Inhalt der Gesellschaftsfirma und bezwecke nicht, Dritten erschöpfende Auskunft über Zahl und Person der Gesellschafter, Haftsumme, Gesellschaftsart usw. zu geben. Wer Näheres wissen wolle, dürfe sich nicht auf die Firma verlassen, sondern müsse das Handelsregister einsehen. Demnach sei die nach § 19 HGB ordnungsgemäß gebildete Firma nicht schon deshalb nach § 18 Abs. 2 HGB unzulässig, weil sie möglicherweise geeignet sei, Anlaß zu Verwechslungen zu geben. § 18 Abs. 2 HGB greife nur ein, wenn sich die Verwechslung für einen Dritten nachteilig auswirken könnte. Das sei aber bei der Firma „A GmbH KG" nicht möglich: Auch wenn der Dritte darunter eine GmbH vermute, werde er doch von keiner gegenüber der KG erweiterten Kreditgrundlage ausgehen.

Demgegenüber weist *Riechert*[66] darauf hin, daß die Vorschriften über die Firmenbildung auch formalen Zwecken dienen und erkennbar machen sollten, welchem Gesellschaftstyp ein Zusammenschluß von Gesellschaftern zuzuordnen sei. Dies gelte zwar nicht im Verhältnis von OHG und KG. Zwischen Personalgesellschaft und Kapitalgesellschaft aber sei das Prinzip der Erkennbarkeit der Gesellschaftsform absolut durchgeführt, was in den §§ 4 II GmbH und 4 II AktG zum Ausdruck komme. Durch die Zwischenschaltung von „und Co." werde der Begriff der GmbH und Co., unter dem diese Gesellschaftsform allgemein bekannt geworden sei, typisch zum Ausdruck gebracht. Riechert räumt aber ein, daß im Hinblick auf das formale Ordnungsprinzip (der Unterscheidbarkeit von Personal- und Kapitalgesellschaft) die umstrittene Frage unklar sei und zu Bedenken Anlaß gebe.

---

[63] Insbesondere bei einer Sachfirma liegt es nahe, eine GmbH zu vermuten: „Osram GmbH Kommanditgesellschaft".

[64] DNotZ 1954, 92, 94 unter Berufung auf KGJ 51, 122 und RGZ 104, 341 ff.: Das Nebeneinander der beiden Gesellschaftszusätze ist geeignet, Mißverständnisse hervorzurufen („Kefersteinsche Papierhandlung Kommanditgesellschaft, Gesellschaft mit beschränkter Haftung"). Wie das OLG Hamm nunmehr auch das BayObLG, NJW 1973, 1845; a. A. *Keim*, MittBayNot 1973, 257.

[65] GmbHRdSchau 1953, 26.

[66] DB 1956, 493, 494.

(3) ist mehrdeutig. Gesellschafter der KG könnte auch die Gesellschaft „A GmbH und Co.“ sein. Die Firmierung (3) wird dennoch teilweise als allein zulässig angesehen, wenn die GmbH einziger Komplementär ist (GmbH und Co. im engeren Sinn)[67].

(4) ist unklar[68]. Man fragt sich, ob es sich um eine KG mit dem Gesellschafter „A GmbH“ oder um eine GmbH mit dem Gesellschafter „KG A“ handelt.

(5) ist mehrdeutig[69]. Darüber hinaus könnte man vermuten, daß es sich um eine OHG mit der „KG A GmbH“ als Gesellschafter handelt.

Keine Besonderheiten ergeben sich, wenn einziger Komplementär eine AG ist[70]. Hierbei ist ebenfalls darauf zu achten, daß die Sachbezeichnung in der AG-Firma mit dem von der aufnehmenden KG betriebenen Handelsgewerbe vereinbar ist[71].

2. Ist einziger Komplementär die „A und Co. GmbH“, dann könnte die Firma der KG lauten:

„Aund Co. GmbH und Co.“ (1)
„A und Co. GmbH KG“[72] (2)
„A und Co. GmbH und Co. KG“[73] (3)

(1) läßt offen, wer Gesellschafter der beteiligten GmbH ist (die Gesellschafter A und B usw. oder die Gesellschaft „A und Co.“?). Die zweimalige unterschiedliche Verwendung von „und Co.“ verwirrt[74]: Was ist eine „und Co. GmbH und Co.“?

(2) enthält gegenüber (1) weitere Unklarheiten durch das Nebeneinander von „GmbH“ und „KG“. Das OLG Hamm[75] hat deshalb diese Art der Firmierung mit der Begründung wie zur Firmierung B 1. (2)[76] abgelehnt. Das Gericht bezweifelt jedoch, ob hier ebenfalls durch die Aufnahme von „und Co.“ zwischen „GmbH“ und „KG“ Abhilfe geschaffen werden könne. Die beschwerdeführende IHK hatte wohl

---

[67] Vgl. oben § 1 Anm. 18.

[68] *Grussendorf*, DNotZ 1954, 96.

[69] Vgl. (3).

[70] *Riechert*, DB 1956, 496.

[71] OLG Karlsruhe, GmbHRdSchau 1967, 122.

[72] z. B. „Solophon-Werk Brigge Brimberg und Co GmbH KG“ (Zielinski, S. 20 Nr. 18); „Telephon-Apparate-Fabrik E. Zwietusch und Co. GmbH KG“ (*Boesebeck*, S. 79).

[73] z. B. „Conrad und Co. GmbH und Co. KG“ (Bundesanzeiger 1973 Nr. 8 v. 12. 2. 1973, S. 1).

[74] Vgl. oben I B 3.

[75] DNotZ 1967, 391, 393 = NJW 1966, 2172.

[76] Vgl. oben II B 1.

(3) als zulässig angesehen („Kommanditgesellschaft" allerdings ausgeschrieben). Das kann jedoch wegen des zweimaligen „und Co." im Hinblick auf den Grundsatz der Firmenklarheit zweifelhaft sein[77].

(3) ist mehrdeutig, weil Gesellschafter der KG auch eine „A und Co. GmbH und Co." sein könnte.

Zusammenfassend läßt sich wiederum feststellen, daß die Kennzeichnung der Mehrstufigkeit mittels „und Co." dann nicht überzeugend gelingt, wenn die Firma der beteiligten Gesellschaft bereits „und Co." enthält. Die Aufnahme des aus unbestimmten und bestimmten Bestandteilen zusammengesetzten Gesellschaftszusatzes der beteiligten Gesellschaft führt zu Zweifeln darüber, welche Firmenbestandteile die beteiligte Gesellschaft und welche die aufnehmende Gesellschaft kennzeichnen (3). Am günstigsten scheint noch die Firmierung (1).

3. Für den Fall, daß eine OHG oder KG einziger Komplementär der KG ist[78], kann auf die Ausführungen zur OHG verwiesen werden. Ergänzend sei auf die *dreistufige GmbH und Co.*[79] eingegangen.

Komplementär einer dreistufigen GmbH und Co. ist eine GmbH und Co. Diese könnte firmieren: „A GmbH und Co.", „A GmbH KG", „A GmbH und Co. KG". Daraus ergeben sich für die dreistufige GmbH und Co. folgende Möglichkeiten:

„*A GmbH und* Co. und Co."	(1 a)
„A GmbH und Co. KG"	(1 b)
„A GmbH und Co. und Co. KG"[80]	(1 c)
„*A GmbH KG* und Co."	(2 a)
„A GmbH KG KG"	(2 b)
„A GmbH KG und Co. KG"	(2 c)
„*A GmbH und Co. KG* und Co."	(3 a)
„A GmbH und Co. KG KG"	(3 b)
„A GmbH und Co. KG und Co. KG"	(3 c)

Man kann darüber streiten, ob etwa die Beispiele (1 a), (2 a), (3 a) eindeutig sind. Abgesehen von ihrer Unhandlichkeit sind sie unverständlich, wenigstens zum gegenwärtigen Zeitpunkt. Es steht auch

---

[77] OLG Hamm, DNotZ 1967, 394.

[78] Z. B. „Bankhaus Hermann Lampe KG und Co.", Berlin. Die Beteiligung einer Bank an einer anderen in Form der KG anstelle einer besonderen Filialgründung hat mannigfache Vorzüge (*Schmalenbach*, S. 125 mit [Anm. 40] Hinweis auf: Lorentz, Wirtschaft und Kommanditgesellschaft, Zeitschrift f. Handelswiss. und Handelspraxis 1925, 24 ff.).

[79] Eine zweistufige GmbH und Co. gibt es nach *Wiethölter*, in: Aktuelle Probleme, S. 17, nicht. Von einer „doppelstöckigen" GmbH und Co. handelt die Entscheidung des OLG Bremen, BB 1971, 1121.

[80] *Wiethölter*, in: Aktuelle Probleme, S. 17 Anm. 14.

kaum zu hoffen, daß die dreistufige GmbH und Co. unter der Bezeichnung „GmbH und Co. und Co.“ (oder ähnlich) allgemein bekannt wird[81].

III. Gesellschaft mit beschränkter Haftung (GmbH)

Nach § 4 GmbHG muß die Firma entweder dem Gegenstand des Unternehmens entlehnt sein (Sachfirma), oder die Namen der Gesellschafter — nebst Gesellschaftszusatz — (vgl. § 19 Abs. 1, 2. Alt. HGB) oder den Namen wenigstens eines Gesellschafters nebst Gesellschaftszusatz enthalten (vgl. § 19 Abs. 1, 1. Alt. HGB) (Personenfirma) und jeweils zusätzlich die Bezeichnung „mit beschränkter Haftung“.

Statthaft sind auch gemischte Firmen, d. h. Zusammensetzungen aus Sachbezeichnungen und Personennamen[82] (Namen nur der Gesellschafter! § 4 Abs. 1 S. 2).

1. § 4 GmbHG ist nicht eindeutig zu entnehmen, wie der Gesellschaftszusatz lauten muß. Die Sachfirma könnte bei enger Anlehnung an den Wortlaut etwa „Sägewerke mbH“ lauten, doch würde darin nicht besonders zum Ausdruck kommen, daß es sich um eine Gesellschaft handelt. Für die Sachfirma wird deshalb überwiegend „Gesellschaft mit beschränkter Haftung“ als zwingender Gesellschaftszusatz angesehen[83]. „Gesellschaft“ und „mit beschränkter Haftung“ muß allerdings nicht als Einheit in der Firma erscheinen[84].

Für den Gesellschaftszusatz in der Personenfirma bestehen unterschiedliche Ansichten. Werden die Namen mehrerer Gesellschafter oder der Name eines Gesellschafters nebst „einem das Vorhandensein eines Gesellschaftsverhältnisses andeutenden Zusatz“ zur Firmenbildung verwandt, so ist bereits erkennbar, daß eine Gesellschaft vorliegt.

Danach wären Firmen wie „Müller und Schulz mbH“[85], „A Schulze und Cie. mbH“, „Kompagnie Schulze und Müller mbH“[86], „A, B und

---

[81] Abwartend der RegEntwEGGmbHG, BundestagsDrs. 7/253, S. 256, weil die gesellschaftsrechtliche Zulässigkeit der Beteiligung einer GmbH und Co. KG zweifelhaft sei. Bejahendenfalls soll § 24 a HGB i. d. F. d. § 26 EntwEGGmbHG analog anzuwenden sein. Angesichts der dadurch eröffneten Entwicklung kann man die unter 3. aufgeführten Beispiele wohl kaum als Puzzlespiel abtun. S. auch § 4 MitbestG-Entw., Bundesratsdrucksache 200/74.

[82] Bereits *Esser*, S. 23: Eine Notwendigkeit für die Trennung von Personen- und Sachbezeichnung liegt nicht vor.

[83] Auf der Grenze liegt das Beispiel von *Förtsch*, S. 24: „Geographischer Verein Columbus mit beschränkter Haftung“; zulässig auch „Nähmaschinenfabrik mit beschränkter Haftung“ (*J. v. Gierke*, ZHR 100, 335 Anm. 69).

[84] z. B. „Gesellschaft für Fasertechnik m.b.H.“.

[85] *Kallmann*, JW 1924, 1120 a. E.

[86] *Hachenburg/Schilling*, § 4 Anm. 3; Anm. 6: Der notwendige Zusatz lautet nicht: Ges. m. b. H., sondern nur: mit beschränkter Haftung; ebenso

Co. m. b. H."[87] nicht zu beanstanden. Nach Ansicht von *Feine*[88] ist die Aufnahme von „Gesellschaft" immer unschädlich, aber in keinem Fall rechtsnotwendig, außer wenn es an einer Äußerung des Gesellschaftsverhältnisses fehlt. Danach bedarf es der Aufnahme von „Gesellschaft", wenn nur ein Gesellschaftername in die Firma aufgenommen wird. Denn eine Firma „Emil Müller mbH" — so meint *Brodmann*[89] — „geht doch wohl nicht an". Nach heute überwiegender Ansicht[90] genügt der nach § 4 Abs. 2 GmbHG vorgeschriebene Zusatz „mbH" nur, wenn die Firma bereits „Gesellschaft" enthält[91]; sonst ist „GmbH" nötig. Die folgenden Ausführungen beschränken sich deshalb auf die Verwendung des Gesellschaftszusatzes „GmbH". Der Zusatz braucht in keinem Fall am Schluß der Firma zu stehen[92].

2. § 4 Abs. 1 GmbHG ist, soweit die Vorschrift die *Personenfirma* regelt, erkennbar den Bestimmungen für die OHG nachgebildet[93] und stimmt insoweit fast wörtlich mit § 19 Abs. 1 HGB überein. Nach *Hachenburg/Schilling*[94] muß § 4 Abs. 1 GmbHG ebenso ausgelegt werden. Es ergeben sich ähnliche Firmierungen wie für die OHG. Sind A und B Gesellschafter der GmbH, dann könnte die Firma lauten:

„A und B GmbH" (1)
„A und Co. GmbH" (2)
„A GmbH" (3)

(1) ist mehrdeutig[95]. Ebenso firmieren könnte eine GmbH mit der OHG „A und B" als Gesellschafterin.

---

bereits *Förtsch*, Anm. 3 zu § 4, S. 24: Das Wort „Gesellschaft" braucht in der Firma nicht vorzukommen, der Zusatz auch nicht „Gesellschaft mit beschränkter Haftung" zu lauten, wie solches der I. Entwurf vorschlug.

[87] *Brand/Marowski*, S. 131.

[88] *Feine*, in: Ehrenbergs Hdb. Bd. III, Teil 3, S. 86.

[89] S. 35 für eine abgeleitete Firma; a. A. *Hachenburg/Schilling*, § 4 Anm. 4: Bei Erwerb eines Geschäfts bei Gründung kann „Albert Haberfeld mbH" firmiert werden. Passend wäre diese Firmierung für den geplanten Einzelkaufmann mbH.

[90] *Baumbach/Hueck*, § 4 Anm. 3 B; *Lehmann/Dietz*, S. 414; *Vogel*, § 4 Anm. 6; *Ripfel*, GmbHRdSchau 1959, 23, 24. Diese Ansicht hat den Wortlaut des § 4 Abs. 1 GmbHG für sich; denn gegenüber § 19 Abs. 1 HGB sind die Alternativen der Personenfirma vertauscht, so daß sich „mit einem das Vorhandensein eines Geschäftsverhältnisses andeutenden Zusatz" auf beide Möglichkeiten der Personenfirma (und auf die Sachfirma) bezieht. a. A. aber noch *Balser/Meyer/Pichura*, Die GmbH, 1971 (!), S. 27: „Dietrich Müller und Co. mit beschränkter Haftung" wäre zulässig.

[91] Damit trägt die h. M. dem Umstand Rechnung, daß „Gesellschaft" und „mbH" als einheitlicher Gesellschaftszusatz verstanden wird. (Vgl. unten IV).

[92] *Hachenburg/Schilling*, § 4 Anm. 6.

[93] *Feine*, in: Ehrenbergs Handbuch Bd. III, Teil 3, S. 84.

[94] § 4 Anm. 4.

[95] Vgl. oben I B 1 (1).

(2) ist mehrdeutig. Gesellschafter der GmbH könnte auch die „A und Co.“, also eine namengebende OHG oder KG, sein[96].

(3) ist eindeutig. „Gesellschaft“ erfüllt eine doppelte Funktion: Zum einen wird angedeutet, daß A mit noch weiteren Gesellschaftern in einem Gesellschaftsverhältnis steht, zum anderen wird zusammen mit „mbH“ die Rechtsform der Gesellschaft bezeichnet (so auch das Kammergericht in der sogleich wiedergegebenen Entscheidung).

Ebenso streitig wie für die Firma der OHG ist es, ob die GmbH mit den Gesellschaftern A, B und C firmieren darf: „A und B GmbH“, oder — wenn nur zwei Gesellschafternamen aufgenommen werden sollen — „A, B und Co. GmbH“ firmieren muß[97].

Das Kammergericht[98] meint dazu, „Name der Gesellschafter“ in § 4 Abs. 1 S. 1 GmbHG bedeute „Name aller Gesellschafter“[99]. Es komme deshalb darauf an, ob (in der Firma „A und B GmbH“) das Wort „Gesellschaft“ den Eindruck *verhindere*, daß nur zwei Gesellschafter vorhanden seien. Da das Gesetz einen (das Vorhandensein eines Gesellschaftsverhältnisses andeutenden) Zusatz auch dann verlange, wenn die Firma den Namen *wenigstens* eines der Gesellschafter enthält, also auch, wenn mehrere aber nicht alle Gesellschafter genannt seien, könne sich der Zweck des Zusatzes nicht darin erschöpfen, das Bestehen eines Gesellschaftsverhältnisses überhaupt anzuzeigen. Das sei bereits ohne weiteres erkennbar, wenn die Firma mehrere Gesellschafter namentlich aufführe. Der Zusatz müsse deshalb weitergehend klarstellen, daß nicht nur die namentlich genannten Gesellschafter untereinander, sondern noch mit einem oder weiteren Gesellschaftern in einem Gesellschaftsverhältnis stünden. Diesen Zweck könne der Zusatz „Gesellschaft“ nur dann erfüllen, wenn lediglich ein Gesellschafter in der Firma genannt sei. Denn obwohl § 4 Abs. 2 GmbHG lediglich die zusätzliche Bezeichnung „mit beschränkter Haftung“ vorschreibe, habe sich die Verwendung des Wortes „Gesellschaft“ eingebürgert und werde in Verbindung mit „mbH“ als einheitlicher Hinweis auf die Gesellschaftsform angesehen.

Demgegenüber besteht nach *Feine*[100] keine Gefahr der Irreführung des Publikums, da auch sonst die Zahl der Gesellschafter regelmäßig aus der Firma nicht ersichtlich sei. *Kallmann* meint[101], wenn schon (bei einer

---

[96] *Wellmann*, GmbHRdSchau 1953, 87.

[97] *Scholz*, § 4 Anm. 5.

[98] KG, JFG Bd. 1 (1924), 197 ff = RJA 7, 35 = JW 1924, 1120.

[99] Deshalb sind diese Ausführungen zur GmbH-Firma später als Begründung der Ansicht herangezogen worden, auch die OHG-Firma dürfe nicht über die Zahl der Gesellschafter täuschen; vgl. oben Anm. 24.

[100] S. 85.

[101] JW 1924, 1120; gegen ihn *Trojan*, DNotZ 1925, 52.

GmbH mit den Gesellschaftern A, B und C) „A GmbH" zulässig sei, dann erst recht „A und B GmbH".

3. Ist eine *Kapitalgesellschaft* namengebender Gesellschafter einer GmbH, so kommt es zur Häufung von Gesellschaftszusätzen in der Personenfirma der GmbH[102].

a) Eine GmbH mit B und der „X AG" als Gesellschafter könnte firmieren:

„X AG und B GmbH" (1)
„X AG und Co. GmbH" (2)
„X AG GmbH" (3)

(1) ist mehrdeutig. Es könnte auch eine OHG „X AG und B" Gesellschafter der GmbH sein, oder eine OHG mit den Gesellschaftern „X AG" und „B GmbH" vorliegen[103].

(2) ist mehrdeutig. Gesellschafter der GmbH könnte eine „X AG und Co." sein. Davon abgesehen dürften keine Bedenken gegen diese Firmierung bestehen[104], insbesondere stellt „und Co." die Gesellschafterrolle der „X AG" klar.

(3) ist unklar. Die Annahme, daß man es mit einer AG zu tun habe, kann sich auch als nachteilig erweisen. (3) ist deshalb nach einhelliger Ansicht unzulässig[105]. Um die Vermeidung von Zusätzen in einer GmbH-Firma, die auf das Vorliegen einer Aktiengesellschaft hindeuten könnten, ist man in besonderem Maße bemüht. Das tritt in den Stellungnahmen zur Verwendung von Schlagworten, die auf „ag" enden, zutage[106].

b) Sind B und die „X GmbH" Gesellschafter, ergeben sich die Firmierungen

„X GmbH und B GmbH" (1)

---

[102] Hier bestehen die unterschiedlichsten Ansichten zur Firmenbildung. *Brodmann*, § 4 Anm. 2 läßt nur die „Namen von Menschen" zu, während nach KG DNotZ 1925, 52 auch der „Name eines Gesellschafters, der nicht physische Person ist", benutzt werden kann. Nach Ansicht von *Feine*, S. 85 sind charakterisierende Gesellschaftszusätze der namengebenden Gesellschaft fortzulassen. Dagegen können diese Zusätze nach Ansicht von *J. v. Gierke*, ZRH 100, 335 Anm. 68 nie fortgelassen werden, da sie zum Namen gehören.

[103] Vgl. oben I B 2 (1).

[104] *Bondi*, JW 1927, 1112 hält — bei Verwendung einer abgeleiteten Firma zur Neugründung — Firmierungen wie „B und C AktG und Co. GmbH" für zulässig.

[105] *Scholz*, § 4 Anm. 6, unter Berufung auf RGZ 104, 342.

[106] „IDROHAG" (BGHZ 22, 89 gegen RGZ 127, 84); „Ledag" (LG Göttingen, BB 1959, 899); „Delbag" (KG, NJW 1965, 255); „Kredit- und Finanzierungs-AG GmbH" (Agentur) (LG Stuttgart, BB 1962, 935). Weitere Nachweise DIHT, BB 1957, 835.

„X GmbH und Co. GmbH" (2)
„X GmbH GmbH" (3)

(1) und (2) sind zwar unschön, können jedoch nach *Wellmann*[107] nicht beanstandet werden, da sie den Bildungsvorschriften entsprechen und ein Irrtum über die Rechtsform nicht möglich sei. Es bestehen aber dieselben Bedenken wie für die soeben unter 3. (1) und (2) besprochenen Firmierungen.

(3) ist eindeutig, wird aber allgemein als unzulässig angesehen. Der Gesellschaftszusatz der namengebenden GmbH muß gestrichen werden[108], und zwar, obwohl ein Irrtum über die Rechtsform nicht möglich ist.

c) Noch unübersichtlicher wird die Firma, wenn die beteiligte GmbH entsprechend 2. (1) und (2) firmiert:

„*A und B GmbH* und C GmbH" (4)
„A und B GmbH und Co. GmbH" (5)
„A und B GmbH GmbH" (6)
„*A und Co. GmbH* und C GmbH" (7)
„A und Co. GmbH und Co. GmbH" (8)
„A und Co. GmbH GmbH" (9)

(4) — (6): Wer ist Gesellschafter? A, „B GmbH", C? (7) — (9): Während Änderungen in der Firma der beteiligten Gesellschaft — bis auf die Streichung des Zusatzes „GmbH" — nicht zulässig sind[109], ist zweifelhaft, ob auch der Zusatz „und Co." entfallen kann[110].

4. a) Ist eine *Personalgesellschaft*, z. B. eine OHG mit den Gesellschaftern A und B namengebender Gesellschafter einer GmbH, so könnte — bei wörtlicher Anwendung der §§ 19 Abs. 1 HGB, 4 GmbHG — die Firma lauten:

„*A und B* und C GmbH" (1 a)
„A und B und Co. GmbH" (1 b)
„A und B GmbH" (1 c)

---

[107] GmbHRdSchau 1953, 86: „Müller GmbH und Co. GmbH".

[108] *Scholz*, § 4 Anm. 6 m. w. Nachw.; *Baumbach/Hueck*, § 4 Anm. 2 C. Bisweilen läßt die Formulierung jedoch erkennen, daß die Verdoppelung von „GmbH" nicht durchweg als unzulässig angesehen wird: *Hachenburg/Schilling*, § 4 Anm. 6: „kann"; OLG Düsseldorf, GmbHRdSchau 1956, 173 („Limited" „braucht nicht" aufgenommen zu werden); dazu *Wellmann*, GmbHRdSchau 1959, 173; *Schmatz*, DNotZ 1956, 613 ff.; BayObLG, DNotZ 1971, 115: Zulässig, in gewissen Fällen sogar geboten, ist es, eine auf die Rechtsform des Gesellschafters hinweisende Bezeichnung wegzulassen.

[109] *Brüggemann*, Großkomm. HGB § 17 Anm. 6; *Wellmann*, GmbHRdSchau 1953, S. 87 (Vornamen).

[110] Bejahend KG, DNotZ 1925, 52.

„*A und Co.* und C GmbH"	(2 a)
„A und Co. und Co. GmbH"	(2 b)
„A und Co. GmbH"	(2 c)
„*A OHG* und C GmbH"	(3 a)
„A OHG und Co. GmbH"	(3 b)
„A OHG GmbH"	(3 c)
„*A und Co. OHG* und C GmbH"	(4 a)
„A und Co. OHG und Co. GmbH"	(4 b)
„A und Co. OHG GmbH"	(4 c)

Die Beispiele (1 a) — (1 c), (2 c) lassen nicht erkennen, daß eine OHG Gesellschafter ist, da ebenso eine GmbH mit den Gesellschaftern A, B (und C) firmiert.

(1 a), (2 a), (3 a), (4 a) sind mehrdeutig, weil eine OHG mit den Gesellschaftern „A OHG" (oder ähnlich) und „C GmbH" ebenso firmieren könnte.

(2 b) ist eindeutig, aber ungewöhnlich.

Die Beispiele (3 a), (4 a), (3 b), (4 b), (3 c), (4 c) sind deshalb problematisch, weil verschiedenartige Gesellschaftszusätze in einer Firma enthalten sind[111].

Da in (3 b) mit Hilfe von „und Co." aber die Gesellschafterrolle der OHG klargestellt ist, dürfte diese Firmierung zulässig sein[112].

In den Beispielen (1 a), (2 a), (3 a), (4 a) und (1 b), (2 b), (3 b), (4 b) könnten sämtliche Firmenbestandteile außer „GmbH" zusammengenommen als Firma einer beteiligten OHG angesehen werden.

b) Die Probleme, die sich für die Firma der GmbH aus der Beteiligung einer KG, einer OHG und Co., einer GmbH und Co. KG ergeben, liegen im wesentlichen gleich und werden deshalb nicht gesondert dargestellt. Daß sich hinter der Firma

„A und Co. GmbH und Co. KG und Co. GmbH"

eine GmbH mit einer einstufigen oder dreistufigen GmbH und Co. als namengebendem Gesellschafter verbirgt, kann man nur mit Mühe feststellen.

IV. Aktiengesellschaft (AG)

Die Firma der AG ist in der Regel Sachfirma und enthält stets den Gesellschaftszusatz „Aktiengesellschaft" (AG)[113]. Firmen, die nur das

---

[111] *Hachenburg/Schilling,* § 4 Anm. 3; RGZ 104, 341; RG Recht 1923 Nr 1676.

[112] s. oben Anm. 103.

[113] Zur Abkürzung s. o. Anm. 2.

Wort „Aktie“ enthalten, bei denen also das Gesellschaftsverhältnis nur durch einen Rückschluß ermittelt werden kann, wie Aktienbrauerei, Aktienverein usw., sind unzulässig[114].

Auch bei der AG besteht danach die Möglichkeit einer Personenfirma[115]. Daraus ergibt sich jedoch keine — den bereits abgehandelten Gesellschaftsfirmen entsprechende — Vielfalt der Firmenbildung. Zum einen ist bei der Aktiengesellschaft die Annahme einer Personenfirma von der Billigung des Registergerichts abhängig. Zum anderen handelt es sich stets um die Namen von natürlichen Personen[116]. Die ursprüngliche Firma der AG enthält deshalb stets nur *einen* bestimmten Gesellschaftszusatz.

Bei Fortführung der Firma eines bei Gründung übernommenen[117] oder später übergegangenen Unternehmens durch die AG kann es allerdings zur Firmenbildung mit einem zusammengesetzten Gesellschaftszusatz kommen. Während bestimmte Gesellschaftszusätze der fortgeführten Firma stets entfallen, kann „und Co.“ beibehalten werden[118].

V. Kommanditgesellschaft auf Aktien (KGaA)

Wegen der sinngemäßen Übereinstimmung von § 279 AktG mit § 4 AktG (früher beide in § 20 HGB) kann hinsichtlich der Kommanditgesellschaft auf Aktien auf die Ausführungen zur AG verwiesen werden. Die Zulassung von Personennamen kann (eher) berechtigt sein, wenn die Firma aus dem Namen des einzigen oder eines persönlich haftenden Gesellschafters gebildet wird[119].

VI. Eingetragene Genossenschaft (eG)

Nach § 3 GenG ist die Firma der eingetragenen Genossenschaft (eG) stets Sachfirma. Personennamen werden nur zugelassen, wenn es sich um historische Persönlichkeiten oder mit dem Gegenstand der Genossenschaft verknüpfte Personen handelt[120]. Sonst sind Personennamen

---

[114] *Schlegelberger/Hildebrandt*, § 20 Anm. 2.

[115] Beachte auch Art. 22 EG HGB.

[116] z. B. „Fichtel und Sachs AG“, „Daimler-Benz AG“.

[117] Zur Firma im Gründungsstadium: *Blinz*, 104 ff.; *Rittner*, S. 355.

[118] Diese Defferenzierung ist zurückzuführen auf die Unterscheidung im Rahmen des § 25 HGB: Während die Streichung von bestimmten Gesellschaftszusätzen geboten ist und keine Änderung i. S. d. § 25 bedeutet, dürfen unbestimmte Gesellschaftszusätze nicht willkürlich angenommen oder abgelegt werden, *Schlegelberger/Hildebrandt*, § 25 Anm. 7. Beispielsweise: „C. F. Asche und Co. AG“, „Dr. Beck und Co. AG“.

[119] *Barz*, in: Großkommentar AktG, § 220; Bedenken äußert *J. v. Gierke*, ZHR 100, 334.

[120] Schulze-Delitzsch, Raiffeisen.

— strenger als bei der Aktiengesellschaft — auch nicht als Zusätze anerkannt. Nur im Nachfolgezusatz sind Personennamen möglich[121]. Entsprechend der Art der Genossenschaft (§ 2 GenG) waren bisher[122] zwei Arten des Gesellschaftszusatzes zu unterscheiden: „eingetragene Genossenschaft mit unbeschränkter Haftpflicht"[123] („eGmuH") und „eingetragene Genossenschaft mit beschränkter Haftpflicht" („eGmbH").

Durch § 3 Abs. 2 S. 1 i. d. F. des Genossenschaftsänderungsgesetzes v. 9. Oktober 1973[124] wird nunmehr für alle Genossenschaften einheitlich die Führung des Gesellschaftszusatzes „eingetragene Genossenschaft" vorgeschrieben und die Abkürzung „eG" erlaubt. § 3 Abs. 3 GenG verbietet ausdrücklich Firmenzusätze, die auf die Verpflichtung zur Leistung von Nachschüssen hindeuten. Dadurch soll vermieden werden[125], daß Genossenschaften, bei denen keine Nachschußpflicht besteht, gegenüber den anderen Genossenschaften benachteiligt werden, weil der Geschäftsverkehr aus den Hinweisen auf die Nachschußpflicht oder aus dem Fehlen eines Hinweises sachlich nicht gerechtfertigte Schlüsse ziehen könnte. Der Hinweis auf die Nachschußpflicht in der Firma sei unter dem Gesichtspunkt des Gläubigerschutzes nicht erforderlich. Wer eine Geschäftsverbindung mit einer eG anknüpfe, könne sich, wenn er überhaupt Wert auf die Kenntnis von Art und Umfang der Nachschußpflicht lege, durch Einsicht in das Statut beim Registergericht unterrichten.

VII. Zusammenfassung

Der Überblick über die verschiedenen Möglichkeiten der Firmenbildung nach geltendem Recht führt vor Augen, daß sich im wesentlichen bei der Firma der OHG und der KG sowie bei der Personenfirma der GmbH Probleme des Gesellschaftszusatzes stellen.

1. Die Probleme der Firmenbildung für Handelsgesellschaften sind zunächst gekennzeichnet durch das *Nebeneinander von Gesellschaftszusätzen*. Unproblematisch ist dies allerdings in den einfachen Firmierungen „A und Co. OHG", „A und Co. KG". Es entsteht keine Verwirrung, weil beide Zusätze parallel auf eine Personalgesellschaft hinweisen.

Anders ist es schon bei „A und Co. GmbH" (oder „A und Co. AG"). Obwohl die GmbH nach der gesetzlichen Regelung sowohl persona-

---

[121] *Rieß*, in: Ehrenbergs Hdb. Bd. III, Teil 2, S. 51/52.

[122] Seit dem 1. 1. 1934: Gesetz v. 20. 12. 1933 (RGBl. I, 1089).

[123] Die Haftpflicht entspricht der namentlich aufgehobenen Nachschußpflicht: Keine direkte Inanspruchnahme durch die Konkursgläubiger.

[124] BGBl. I 1451.

[125] BTDrs. 7/97, Begründung B 2., S. 17.

listisch wie kapitalistisch ausgestaltet werden kann, hat sich firmenrechtlich die Tendenz zur Kennzeichnung durch den der Kapitalgesellschaft allein angemessenen *bestimmten* Gesellschaftszusatz durchgesetzt: „A GmbH". Die nach dem Gesetzeswortlaut durchaus korrekte und sogar gegebenenfalls dem personalistischen Charakter eher entsprechende Firmierung „A und Co. mbH" ist verdrängt worden. Es zeigt sich hier in der firmenrechtlichen Entwicklung die Fixierung auf einen gesellschaftsrechtlichen Typus. Daß „und Co." und „GmbH" nicht notwendig parallel laufen, ist aber unbedenklich: Der bestimmte Gesellschaftszusatz hat das stärkere Gewicht. Unbedenklich ist auch „A GmbH und Co.", da die Gesellschafterrolle der GmbH klargestellt ist.

Demgegenüber sind die Fälle problematisch, in denen mehrere bestimmte Gesellschaftszusätze in der Firma auftauchen, sei es ungetrennt oder getrennt (durch „und Co." oder einen sonstigen Bestandteil). Es scheint unterschiedlich zu bewerten zu sein, ob es sich um gleichartige (OHG OHG„ GmbH GmbH) oder verschiedenartige (OHG KG, GmbH KG, AG GmbH) Gesellschaftszusätze handelt[126].

Hat man sich erst einmal klar gemacht, daß Gesellschaftsfirmen mit dem darin enthaltenen Gesellschaftszusatz als Name des Gesellschafters aufgenommen werden können, dann erscheinen plötzlich auch so einfache und bisher als eindeutig empfundene Firmen wie „A und B OHG" oder „A und Co. GmbH" zweifelhaft. Wer ist Gesellschafter, etwa die Gesellschaft „A und B" oder „A und Co."?

2. Weitere Probleme ergeben sich durch die *Entstehung unhandlicher Firmen*. Eine Firma ist allerdings nicht schon deshalb unzulässig, weil sie unhandlich ist. Zwar gebietet die Eilbedürftigkeit im Handelsverkehr die Bildung praktikabler Firmen. Aber allgemeine Kriterien werden sich daraus kaum gewinnen lassen. Bedenklich sind zu lange Firmen, die sich nicht für die knappe Benennung eignen, die der Verkehr benötigt, weil man später die wirkliche Firma in ihrer Eintragungsform nicht mehr kennt[127].

So besteht zum einen die Gefahr, daß der Gesellschaftszusatz als Firmenbestandteil nicht mehr erfaßt wird. Zum anderen wird die Erkennbarkeit der Rechtsform der Gesellschaft durch die Aufnahme des Gesellschaftszusatzes der Firma der namengebenden Gesellschaft ge-

---

[126] Besonders deutlich OLG E 43, 324: Grundsätzlich kann nach § 4 GmbHG die Firma den Namen jedes Gesellschafters, gleichviel ob er eine natürliche Person ist oder nicht, enthalten ... Ist aber der namengebende Gesellschafter seinerseits eine Gesellschaft, aber *anderer* Art, so ist es ein Gebot der Firmenwahrheit und -klarheit, daß der die gesellschaftliche Verfassung kennzeichnende Zusatz *nicht* in die Firma der GmbH übernommen wird.

[127] *Bußmann*, S. 36.

fährdet[128], weil nicht erkennbar ist, welche Bestandteile die beteiligte(n) Gesellschaft(en), welche die aufnehmende Gesellschaft bezeichnen. Verdeutlichungsversuche wie die Änderung der Reihenfolge und sonstige Hilfsmittel erweisen sich als wenig wirksam. Auch die Verwendung von und Co." ist nur begrenzt tauglich[129].

Insgesamt scheint die Unklarheit über die Rechtsform der aufnehmenden Gesellschaft gewichtiger als der Zweifel über die Rechtsform der beteiligten Gesellschaft(en).

---

[128] Vgl. etwa die Beispiele: I B 2. (6), II B 1. (2), III 3. (1).
[129] *Keim*, MittBayNot 1973, 259 r. Sp.

§ 5 Kritische Würdigung von Rechtsprechung und Rechtslehre

I. Die Ursache für die Probleme des Gesellschaftszusatzes

Die dargelegten Probleme des Gesellschaftszusatzes ergeben sich aus dem Wortlaut der §§ 19 Abs. 1 und 2 HGB, 4 GmbHG, nach denen jeweils der „Name" eines „Gesellschafters" in die Firma aufgenommen werden muß. Bei der Beteiligung von Gesellschaften greift die h. L. mangels anderer Bezeichnungen auf deren Firma zurück, und zwar einschließlich des Gesellschaftszusatzes[1]. Durch die neuere gesellschaftsrechtliche Entwicklung bedingte sonstige Abweichungen der Gesellschaftsverträge vom gesetzlichen Leitbild, die nicht in der Beteiligung von Gesellschaften bestehen, bleiben firmenrechtlich von vornherein unberücksichtigt, weil sie nicht in dem Tatbestandsmerkmal „Name" sich niederschlagen.

Die Rechtsprechung und die Rechtslehre folgen hiermit — meist unbewußt — dem römisch-rechtlichen Satz: in claris non fit interpretatio. Danach darf eine Gesetzesvorschrift nur im Zweifel ausgelegt werden, während eine klare Vorschrift anzuwenden ist, ohne daß nach ihrem Sinn gefragt wird. Zum Teil wird allerdings erkannt, daß die Firmenvorschriften für die Beteiligung von Gesellschaften als namengebenden Gesellschaftern nicht passen[2]. Die wörtliche Anwendung der Firmenvorschriften wird ergänzt durch die für sonstige Firmenbestandteile begründete These, daß Veränderungen oder Abkürzungen bei Aufnahme der Firma einer beteiligten Gesellschaft in die zu bildende Firma nicht vorgenommen werden dürfen[3]. Eine Interpretation der Firmenbildungsvorschriften in den §§ 19 HGB, 4 GmbHG gerade unter dem Gesichtspunkt des Gesellschaftszusatzes findet nicht statt.

II. Die Einschränkung der Firmenbildung durch Anwendung des § 18 Abs. 2 HGB

Die sich auf diese Weise ergebenden Firmierungen werden von der Rechtsprechung und Rechtslehre durch eine extensive Auslegung des

---

[1] *Westermann, Harry* Handbuch I, Rn. 130; besonders deutlich OLG Celle, NJW 1963, 543, 544 l. Sp. u.; *Klunzinger*, DB 1973, 1881; *Derichs*, S. 16.

[2] *Wellmann*, GmbHRdSchau 1954, 40 u. 41.

[3] LG Hamburg, GmbHRdSchau 1953, 189 (Genitiv-Nominativ); BayObLG, DNotZ 1971, 115.

§ 18 Abs. 2 HGB zu korrigieren versucht. Der Regelung in § 18 Abs. 2 HGB wird ein Täuschungsverbot auch für die Firmen von Gesellschaften entnommen[4], einschließlich des Gesellschaftszusatzes. Das ist näher zu erläutern.

1. Die Grundsätze der „Firmenwahrheit" und „Firmenklarheit"

Aus § 18 Abs. 2 HGB leitet man das Prinzip der Firmenwahrheit[5] und das Prinzip der Firmenklarheit[6] ab. Noch *Pisko*[7] verstand unter Firmenklarheit, daß die Firma gewissen Angaben über die Person des Inhabers und das Geschäft enthalten muß, während nach dem Prinzip der Firmenwahrheit solche Angaben in der Firma nicht unrichtig sein dürfen. Die Firmenbildungsvorschriften bildeten nur die Grenzen, bis zu denen der Gesetzgeber das Prinzip der Firmenklarheit durchgeführt habe[8]. Auch die in Übereinstimmung mit den Firmenbildungsvorschriften stehenden Firmen dürften aber nach § 18 Abs. 2 HGB keine Täuschungen hervorrufen.

Insbesondere im Anschluß an zwei Entscheidungen des Reichsgerichts (RGZ 104, 341) und des OLG Hamm (DNotZ 1954, 92) werden die Grundsätze der Firmenwahrheit und der Firmenklarheit aber in einem von *Pisko* abweichenden Sinne verstanden. Die Stellungnahmen sind bisweilen verwirrend, weil die gekürzte Wiedergabe der Entscheidung des OLG Hamm in BB 1953, 989 nur den Grundsatz der Firmenwahrheit erwähnt. Einigkeit dürfte jedoch darüber bestehen, daß die Zulässigkeit der Firma *zunächst* an den Firmenbildungsvorschriften der §§ 19 HGB, 4 GmbHG usw. zu messen ist[9]. Die mit den Firmenbildungsvorschriften übereinstimmende Firma, die „an sich nicht falsch"[10] ist, kann jedoch unklar sein, wenn sie „als Widerspruch in sich"[11] erscheint,

---

[4] *Schlegelberger/Hildebrandt*, § 18 Anm. 1; *Hofmann*, JuS 1972, 235.

[5] *Nipperdey*, in: Festschr. f. Hueck, 1959, 206.

[6] OLG Hamm, DNotZ 1954, 93; DNotZ 1967, 393.

[7] In: Ehrenbergs Hdb. Bd. II, Teil I, S. 288; ebenso *Wieland* I, S. 192, der bereits darauf hinweist, daß die Klarheit der Firma deren Verständlichkeit einschließt.

[8] *Pisko*, S. 297.

[9] Sie bestimmen den positiven Inhalt der Firmenwahrheit. *Hofmann*, JuS 1972, 235: „Teilbereich der uneingeschränkten Firmenwahrheit".

[10] *Scholz*, § 2 Anm. 6.

[11] *Scholz*, § 2 Anm. 6; gegen jede Unübersichtlichkeit: *J. v. Gierke*, ZHR 100, 327, 329, 335, 363 (§ 18 Abs. 4 HGB: „Die Firma muß klar sein"). Der Grundsatz der Firmenklarheit bezieht sich heute insbesondere auf das Nebeneinander von Gesellschaftszusätzen (*Grußendorf*, DNotZ 1954, 96; *Riechert*, DB 1956, 493; OLG Hamm, DNotZ 1967, 393).

oder — aus mannigfachen Gründen — täuschend. Beides unterliegt der Bewertung gemäß § 18 Abs. 2 HGB[12].

Die Trennung von Firmenwahrheit und Firmenklarheit beruht hier auf der Annahme, man könne täuschende Firmen von mehrdeutigen und aus diesem Grunde unklaren Firmen unterscheiden. Soweit man die Anmeldung der Firma als Erklärung an die Öffentlichkeit bewertet[13], liegt ein Vergleich mit den eindeutigen, aber nicht deckungsgleichen und den mehrdeutigen (untauglichen) Willenserklärungen im Rahmen der Rechtsgeschätfslehre nahe[14].

Einen anderen Ansatz scheint *Weipert*[15] zu wählen: § 18 Abs. 2 HGB werde durch die §§ 19 HGB, 4 GmbHG usw. ergänzt und näher bestimmt. *Weipert* will jedoch nicht das Verhältnis der Firmenbildungsvorschriften zu § 18 Abs. 2 HGB umkehren, sondern lediglich feststellen, daß für die Anwendung des § 18 Abs. 2 HGB keine strengeren Anforderungen gelten, als sie den Firmenbildungsvorschriften zu entnehmen sind.

2. *Das Verhältnis der Firmenbildungsvorschriften zu § 18 Abs. 2 HGB*

Das methodische Vorgehen von Rechtsprechung und Rechtslehre soll an folgendem Beispiel verdeutlicht werden:

Das OLG Karlsruhe[16] hatte die Frage zu entscheiden, ob eine GmbH mit dem namengebenden Gesellschafter „Chemische Fabrik Schweizerhall AG" firmieren darf: „Schweizerhall GmbH". Als Sachfirma war die gewählte Bezeichnung nach Lage des Falles unzulässig, weil „Schweizerhall" nicht der Forderung des § 4 GmbHG entsprach, daß die Sachfirma vom Gegenstand des Unternehmens entlehnt sein muß. Die Bezeichnung ist aber als Personenfirma zulässig. Daß der Zusatz „AG" nicht in die GmbH-Firma übernommen werden darf, begründet das Gericht nur beiläufig damit, daß bei einer GmbH die Zusätze „AG" und „KG" irreführen.

Pleyer[17] bemerkt hierzu das Urteil bestätige die feststehende Rechtsprechung, nach der in der Firma der GmbH die Buchstaben „AG" wegen § 18 Abs. 2 HGB nicht so verwendet werden dürften, daß der

[12] Von einem einheitlichen Grundsatz der Firmenwahrheit spricht demgemäß das OLG Düsseldorf, DNotZ 1956, 612, s. auch schon OLGE 43, 324. *Hofmann*, JuS 1972, 234 unterscheidet die von den Firmenbildungsvorschriften erfaßte uneingeschränkte Firmenwahrheit von der durch § 18 Abs. 2 HGB geregelten Firmenwahrheit.

[13] Nachweise bei *Canaris*, § 14 II, S. 153 ff.

[14] Versteckter Dissens (vgl. *Soergel/Siebert*, § 155 Rn. 8).

[15] Vgl. oben § 4 II B 1.

[16] GmbHRdSchau 1967, 122.

[17] GmbHRdSchau 1967, 123.

Eindruck entstehen könne, es handele sich bei der Gesellschaft um eine Aktiengesellschaft. Wenn sogar schon die Endung „-ag"[18] geeignet sei, eine Täuschung i. S. des § 18 Abs. 2 HGB herbeizuführen, so treffe das in viel stärkerem Maße dann zu, wenn die Buchstaben „AG" in der Firma für sich allein stünden. Das Gebot des § 4 Abs. 1 S. 1 GmbHG, daß die Firma der Gesellschaft den Namen wenigstens eines Gesellschafters (Namensfirma — hier: Chemische Fabrik Schweizerhall AG) enthalten müsse, trete demgegenüber zurück.

Das Gericht hält allein die Frage für problematisch, ob der Zusatz „Chemische Fabrik", der nach Lage des Falles zur Täuschung über den Gegenstand des Unternehmens der GmbH geeignet war, entfallen kann. Dazu führt es aus:

„Bei einer den Anforderungen des Wirtschaftslebens entsprechenden Auslegung des § 4 GmbHG ist in solchen Fällen dem Schutzzweck dieser Vorschrift genügt, wenn allein der Personenbestandteil der Firma einer Kapitalgesellschaft in die Firma der GmbH übernommen wird (vgl. KG, JW 1929, 1401; KG, DNotZ 1925, 52). § 4 GmbHG soll die Rechtsform kenntlich machen und der Lauterkeit des Verkehrs dienen. Soweit nicht die Kenntlichmachung der Rechtsform in Frage steht, kommt dem § 4 GmbHG allein eine Abwehrfunktion zu. Aus der Zulässigkeit der Personen- wie der Sachfirma ergibt sich, daß es dem Gesetzgeber nicht darauf ankam, die Öffentlichkeit durch die Namensgebung über den Gegenstand des Unternehmens oder über die Person des Inhabers positiv aufzuklären. Er begnügte sich vielmehr mit der Forderung, daß das, was der Firmenname aussagt, wahr sein soll. ... Für die Zulässigkeitsprüfung kommt es im vorliegenden Fall somit nur darauf an, ob der Sachbestandteil der namengebenden Firma weggelassen werden kann, ohne daß der Rechtsverkehr dadurch getäuscht wird."

Im weiteren stellt das Gericht fest, daß der Bezeichnung „Schweizerhall" Namenscharakter zukomme[19], und sie deshalb allein als „Name" i. S. von § 4 GmbHG angesehen werden könne.

Ob die Entscheidung im Ergebnis zu billigen ist, soll an dieser Stelle nicht beurteilt werden. Widerspruch muß jedoch der auf *Wellmann*[20] zurückgehende Satz hervorrufen, aus der Zulässigkeit sowohl der Personenfirma wie der Sachfirma ergebe sich, daß es dem Gesetzgeber nicht darauf angekommen sei, die Öffentlichkeit über den Gegenstand des Unternehmens oder über die Person des Inhabers positiv aufzuklären. *Wellmann* — dessen Stellungnahme wohlgemerkt nicht den Gesellschaftszusatz, sondern die Sachbezeichnung der Firma der beteiligten Gesellschaft betrifft — sieht in § 4 GmbHG nur eine formale Vorschrift, deren Zweck sich in der Verhinderung von Mißbräuchen

---

[18] Nachweise bei *Pleyer* und oben § 4 Anm. 105.

[19] Es muß sich nicht um deutsche Namen handeln. Unzulässig aber die Bezeichnung „Celdis" wegen „absoluter Beziehungslosigkeit" zum Namen (so BayObLG, DNotZ 1973, 120; aufgegeben in NJW 1973, 1886).

[20] DNotZ 1954, 40.

erschöpfe[21]. Die vom Kammergericht[22] im Hinblick auf § 4 GmbHG getroffene Unterscheidung von „Firmenname im Rechtssinne" und „Firmenname im Verkehrssinne" lehnt er allerdings als unhaltbar ab[23].

Aus den in § 4 GmbHG vorgesehenen beiden Möglichkeiten läßt sich jedoch nur schließen: Entweder muß einer der Gesellschafter oder der Gegenstand des Unternehmens erkennbar sein[24], wobei man der Formulierung „entlehnt" einen gewissen Spielraum entnehmen kann. Daß Mißbräuche bei der Firmenbildung zu verhindern sind, ergibt sich schon ausdrücklich aus § 18 Abs. 2 HGB.

Dementsprechend halten *Schlegelberger/Hildebrandt*[25] am positiven Inhalt der Firmenwahrheit (Firmenklarheit i. S. von *Pisko*) fest. Sie geben der alten Rechtsprechung des Kammergerichts den Vorzug, nach der die Sachfirmen den Gegenstand des Unternehmens in mehr oder weniger erschöpfender Weise erkennen lassen mußten:

„Die vom Gesetz als Regel vorgeschriebene Entlehnung der Firma von dem Gegenstand des Unternehmens ist richtig nur dann zu verstehen, wenn man sich vergegenwärtigt, daß mit der fraglichen Regel dem Grundsatz der Firmenwahrheit Rechnung getragen werden sollte. Es genügt dem Gesetz nicht, wenn die Sachfirma eine Täuschung über Art und Umfang des Unternehmens vermeidet. Das ist bereits in § 18 Abs. 2 HGB angeordnet. Nach dem Gesetz soll darüber hinaus ... die Firmenwahrheit in positiver Form gefördert werden."

3. Bedeutung für die Problematik des Gesellschaftszusatzes

Für den Gesellschaftszusatz ergibt sich aus der dargelegten Interpretationshaltung folgendes: Die aus § 18 Abs. 2 HGB abgeleitete Umschreibung der Firmenwahrheit, wonach das, was die Firma aussagt, wahr sein soll — d. h. eine Firma ist wahr, wenn sie nichts Falsches enthält oder nicht täuscht[26] — wird für die Problematik des Gesellschaftszusatzes zweitrangig. Vorrangig ist die Frage, was die Firma nach den Firmenbildungsvorschriften *positiv* enthalten muß. Insoweit

---

[21] DNotZ 1953, 88.

[22] DNotZ 1925, 52.

[23] Das KG hat diese Unterscheidung in JW 1929, 1401 nicht wiederholt (vgl. *Wellmann*, GmbHRdSchau 1954, 41).

[24] Möglichst beides. Nach *Brand/Marowski*, S. 144 erfordert das Verkehrsinteresse, daß die Firma einen möglichst sicheren Schluß auf die Person des Inhabers, die rechtliche Natur des Unternehmens und die Art sowie den Umfang des Betriebes zuläßt. Randenborgh, DNotZ 1961, 508 sieht aber in der vom Gesetzgeber gestellten Alternative einen mindestens hälftigen Verzicht auf die Aussagekraft der Firma, da eine der beiden wesentlichen Komponenten, etweder der Inhaber oder der Zweck des Unternehmens, verschwiegen werden dürfe.

[25] 4. Aufl. 1960, § 20 Anm. 3.

[26] *Hofmann*, JuS 1972, 234 m. w. Nachw.

ist der Ansicht *Weiperts*[27] zuzustimmen; nur ist hervorzuheben: § 19 HGB (wie auch § 4 GmbHG) ergänzt nicht § 18 Abs. 2 HGB, sondern es lassen sich allenfalls umgekehrt die §§ 19 HGB, 4 GmbHG im Sinne einer konfliktlosen Firmenwahrheit auslegen.

III. Bedenken gegen die ausdehnende Anwendung des § 18 Abs. 2 HGB auf den Gesellschaftszusatz

Für das gekennzeichnete Vorgehen von Rechtsprechung und Rechtslehre spricht es, daß man sich weitgehend bemüht, im Bereich der Personalgesellschaften die Rechtsform der beteiligten Gesellschaft ebenso wie gegebenenfalls die Mehrstufigkeit des gesellschaftlichen Zusammenschlusses erkennbar zu machen[28].

Die auf § 18 Abs. 2 HGB gestützte Korrektur der aufgrund wörtlicher Anwendung der Firmenbildungsvorschriften gewonnenen Firmierungen ist jedoch bedenklich: Zum einen ist § 18 Abs. 2 HGB bei näherem Zusehen auf den Gesellschaftszusatz gar nicht anwendbar, zum anderen trägt § 18 Abs. 2 HGB die erstrebte Rechtsfolge nicht.

1. Der beschränkte Anwendungsbereich des § 18 Abs. 2 HGB

Der extensiven Auslegung von § 18 Abs. 2 HGB ist nur insoweit zuzustimmen, als Zusätze über Art und Umfang des Geschäfts oder die Verhältnisse des Geschäftsinhabers auch als Bestandteile von Gesellschaftsfirmen zur Täuschung geeignet sind[29]. Das in § 18 Abs. 2 HGB enthaltene Verbot, in die Firma eines Einzelkaufmanns einen Gesellschaftszusatz aufzunehmen[30], paßt aber für die Gesellschaftsfirma nicht, weil sie schon einen Gesellschaftszusatz enthält und folglich durch die Aufnahme eines weiteren Zusatzes über das Vorliegen einer Gesellschaft nicht mehr getäuscht werden kann. Daß über die Art der Gesellschaft nicht getäuscht werden darf, läßt sich § 18 Abs. 2 HGB zwar nicht unmittelbar entnehmen, folgt aber daraus, daß in der Täuschung über die Gesellschaftsart auch eine Täuschung über den Umfang des Geschäfts und die Verhältnisse des Geschäftsinhabers liegen kann. In § 18 Abs. 2 HGB lautet es: „Der Firma darf kein Zusatz beigefügt werden, der ein Gesellschaftsverhältnis andeutet oder *sonst*

---

[27] Vgl. Anm. 15.

[28] Bei der abgeleiteten Firma herrscht dagegen die Tendenz vor, es sei zulässig, „daß die Firma weniger zum Ausdruck bringt als es den gegebenen Verhältnissen entspricht" (*Hofmann*, JuS 1972, 240).

[29] *Schlegelberger/Hildebrandt*, § 18 Anm. 8; OLG Hamm, BB 1953, 989; *Weipert*, GmbHRdSchau 1954, 26; OLG Celle, NJW 1963, 543.

[30] Das Ausdrückliche Verbot des Gesellschaftszusatzes ist nur historisch zu erklären (*J. v. Gierke*, ZHR 100, 325).

geeignet ist ...". Einer so weitgehenden Interpretation bedarf es jedoch nicht: Daß eine GmbH nicht „OHG" oder „AG" firmieren darf, folgt schon daraus, daß sie nach § 4 GmbHG zwingend „GmbH" firmieren muß. Die weite Interpretation erweist sich deshalb nützlich nur im Verhältnis von OHG und KG[31], wo ein bestimmter Gesellschaftszusatz nicht zwingend vorgeschrieben ist.

Für das Nebeneinander von bestimmten Gesellschaftszusätzen paßt jedoch § 18 Abs. 2 HGB auch nach der soeben dargestellten extensiven Auslegung nicht: Die auf die Firma des Einzelkaufmanns zugeschnittene Vorschrift geht erkennbar von freiwillig gewählten Zusätzen aus[32]. Notwendige Zusätze kommen lediglich bei Handelsgesellschaften in Frage[33]. Die in der Firma der beteiligten Gesellschaft nach den §§ 19 Abs. 1 und 2 HGB, 4 GmbHG enthaltenen Gesellschaftszusätze sind jedoch notwendige Bestandteile[34] des Firmenkerns der aufnehmenden Gesellschaft, der nach zwingendem Recht gebildet wird. Soweit Bestandteile in die Firma aufgenommen werden *müssen*, können sie aber nicht unzulässig sein[35]. Nach Ansicht von *Nipperdey*[36] gilt § 18 Abs. 2 HGB zwar auch für den Firmenkern: wenn eine Firma nicht durch den Wortlaut des Zusatzes täuschen dürfe, dann erst recht nicht durch den Wortlaut des Firmenkerns[37]. Das Reichsgericht[38], auf das sich Nipperdey beruft, hat die Anwendung des § 18 Abs. 2 HGB auf die ganze Firma jedoch nur für die Sachfirma (der GmbH) bejaht[39], nicht für die Per-

---

[31] Dementsprechend: Recht 1930, 1835: „... Der in § 18 Abs. 2 ... aufgestellte Grundsatz der Firmenwahrheit gilt insoweit auch für den Zusatz i. S. des § 19 Abs. 1 HGB".

[32] *J. v. Gierke*, ZHR 100, 324. Nach dem Gesetzeswortlaut ist das „Beifügen" (§§ 18 Abs. 2, 19 Abs. 3, HGB) freiwilliger Zusätze vom „Aufnehmen" (§§ 19 Abs. 4 HGB, 4 Abs. 2 AktG, 4 Abs. 1 S. 2 GmbHG) zwingender Firmenbestandteile zu unterscheiden. Dem widerspricht der Wortlaut des § 30 Abs. 2 HGB nicht, da hinsichtlich des unterscheidenden Zusatzes eine Gestaltungsfreiheit besteht. Die Ansicht von *Pisko*, Ehrenbergs Hdb. Bd. II, Teil 1, S. 297, die täuschenden Zusätze, die § 18 Abs. 2 HGB verbiete, können sowohl notwendige (wie z. B. nach § 30 HGB) als auch freiwillige sein, steht also nicht entgegen.

[33] *J. v. Gierke*, ZHR 100, 324.

[34] Für § 19 HGB: *Grußendorf*, DNotZ 1954, 96.

[35] Entgegen *Feine* können deshalb nach *J. v. Gierke*, ZHR 100, 335 Anm. 68 bei der Beteiligung juristischer Personen (an einer GmbH) deren charakterisierende Gesellschaftszusätze niemals fortgelassen werden, da sie zum Namen gehören. Wenn die Klarheit der Firma leide, könne der betreffende Name der juristischen Person nicht aufgenommen werden. *J. v. Gierke* setzt allerdings voraus, daß ein Ausweichen auf den Namen einer natürlichen Person möglich ist. Man wird die Wahl unter mehreren in Betracht kommenden Gesellschafternamen beschränken können. Dieser Gedanke klingt — im Fall der Verwechslungsgefahr — an in der Entscheidung RGZ 116, 209 (212).

[36] Festschr. f. Hueck, 1959, S. 206.

[37] Wohl auch *Pisko*, Ehrenbergs Hdb. Bd. II, Teil 1, S. 297.

[38] RGZ 127, 77, 81.

[39] Ebenso *Schlegelberger/Hildebrandt*, § 18 Anm. 8.

sonenfirma, bei der es — im Falle wahrheitsgemäßer Angaben — ebensowenig Anlaß für Täuschungen sah, wie bei der lediglich aus Familien- und Vornamen gebildeten Firma des Einzelkaufmanns[40]. Die für das *OLG Hamm* wegweisende Entscheidung des Reichsgerichts (RGZ 104, 341) schließlich ist unter dem Gesichtspunkt der Firmenfortführung ergangen[41]. Zu der Frage, ob § 18 Abs. 2 HGB auch auf den Firmenkern der ursprünglichen Firma Anwendung findet, enthält sie keine Stellungnahme.

2. *Die bloße Abwehrfunktion des § 18 Abs. 2 HGB*

§ 18 Abs. 2 HGB eröffnet auch keine Möglichkeiten, die Erkennbarkeit der Rechtsform der beteiligten Gesellschaft und der Mehrstufigkeit des gesellschaftlichen Aufbaus sicherzustellen.

Eine Firma mit täuschendem Zusatz ist nach § 18 Abs. 2 HGB unzulässig, mit der Folge, daß der Zusatz gestrichen werden muß. Weitere Konsequenzen ergeben sich nicht, da der Zusatz freiwillig gewählt ist und die übrigen Firmenbestandteile bereits eine zulässig gebildete Firma darstellen[42]. Ergibt sich die Täuschung nicht isoliert aus dem Zusatz, sondern aus dem Gesamteindruck, so kann die Streichung des Zusatzes nicht verlangt werden, wenn auf andere Weise Abhilfe möglich ist, etwa durch Änderung der Reihenfolge. Die Aufnahme eines weiteren Zusatzes kann das Registergericht nicht verlangen[43]. § 18 Abs. 2 HGB hat lediglich Abwehrfunktion[44].

---

[40] Auch das BayObLG, NJW 1973, 1886 hält es für fraglich, ob bei einer gemäß § 4 Abs. 1 S. 1, 2. Alt. GmbHG ausschließlich aus den Firmennamen der Gesellschafter gebildeten Firma für eine Heranziehung des § 18 Abs. 2 HGB überhaupt Raum sei.

[41] Die an einer GmbH beteiligte KG veräußerte am Tag der GmbH-Gründung eine Zweigniederlassung an die GmbH mit dem Recht der Firmenfortführung. Das RG hielt eine Auslegung des § 22 HGB für erforderlich. Ablehnend deshalb *Keim*, MittBayNot, S. 259/260, der die Berufung des OLG Hamm auf RGZ 104, 341 auch deshalb für unzulässig hält, weil es dort um die Firma einer KG, nicht einer GmbH geht.

[42] Dies gilt für die Firma des Einzelkaufmanns, an die § 18 Abs. 2 anknüpft (vgl. *Schlegelberger/Hildebrandt*, § 18 Anm. 8). Freilich ist in der Praxis die ganze Firma zu löschen, die Firma ohne Zusatz neu einzutragen, *Baumbach/Duden*, § 17 Anm. 3 B.

[43] Anders wenn der Zusatz zur Unterscheidung zwingend erforderlich ist (§§ 30 HGB, 16 Abs. 1 UWG), *Würdinger*, in HGB-RGRK § 18 Anm. 3. Der Einzelkaufmann brauch zwar nicht wegen Verwechslungsgefahr gemäß den §§ 1, 16 UWG auf die Bildung der Firma unter Verwendung seines Namens verzichten (RGZ 116, 209, 210), aber die Aufnahme eines unterscheidenden Zusatzes ist geboten (*Rinck*, S. 583). Andererseits kann es dem Firmeninhaber aus namensrechtlichen Gründen untersagt sein, einen ursprünglich freiwillig gewählten Gesellschaftszusatz wegzulassen (BGHZ 14, 155, 161 „Farina").

[44] Zusätze sind nach § 18 Abs. 2 HGB gestattet, nicht geboten (*Staub/Bondi*, § 17 Anm. 6).

Bei Firmierung wie „A GmbH KG“ ist die Anwendung von § 18 Abs. 2 HGB demnach ungeeignet: Da eine Streichung von „GmbH“ nicht möglich ist, aber auch eine Änderung der Reihenfolge keine Abhilfe bringt, ist nach Ansicht des OLG Hamm die Aufnahme eines weiteren Zusatzes („und Co.“) zwingend erforderlich, bei gleichzeitiger Festlegung der Reihenfolge: „A GmbH und Co. KG“. Ob dieses Ergebnis letztlich zu billigen ist, mag zunächst dahinstehen. Aus § 18 Abs. 2 HGB läßt es sich nicht zwingend ableiten[45].

3. *Die Ansicht Weiperts*

Weipert[46] hält der extensiven Auslegung des § 18 Abs. 2 HGB entgegen, daß diese Vorschrift durch § 19 HGB (für die KG) ergänzt und näher bestimmt werde; § 19 HGB stelle aber nur geringe Anforderungen an den Inhalt der Gesellschaftsfirma. Dritte sollten keine erschöpfende Belehrung über die Zahl und Person der Gesellschafter erhalten und auch das Bestehen eines Gesellschaftsverhältnisses sei nur anzudeuten. Um welche Art von Personalgesellschaft es sich handle, müsse nicht ersichtlich gemacht werden. Im übrigen komme nur eine solche Täuschung als nach § 18 Abs. 2 HGB unzulässig in Betracht, durch die einem Dritten ein Nachteil entstehen könne. Das treffe für eine Firma wie „A GmbH KG“ nicht zu. Durch beide Zusätze werde unzweideutig auf die beschränkte Haftung hingewiesen.

Gegen die Argumentation *Weiperts* ist einzuwenden, daß die Beurteilung der Nachteile, die aus dem Vertrauen auf eine täuschende Firma entstehen können, allein aufgrund der Haftungslage zu einseitig ist. Zwar ist die Haftungslage bei einer KG mit einer GmbH als Komplementär nicht geringer einzuschätzen als bei der Komplementär-GmbH selbst. Dies gilt ebenso bei der Beteiligung einer AG. Wer mit einer AG in Verbindung tritt, erwartet aber nicht nur eine bestimmte Haftungslage für zukünftige Forderungen, sondern eine ganz andere Organisation, Leistungsfähigkeit usw. als bei einer KG, deren Komplementär die AG ist. Die Enttäuschung solcher Erwartungen kann sich durchaus nachteilig auswirken.

Zu eng argumentiert *Weipert* auch, wenn er darauf hinweist, daß die Art der Personalgesellschaft nicht kenntlich gemacht werden müsse. Wenn nach § 19 Abs. 2 HGB auch offen bleiben kann, ob es sich um eine OHG oder KG handelt, so muß doch erkennbar sein, ob eine Personalgesellschaft oder eine Kapitalgesellschaft vorliegt. Dieses Ord-

---

[45] *Schmatz*, DNotZ 1956, 614: „und Co. kann hinzugefügt, aber nicht gefordert werden.“

[46] Vgl. Anm. 15.

nungsprinzip läßt sich nicht nur aus der geschichtlichen Entwicklung des Gesellschaftszusatzes ablesen[47], sondern ist sinngemäß in den §§ 4 AktG, 4 GmbHG enthalten.

Der entscheidende Einwand gegen *Weipert* liegt jedoch darin, daß auch er nicht erklärt, weshalb § 18 Abs. 2 HGB auf den Gesellschaftszusatz überhaupt anwendbar ist.

4. Die Untauglichkeit nachträglicher Korrekturen

Auch wenn man § 18 Abs. 2 HGB so extensiv wie das OLG Hamm[48] anwendet, spricht gegen die wörtliche Anwendung der §§ 19 HGB, 4 GmbHG, daß mittels nachträglicher Korrekturen die Vermeidung von Unklarheiten nicht gelingt. So räumt *Riechert*[49] ein, daß auch die Firmierung „A GmbH und Co. KG" im Hinblick auf das formale Ordnungsprinzip der Erkennbarkeit von Kapital- oder Personalgesellschaft unklar sei und zu Bedenken Anlaß gebe[50]. In einer späteren Entscheidung hält das OLG Hamm[51] selbst die Firmierung „A und Co. GmbH und Co. KG" für bedenklich.

Ebensowenig löst das OLG *Neustadt* die Problematik des Gesellschaftszusatzes. Das OLG hält es für erforderlich, daß bei der Beteiligung einer OHG als namengebendem Gesellschafter einer KG die vollständige Firma der OHG aufgenommen wird mit einem Zusatz, der unmißverständlich zum Ausdruck bringt, daß sich eine unbeschränkt haftende Mehrheit von Rechtssubjekten mit einem weiteren Teilhaber zusammengetan hat[52]. Danach wäre beispielsweise die Firmierung „A und Co. KG" für eine KG, deren namengebende Komplementärin eine OHG „A und Co." ist, als unzulässig zu erachten, weil so üblicherweise eine KG mit den Gesellschaftern A, B usw. firmiert. Soll jetzt — und die weite Fassung des Leitsatzes der Entscheidung deutet darauf hin — die Aufnahme des Zusatzes „OHG" erforderlich sein („A und Co. OHG KG")? Das würde sogleich auch die Aufnahme von „und Co." bedingen, so daß die Firma schließlich „A und Co. OHG und Co. KG" lauten müßte. Wie macht man aber nunmehr deutlich, daß nicht die „A und Co. OHG und Co." Gesellschafter ist? Die vom OLG Neustadt in Erwägung gezogene Streichung von „KG" läßt sich aus § 18 Abs. 2

---

[47] Vgl. oben § 3.

[48] DNotZ 1954, 92 = BB 1953, 989.

[49] Vgl. § 4 Anm. 66; auch nach *Grußendorf*, DNotZ 1964, 97 a. E., behebt der vom OLG Hamm vorgeschlagene Zusatz etwaige Unklarheiten nicht.

[50] Sind juristische Personen Teilhaber von Personalgesellschaften, so ist es besonders wichtig, gerade für solche Fälle auf Firmenklarheit zu achten (*J. v. Gierke*, ZHR 100, 329).

[51] DNotZ 1967, 394.

[52] Vgl. § 4 Anm. 43.

HGB nicht ableiten. Sie hätte die merkwürdig anmutende Konsequenz, daß der Gesellschafterzusatz der aufnehmenden Gesellschaft dem der beteiligten Gesellschaft weichen müßte.

5. *Die unterschiedliche Behandlung von Personalgesellschaften und GmbH*

Eine Unsicherheit verrät auch die unterschiedliche Behandlung der Problematik für die OHG und KG einerseits, die GmbH andererseits[53]. Während bei der Firma der OHG und KG durchweg die Übernahme des Gesellschaftszusatzes für notwendig erachtet wird, sind die Stellungnahmen für die GmbH unterschiedlich[54]: Der Gesellschaftszusatz der beteiligten Gesellschaft „kann" oder „muß" gestrichen werden. Die Gründe für die unterschiedliche Behandlung sind allerdings gewichtig[55]: Bei den Personalgesellschaften müsse erkennbar sein, ob eine natürliche Person oder eine juristische Person unbeschränkt hafte, während bei der GmbH die Person des Gesellschafters nicht von gleicher Bedeutung sei. Wäre jedoch mit der Aufnahme von „und Co." das Problem gelöst, so könnte man auch bei der GmbH den Gesellschaftszusatz der beteiligten Gesellschaft retten.

IV. Die Einheit von Gesellschaftszusatz und „Gesellschafterzusatz"

Der Grund für das trotz der Korrekturen vorhandene Unbehagen liegt darin, daß sämtliche in einer Firma enthaltenen Gesellschaftszusätze leicht als Einheit verstanden werden, unabhängig von ihrem Standort innerhalb der Firma. Eine Differenzierung danach, ob sich die Gesellschaftszusätze auf die beteiligte oder die aufnehmende Gesellschaft beziehen, findet nicht statt. Diese Beobachtung hat das *Kammergericht* schon für die Zusätze „Gesellschaft" und „mit beschränkter Haftung" in der Firma der GmbH gemacht[56]:

---

[53] Nur *Wellmann* betont jüngst (GmbHRdSchau 1972, 195), daß kein Grund dafür ersichtlich sei, dem „Namen des persönlich haftenden Gesellschafters" einen anderen Inhalt zu geben als dem „Namen des Gesellschafters" in § 4 GmbHG, und empfiehlt, den Gesellschaftszusatz der beteiligten Gesellschaft nicht nur bei der GmbH, sondern auch bei den Personalgesellschaften wegzulassen. Für eine Gleichbehandlung von OHG-Firma und GmbH-Firma bereits *J. v. Gierke*, ZHR 100, 335 Anm. 68, wenn auch mit gegenteiliger Schlußfolgerung; s. auch *Keim*, MittBayNot, S. 259, 261.

[54] Vgl. § 4 Anm. 102, 108.

[55] *Pleyer*, GmbHRdSchau 1967, 123.

[56] JW 1924, 1120; vgl. § 4 III 2 a. E. Nach Ansicht von *Derichs*, S. 19 bezieht sich in der Firma „A AG und Co." der Bestandteil „AG" nicht etwa auf den Gesellschafter A, sondern „AG und Co." müsse als ganzes gesehen werden. Für „GmbH und Co." vgl. nunmehr *Sieveking*, MDR 1974, 904.

„Nach der Verkehrsanschauung unterliegen daher die Worte „Gesellschaft“ und „mbH“ nicht der verschiedenen Bewertung derart, daß in dem Worte „Gesellschaft“ der Hinweis auf das Vorhandensein noch anderer als der genannten Gesellschafter, und nur in den Worten „mbH“ der notwendige, die Gesellschaftsform bezeichnende Zusatz gefunden wird. Vielmehr wird dem Wort „Gesellschaft“ in Verbindung mit „mbH“ die Bedeutung des einheitlichen Hinweises auf die Gesellschaftsform beigelegt.“

Diese Beobachtung wird bestätigt durch die Feststellung des Bundesgerichtshofs[57], daß die Allgemeinheit der Frage, ob der Gesellschaftszusatz am Ende der Firma steht oder beim Namen des persönlich haftenden Gesellschafters, im allgemeinen keine Bedeutung beilegt. Gesellschaftszusätze nehmen nicht am Klangbild der Firma teil[58]; an sie knüpft sich kein good will[59].

Gerade der Fall der GmbH und Co. zeigt, daß die in der Firma enthaltenen Gesellschaftszusätze insgesamt als Kennzeichnung der „Rechtsform“ GmbH und Co. empfunden werden. Die erwähnte Entscheidung des OLG Hamm, in der klarzustellen versucht wird, daß „GmbH“ den Komplementär, „KG“ hingegen die aufnehmende Gesellschaft bezeichnet, überzeugt nur deshalb, weil die GmbH und Co. bekannt und die „Bezeichnung ‚GmbH und Co.‘ einheitlich auf einen ganz bestimmten Gesellschaftstyp hinweist“[60], also firmenrechtlich schon als eigenständiger Gesellschaftszusatz aufgefaßt wird[61].

Die Fixierung eines bestimmten Gesellschaftszusatzes für eine gesetzlich nicht geregelte Rechtsform erscheint aber bedenklich, weil das Gesetz nur für gesetzlich geregelte Gesellschaftstypen (AG, GmbH usw.) einen bestimmten Gesellschaftszusatz vorschreibt.

Im Ergebnis ist deshalb das Vorgehen von Rechtsprechung und Rechtslehre abzulehnen. Der Versuch, in der Firma die Rechtsform von Gesellschaft und Gesellschaftern mittels nachträglich auf § 18 Abs. 2 HGB gestützter Korrekturen erkennbar voneinander zu trennen, ist

---

[57] BB 1965, 1202 a. E.

[58] BGH, NJW 1959, 1081; HansOLG Hamburg, MDR 1965, 580 („und Co.“); OLG Hamm, DNotZ 1967, 393 m. w. Nachw.; Gohl, S. 68 Anm. 87 m. w. Nachw. Nach Ansicht von *Schmatz*, DNotZ 1956, 613 können Gesellschaftszusätze sehr wohl individualisierend wirken.

[59] *Kraft*, S. 16.

[60] *Riechert*, DB 1956, 494.

[61] OLG Celle, NJW 1963, 544: „unter dieser Firmierung hat eine Kommanditgesellschaft ‚GmbH und Co.‘ im Rechtsleben ihren festen Platz.“ Der Schluß von der typisierenden Kurzformel der Gesellschaft, die sonst nur umständlich beschrieben werden kann als eine KG, deren eiziger persönlich haftender Gesellschafter eine GmbH ist, auf die konkrete Firmenbildung ist jedoch weder zulässig noch zwingend (vgl. *Keim*, MittBayNot 1973, 260 r. Sp.).

nicht allgemein gelungen und gefährdet die Erkennbarkeit der Rechtsform der aufnehmenden Gesellschaft[62]. Allgemeine Regeln lassen sich nur aus einer Interpretation der Firmenbildungsvorschriften gewinnen.

[62] Die Firma „X GmbH und Co." wird auf die Allgemeinheit einen stärkeren Eindruck machen als die Firma „X KG" (BGH, BB 1965, 1202 a. E.).

§ 6 Auslegung der Firmenbildungsvorschriften i. S. einer „Typenwahrheit"?

I. Die zutreffende Fragestellung: Was muß die Firma positiv enthalten?

Es hat sich gezeigt, daß Rechtsprechung und Rechtslehre bei der Beteiligung von Gesellschaften an Gesellschaften hinsichtlich der Firmenbildung an das den §§ 19 HGB, 4 GmbHG gemeinsame Tatbestandsmerkmal „Name" anknüpfen und darunter auch die Firma der beteiligten Gesellschaft verstehen. Dem ist zuzustimmen. Bei den Kapitalgesellschaften ist diese Auslegung deshalb zutreffend, weil sie keinen anderen Namen haben. Gleiches gilt aber auch für die Personalgesellschaften: Sie selbst sind Gesellschafter, nicht ihre Gesellschafter[1]. Für das Auftreten der Personalgesellschaft wurde aber bereits festgestellt, daß unter ihrer *Firma* gehandelt werden muß, d. h. ein wahlweises Zurückgreifen auf die Namen der Gesellschafter unzulässig ist[2]. Fraglich ist jedoch — und darin liegt die hier vertretene Abweichung von Rechtsprechung und Lehre — ob die §§ 19 HGB, 4 GmbHG auch zur Aufnahme des Gesellschaftszusatzes der beteiligten Gesellschaft zwingen.

Aus dem Wortlaut der Firmenbildungsvorschriften lassen sich hierfür keine Kriterien gewinnen. Daß es in § 19 HGB „Name eines persönlich haftenden Gesellschafters", in § 4 GmbHG lediglich „Name eines Gesellschafters" lautet, läßt sich möglicherweise für eine Unterscheidung bei der Aufnahme der Firma der beteiligten Gesellschaft anführen. Der unterschiedliche Wortlaut sagt aber nichts darüber aus, ob der Gesellschaftszusatz der beteiligten Gesellschaft überhaupt aufgenommen werden muß. Es kommt deshalb darauf an, im Wege der Auslegung der §§ 19 HGB, 4 GmbHG zu ermitteln, welche Bestandteile die Firma der aufnehmenden Gesellschaft positiv enthalten muß.

II. Vorläufiger Ausgangspunkt der Auslegung: Die Firma soll die „Rechtsnatur" des Firmeninhabers kennzeichnen

Die Auslegung der Firmenvorschriften hat davon auszugehen, daß die Firma — wie jedes Kennzeichen[3] — eine Kennzeichnungsfunktion

[1] *Fischer*, in Großkomm. HGB § 105 Anm. 27.

[2] Vgl. oben § 4 I A 1 a.

[3] Diese Gemeinsamkeit der Firma mit den sonstigen Kennzeichnungsmit-

hat. Ohne die Kennzeichnungsfunktion der Firma zunächst im einzelnen darstellen zu müssen, läßt sich im Hinblick auf den Gesellschaftszusatz feststellen, daß die Firma nach einhelliger Meinung[4] die „Rechtsnatur" des Firmeninhabers erkennen lassen soll.

Das in diesem Zusammenhang verwendete Wort „Rechtsnatur" dient im folgenden als Arbeitsbegriff. Es trägt der Problematik Rechnung, gesellschaftsrechtliche Verhältnisse, die durch einen ganzen Normenkomplex bestimmt werden, zu definieren[5]. Mit dem Wort „Rechtsnatur"[6] soll die Entscheidung zwischen Begriff („Rechtsform") und Typus (eines Rechtsverhältnisses) zunächst offengehalten werden[7], ebenso wie man von „Gesellschaftsart" spricht, wenn es nicht um die Unterscheidung von „Gesellschaftsform" und „Gesellschaftstyp" geht[8]. Die Begriffe werden überwiegend nicht deutlich auseinander gehalten[9]. Soweit nach der Rechtsprechung und Rechtslehre die Firma die „Gesellschaftsform" kennzeichnen soll[10], liegt darin keine bewußte Entscheidung der Frage, ob bei der Kennzeichnung der „Rechtsnatur" des Firmeninhabers der Begriff oder der Typus maßgeblich ist.

Bei der Firma des Einzelkaufmanns ist die Frage nach der Rechtsnatur allerdings unproblematisch: Firmeninhaber ist stets eine natürliche Person. Wenn jedoch eine Gesellschaft Firmeninhaber ist, muß in der Firma erkennbar sein, daß eine Gesellschaft vorliegt und um welche Art von Gesellschaft es sich handelt. Diese Kennzeichnung obliegt heute allein dem Gesellschaftszusatz[11].

Das Erfordernis zur Kennzeichnung der Rechtsnatur des Firmeninhabers wird für alle Gesellschaftsarten vertreten und bietet sich deshalb zur Gewinnung einer allgemeinen Systematik an. Im folgenden soll deshalb untersucht werden, ob sich aus diesem allgemeinen Erfordernis auch Kriterien für die Aufnahme des Gesellschaftszusatzes der Firma der beteiligten Gesellschaft gewinnen lassen. Ein solches Vorgehen erscheint auch deshalb gerechtfertigt, weil die Beteiligung von

---

teln Name, Warenzeichen, Ausstattung usw. betont *Schumann*, ZAkDR 1936, 181 ff.

[4] *Bußmann*, S. 24; *Brand/Marowski*, S. 114; Dr. Gablers Wirtschaftslexikon, 8. Aufl. 1971, S. 1390; *Gohl*, S. 35; OLG Karlsruhe, s. o. § 5 Anm. 16.

[5] *O. v. Gierke*, zit. bei *Feine*, Ehrenbergs Hdb. Bd. III, Teil 3, S. 35.

[6] Oder „Rechtscharakter", (so *Wellmann*, GmbHRdSchau 1953, 87).

[7] In anderem Zusammenhang spricht man von „Rechtsnatur" etwa bei der Frage, ob die OHG eine juristische Person sei (*K. Schmidt*, S. 92).

[8] *K. Schmidt*, S. 75, 84; *Ehrenberg*, Jehrings Jb. 47 (1904), 316.

[9] Zur Begriffsbildung: *K. Schmidt*, S. 84.

[10] Vgl. etwa *Wellmann*, GmbHRdSchau 1954, 40; OLG Karlsruhe GmbHRdSchau 1967, 122.

[11] Vgl. § 3 III 3.

Gesellschaften nur *ein* Mittel gesellschaftsvertraglicher Gestaltung ist und die Art der beteiligten Gesellschaft Einfluß auf die Bewertung der Rechtsnatur der aufnehmenden Gesellschaft haben kann[12], was insbesondere für die Unterscheidung von Personal- und Kapitalgesellschaft gilt[13].

III. Die Ermittlung der „Rechtsnatur" von Handelsgesellschaften

Die Rechtsnatur gesellschaftsrechtlicher Zusammenschlüsse wird durch den Gesellschaftsvertrag oder die Satzung bestimmt. Welche Rechtsnatur einem rechtsgeschäftlich begründeten Rechtsverhältnis beizumessen ist, kann im Schuldrecht bisweilen schwierig sein, weil auch solche Schuldenverhältnisse geschaffen werden können, die im sog. Besonderen Teil des Schuldrechts des BGB keine gesetzliche Regelung erfahren haben[14]. Demgegenüber scheint die Qualifizierung eines Gesellschaftsvertrages durch die im Gesellschaftsrecht vorhandene Beschränkung der Vertragsfreiheit erleichtert.

Diese Beschränkung ergibt sich einmal aus dem sog. numerus clausus der Gesellschaftsformen[15]: Die Vertragsparteien sind bei Eingehung eines Gesellschaftsverhältnisses auf die Wahl einer der im Gesetz abschließend aufgezählten Arten beschränkt[16]. Eine dieser Gesellschaftsarten können sie frei wählen[17], nicht aber eine völlig neue Gesellschaftsart bilden.

Über die Geltung des numerus clausus herrscht Einigkeit[18]. Die darin liegende Beschränkung der Privatautonomie wird auf gewichtige Gründe gestützt: grundlegende Ordnungs- und Gerechtigkeitsgesichtspunkte, Verkehrssicherheit und Rechtssicherheit, Gläubigerschutz[19]. Stets war die Bildung neuer Gesellschaftsarten von der Initiative des Gesetzgebers abhängig[20].

---

[12] *Boesebeck*, S. 72 behandelt die „juristische Person und Co." als zweiten Unterfall der kapitalistischen KG.

[13] Beteiligen sich an einer OHG oder KG juristische Personen als Gesellschafter, wie z. B. bei der GmbH und Co., so wird die Annahme einer Personalgesellschaft fragwürdig (*Hefermehl*, Jura Europae Bd I 10 000/10).

[14] *Larenz*, Schuldrecht AT, § 5 II a.

[15] Ähnlich dem numerus clausus im Sachenrecht; *Westermann*, Vertragsfreiheit, S. 117.

[16] *Meier-Hayoz*, in: Festg. f. W. Hug, S. 389.

[17] Die Willensseite ist bei Gesellschaftsverträgen jedoch verkürzt. Entspricht der Inhalt des Gesellschaftsvertrages nicht der gewählten Rechtsform (Typenverfehlung), so kann nach h. M. eine OHG auch ohne einen auf die Wahl dieser Rechtsform gerichteten Willen entstehen. Dazu und zur entgegengesetzten Ansicht von Lieb: *K. Schmidt*, S. 158 ff.

[18] Ausführlich zur Begründung des numerus clausus aus der Gesetzesgeschichte: *K. Schmidt*, S 129 ff.

[19] *Meier-Hayoz*, S. 389.

[20] *Teichmann*, S. 138.

Im Grunde nur ein anderer Aspekt des numerus clausus[21] sind sodann die sich aus den zwingenden Vorschriften des Gesellschaftsrechts ergebenden Beschränkungen. Die zwingenden Minimalanforderungen begrenzen die Gestaltungsmöglichkeiten innerhalb der gewählten Rechtsform[22]. Mit der Wahl der Rechtsform sind sie unabänderliche Bestandteile des Gesellschaftsverhältnisses. Diese mit dem numerus clausus notwendig verbundene Beschränkung wird treffend mit „Formenfixierung“[23] gekennzeichnet.

Die Qualifizierung des Gesellschaftsvertrages knüpft danach an die gewählte Rechtsform an. Ob diese mit der gesetzlichen übereinstimmt, läßt sich allein anhand der zwingenden gesetzlichen Vorschriften ablesen[24]. Vertragliche Abweichungen im Bereich der Dispositivnormen sind insoweit unbeachtlich.

Das soeben beschriebene Vorgehen der Qualifizierung erscheint dann besonders angebracht, wenn verschiedenartige Rechtsverhältnisse in Legaldefinitionen begrifflich abgegrenzt sind. Im Gesellschaftsrecht ist das unterschiedlich. Während bei der OHG, der KG und der Genossenschaft (§§ 105, 161 HGB, 1 GenG; in der unverbindlichen Paragraphenüberschrift ist von „Begriff“ die Rede), ferner bei der AG und der KGaA (§§ 1, 278 AktG; hier heißt es „Wesen“) die wichtigsten Merkmale nach Art einer Definition zusammengefaßt sind, fehlt ein solcher Versuch für die GmbH. Es bedarf also zum Teil erst einer Sammlung der zwingenden Begriffsmerkmale aus dem Gesetz[25].

Die Orientierung am klassifikatorischen Begriff der Gesellschaft bedingt ein weitgehendes Absehen von den Besonderheiten gesellschaftsvertraglicher Regelungen im Bereich der Dispositivnormen. Unter Verzicht auf die Kennzeichnung von Übergängen und Zwischentönen wird die Rechtsform einem weiten Anwendungsbereich zugänglich, ermöglicht aber anhand der zwingenden Normen eine logisch präzise Erfassung der unterschiedlich ausgestalteten Gesellschaftsverträge[26].

---

[21] *Meier-Hayoz* u. a., Z. f. Schw. Recht 1971, Sonderheft Vol. 90, I, 1971 — Fasc. 3, S. 318.

[22] *Teichmann*, S. 138. Die Rechtsform eines Verbandsverhältnisses entspricht dem Begriff eines Rechtsverhältnisses: Es handelt sich um die Zusammenfassung der notwendigen, vorwiegend äußeren und rechtskonstruktiv begründeten Merkmale (Westermann, Vertragsfreiheit, S. 12 Anm. 49 im Anschluß an Koller).

[23] *Meier-Hayoz* u. a., S. 318; man könnte die Beschränkung auch als „Rechtsformzwang“ bezeichnen. Ein Typenzwang“ (dazu unten V 2) ergibt sich daraus nur insoweit, als jeder Gesellschaftstyp die zwingenden Minimalforderungen einer Rechtsform enthalten muß. Dies kommt bei *Teichmann*, S. 138 nicht ganz klar zum Ausdruck.

[24] Wie hier: *K. Schmidt*, S. 85.

[25] *Westermann*, Vertragsfreiheit, S. 106, 108.

[26] *Huffer*, S. 10.

Folgt man bei der Kennzeichnung der Rechtsnatur des Firmeninhabers in der Firma der begrifflichen Ordnung, so ergibt sich für das Ausgangsproblem: Die Beteiligung von Gesellschaften als Gesellschafter erfordert keine besondere Kennzeichnung in der Firma. Einer Aufnahme des Gesellschaftszusatzes der Firma der beteiligten Gesellschaft bedarf es nicht: Die Beteiligung von Gesellschaften widerspricht nicht den zwingenden Mindestanforderungen der Gesellschaftsformen. Sie wird vom Begriff der Gesellschaft mitumfaßt und -gekennzeichnet.

IV. Ist die Orientierung am Begriff der Gesellschaft für eine firmenrechtliche Systematik geeignet?

Ob allerdings die Orientierung am *Begriff* des Gesellschaftsverhältnisses dem Kennzeichnungserfordernis genügt, so daß man berechtigt ist, von Firmenwahrheit zu sprechen, erscheint zweifelhaft. Die Aussagekraft einer lediglich an den Begriff der Gesellschaft anknüpfenden Firma ist nur schwach: In Umkehrung des zuvor gezogenen Subsumtionsschlusses läßt sich der Firma dann nur entnehmen, daß die zwingenden Merkmale der gekennzeichneten Gesellschaftsform vorliegen, eine Selbstverständlichkeit, die sich aus der oben mit „Formenfixierung" bezeichneten starren Verknüpfung von Tatbestand (= Wahl der Rechtsform) und Rechtsfolge (= unabänderliche Geltung der zwingenden Normen) ergibt. Eine auf den Begriff der Gesellschaft bezogene Firmenwahrheit ist also nichts anderes als nur Rechtsformenwahrheit. Durch eine Rechtsformenwahrheit wäre freilich wegen der logischen Unterscheidungsfähigkeit der Begriffe immerhin eine problemlose Firmenklarheit gewährleistet.

Die Orientierung am Begriff der Gesellschaft erscheint jedoch dann besonders bedenklich, wenn die im Bereich der Dispositivnormen liegenden und deshalb begrifflich zulässigen besonderen Gestaltungen des Gesellschaftsverhältnisses von dem gesetzlichen Leitbild der Gesellschaft so weit abweichen, daß die Kombination einzelner Elemente und die vertragliche Sinnwandlung der gesetzlichen Regelung in eine „Denaturierung"[27] des gesetzlichen Vorbildes umschlägt. Gerade dies kann aber über die Beteiligung von Gesellschaften als Gesellschafter mit ihrer Auswirkung auf Haftung, Geschäftsführung usw. erreicht werden. Es fragt sich deshalb, ob über die Denkfigur des Typus die Firmenwahrheit inhaltlich so angereichert werden kann, daß die Rechtsnatur des Firmeninhabers besser gekennzeichnet wird als durch den Begriff.

---

[27] *Westermann*, Vertragsfreiheit, S. 98; *Schultze-von Lasaulx*, S. 324 ff.

V. Ermöglicht die Orientierung am Typus der Gesellschaft eine firmenrechtliche Systematik, die den Anforderungen einer materiellen Firmenwahrheit genügt?

1. Einschränkung der gesellschaftsvertaglichen Gestaltungsfreiheit

Das rund 50 Jahre alte Bemühen um die Einschränkung der Vertragsfreiheit im Gesellschaftsrecht[28], das zur Anerkennung des numerus clausus geführt hat, suchte auch Kriterien für die Einschränkung der durch die Dispositivnormen eröffneten gesellschaftsvertraglichen Gestaltungsfreiheit zu gewinnen. Für die Personalgesellschaften wurden Beschränkungen zunächst nur aus den §§ 138, 242 BGB hergeleitet, mit der Begründung, daß die BGB-Gesellschaft im Schuldrecht geregelt sei und folglich nur den für sämtliche Schuldverträge geltenden Schranken unterworfen werden könne. Das treffe aber auch für die Personalgesellschaften des Handelsrechts zu, da diese lediglich Sonderformen der BGB-Gesellschaft seien (§§ 105 Abs. 2; 161 Abs. 2 HGB). Mit der immer weiter voranschreitenden Ausnutzung der Gestaltungsfreiheit, sei es durch die Umgestaltung einzelner oder mehrerer Organisationselemente, sei es i. S. einer Grundtypenvermischung, erkannte man jedoch, daß die aus den §§ 138, 242 BGB abgeleiteten Schranken nicht ausreichten. Man berief sich in verstärktem Maße auf Grundprinzipien, die man aus dem „Wesen" der jeweiligen Gesellschaftsart ableiten zu können glaubte.

2. Die Lehre vom Typenzwang

Der Argumentation aus dem „Wesen" verwandt ist die typoligische Betrachtungsweise und die Lehre vom Typenzwang[29]. Sie beruht auf der Überzeugung, daß die abdingbaren Vorschriften des Gesetzes nicht einen zufälligen Inhalt haben, sondern in ihrem besonderen Sinnzusammenhang mit den zwingenden Bestimmungen dem insgesamt hinter ihnen stehenden Typus Ausdruck verleihen[30]. Aus diesem Grunde soll insoweit auch dem nichtzwingenden Recht eine Bindungswirkung innewohnen[31]. Gerade in neuerer Zeit ist mehrfach der Versuch unternommen worden, aus der Entwicklung einer Typengesetzlichkeit, in die die Ordnungs- und Gerechtigkeitsfunktionen dispositiver gesetzlicher Regelungen Eingang gefunden haben, als notwendig empfundene

---

[28] Hierzu und zum folgenden: *Schultze-von Lasaulx*, S. 324 ff.

[29] Ebenso die institutionelle Betrachtungsweise (dazu insbesondere *Teichmann; Mertens*, NJW 1967, 1600; *Westermann*, Vertragsfreiheit, S. 61) und der Rückgriff auf die Natur der Sache.

[30] *Huffer*, S. 20.

[31] *Westermann*, S. 97.

Schranken gegenüber einer Abänderung dispositiver, aber gesetzestypischer Normen zu errichten[32]. Die Folge soll sein, daß nur solche Abänderungen, die mit den wesentlichen Strukturprinzipien des Gesetzes in seiner jeweiligen Zielrichtung übereinstimmend, zugelassen werden könnten[33].

3. Der gesetzliche Typus

Ohne auf die vielfältigen Möglichkeiten der Verwendung der Denkfigur des Typus — auch im außerjuristischen Bereich einzugehen, sei hier festgestellt, daß für die konkrete Rechtsanwendung nur der sog. gesetzliche Typus geeignet ist, wenn man auf dem Boden des geltenden Rechts bleiben will[34]. Für die juristische Problemlösung ist der sogenannte Realtypus (Normal-, Häufigkeitstypus) i. S. einer soziologischen Erscheinung ebensowenig geeignet[35] wie der sog. Idealtypus i. S. eines Modells, wie es der Gesetzgeber richtigerweise hätte regeln sollen[36].

Für die Gewinnung des gesetzlichen Typus kommt es daher maßgeblich auf eine Gesamtbetrachtung sämtlicher Vorschriften an, die als Ausdruck der Leitidee des Gesetzgebers erkannt werden. Dabei hat der Typus mehr Voraussetzungen als der Begriff oder die Rechtsform, ist also in seinem Anwendungsbereich enger[37]. Er ist eine dem Begriff insofern überlegene Zusammenfassung von Merkmalen, als er nicht allein die notwendigen, sondern die charakteristischen, auf den „Wesenskern" des Gesellschaftsverhältnisses bezogenen Erscheinungsmerkmale umfaßt.

4. Typenwahrheit statt Rechtsformenwahrheit?

Will demnach die typologische Betrachtungsweise das Wesentliche, für die rechtliche Beurteilung Ausschlaggebende einer Erscheinung ans Licht bringen[38], so scheint sie für die Gewinnung einer materiellen

---

[32] Auch im Bereich der Kapitalgesellschaften.

[33] *Schultze-von Lasaulx,* S. 330 Anm. 19 m. w. Nachw.

[34] *Ott,* S. 23; *Meier-Hayoz,* S. 324.

[35] Auf den Realtypus kommt es aber an, wenn man die Frage des Gesellschaftszusatzes nach § 18 Abs. 2 HGB (Täuschung) beurteilt. Je nach den Wandlungen des Realtypus muß dann die Frage der Täuschung unterschiedlich beantwortet werden (konsequent insoweit *Wellmann:* heute, wo jedermann mit der Beteiligung einer GmbH als persönlich haftenden Gesellschafter einer KG rechnen müsse, sei die Firma der GmbH und Co. [KG] schlicht durch den Gesellschaftszusatz „KG" zu kennzeichnen, GmbHRdSchau 1972, 195). Man kann dies dann als besonders gelungene Einrichtung zur Anpassung des Rechts an die Wirklichkeit ansehen, wenn man — gerade im Wirtschaftsrecht — die dienende Funktion des Rechts betont.

[36] *Ott* erklärt die verschiedenen Typen am Beispiel der AG.

[37] *Westermann,* Vertragsfreiheit, S. 103.

[38] *Westermann,* Vertragsfreiheit, S. 101.

Firmenwahrheit eher geeignet als die Orientierung am Begriff. Läßt sich also — diese Frage drängt sich auf — die Firmenwahrheit statt als bloße Rechtsformenwahrheit im Sinne einer „Typenwahrheit“[39] verstehen? Die Beantwortung dieser Frage, die auch an den Gesetzgeber zu richten wäre[40], könnte Kriterien dafür enthalten, ob und wann der Gesellschaftszusatz der beteiligten Gesellschaft aufgenommen werden muß.

Das Bedürfnis nach gesteigerter Aussagekraft der Firma artikuliert sich in Firmierungsvorschlägen wie „KG mbH“[41] und „GmbH=KG“[42], sowie in dem Bestreben, für die als atypisch empfundenen gesellschaftsrechtlichen Gestaltungen einen Ausgleich in erhöhter Publizität zu schaffen[43]. Ein solches Bestreben sollte nicht an dem ungebundenen wissenschaftlichen Sprachgebrauch gemessen werden, der sich in seiner Orientierung am Typus keine Beschränkungen auferlegt: kapitalistische KG, personalistische AG, Ein-Mann-GmbH, GmbH und Co. (im engeren, im engsten Sinn)[44], zwei- und dreistufige GmbH und Co. sind nur einige Beispiele dafür, wie man versucht, Typendehnungen, Typenvermischung, und Typenverwischung treffend zu kennzeichnen.

5. *Zweifel an der Geeignetheit des Typusdenkens*

Ob aber das Typusdenken zu einer — gegenüber der Orientierung am Begriff — aussagekräftigeren Kennzeichnung des Firmeninhabers in der Firma geeignet ist, erscheint letztlich zweifelhaft.

a) Angesichts der jüngsten Untersuchungen über den Typus, insbesondere über seine Tauglichkeit zur Gewinnung von Kriterien für die Beschränkung der gesellschaftsrechtlichen Vertragsfreiheit[45], muß man der Brauchbarkeit des Typus im Rahmen juristischer Problemlösungen skeptisch gegenüberstehen[46]. Es zeigt sich einerseits, daß einer Gesellschaftsform nicht stets nur ein Gesellschaftstyp zugeordnet werden kann, was besonders für die GmbH zutrifft, die von vornherein sowohl einer personalistischen wie einer kapitalistischen Ausgestaltung offenstand[47]. Welcher von mehreren Typen[48] soll aber für die Beurtei-

---

[39] *Westermann*, Vertragsfreiheit, S. 126 verwendet diesen Begriff in anderem Zusammenhang.

[40] Im Rahmen einer Reform des Firmenrechts. Der Wert der typologischen Betrachtungsweise ist für Gesetzesreformen unbestritten.

[41] *Wetter*, BB 1968, 734.

[42] Vgl. § 3 Anm. 92.

[43] Vgl. unten § 8 Anm. 4; Anm. 6.

[44] Vgl. oben § 1 Anm. 18.

[45] Vgl. nur die bei *K. Schmidt*, S. 81 Anm. 7 Genannten.

[46] Zuletzt *Helm*, ZRG 2 (1973), 478 ff.

[47] Obwohl sich der Gesetzgeber für die „kleine AG“ entschieden hatte

lung von atypischen Abweichungen im Gesellschaftsvertrag maßgeblich sein? Diese Frage ließe sich allerdings noch dahingehend beantworten, daß man nur Abweichungen von dem einen oder anderen Typus berücksichtigt. Andererseits erweist sich jedoch der theoretische Vorteil des Typus, seine „Offenheit" gegenüber verschiedenartigen Gestaltungen bei der Rechtsanwendung als Nachteil: Da der Typus nicht scharf definiert ist, sondern nur eine graduell abgestufte Zuordnung erlaubt, ist er für eine strenge Subsumtion nicht tauglich[49]. Keines der als typisch angesehenen Merkmale hat sich bisher, isoliert betrachtet oder in Verbindung mit anderen, letztlich als so bedeutsam erwiesen, daß es unabänderlich und unentbehrlich wäre. Auch die Übergänge bei der groben Einteilung in Personalgesellschaften und Kapitalgesellschaften sind unscharf[50]. Nach dem gegenwärtigen Stand der Wissenschaft scheint es danach nicht möglich, die firmenrechtliche Anknüpfung des Gesellschaftszusatzes an den Begriff der Gesellschaft durch eine Orientierung am Typus zu ersetzen.

b) Auch mit der sog. typengerechten Auslegung[51], die als positives Ergebnis der Typusdiskussion von *Meier-Hayoz, Schluep* und *Ott* vertreten wird[52], ist eine über die begriffliche Anknüpfung hinausgehende firmenrechtliche Systematik des Gesellschaftszusatzes nicht zu gewinnen.

Die typgerechte Auslegung erfordert zunächst die Erkenntnis des gesetzlichen Typus. Da die gesetzlichen Typen nicht ausdrücklich im Gesetz beschrieben sind, sondern der begrifflichen gesetzlichen Ordnung lediglich als Leitbilder zugrunde liegen, müssen sie aus dem Sinnzusammenhang der einzelnen Normen zurückgewonnen werden. Das hierbei anzuwendende Verfahren gleicht aber der Auslegung insofern, als es gilt, etwas aus dem Gesetz zu erschließen, was zuvor nicht eindeutig feststeht. Die typengerechte Auslegung ist demnach keine neue Auslegungsmethode. Der Unterschied zur gewöhnlichen Auslegung besteht nur darin, daß diese in der Regel der Ermittlung des Sinnes nur *einer* Vorschrift oder Vorschriftengruppen dient, während es bei der typengerechten Auslegung darauf ankommt, den Sinn einer Vielfalt von Einzelvorschriften zu eruieren. Läßt sich aber der Typus durch Auslegung gewinnen, so bedeutet der Rückgriff auf das gesetzliche Leitbild nur ein Zurückgehen auf solche Elemente, auf die man sich ohne-

---

(*Schilling,* in: Festschr. f. Kunze, S. 194, 195 m. w. Nachw.; *Schmalenbach,* S. 173).

[48] Prinzip der offenen Typenreihe: *Schilling,* S. 191.

[49] *K. Schmidt,* S. 78/79.

[50] *Meier-Hayoz* u. a., S. 335.

[51] s. auch *Teichmann,* S. 139/140.

[52] *Meier-Hayoz* u. a., S. 323 ff.

hin bei der Rechtsanwendung hätte stützen müssen. Die typengerechte Auslegung ist deshalb nur ein besonderer Anwendungsfall systematischer Auslegung.

Die Vertreter der typengerechten Auslegung räumen ein, daß es bisher nicht gelungen sei, die Leitbilder, die man zur Auslegung heranziehen könnte, positiv zu umschreiben. Sie halten die typologische Interpretationshilfe dennoch nicht für unbrauchbar. Man könne nur nicht aus einem ein für allemal festgelegten Typus more geometrico für den Einzelfall das Ergebnis ableiten. Zunehmende Präzisierung des Typus aus der Betrachtung der Einzelvorschrift und klarere Deutung dieser Einzelvorschrift durch Orientierung am Typus stünden in einem dialektischen Verhältnis der Sinnerhellung .

Inwieweit auf diesem Wege tatsächlich praktische Ergbnisse erzielt werden können, mag hier dahinstehen. Denn typgerechte Auslegung erstreckt sich unmittelbar auf Vorschriften, die ein Typusmerkmal regeln. Die Firma selbst ist aber nicht Typusmerkmal, wenngleich die Firmenvorschriften für die Kapitalgesellschaften nicht im HGB, sondern in den Spezialgesetzen niedergelegt sind. Eine wechselbezügliche Sinnerhellung von Typ und Einzelvorschrift wäre bei der Auslegung der Firmenbildungsvorschriften nicht zu erwarten. Diese setzt die anderweitig gewonnene Ermittlung der Typen voraus.

VI. Schlußfolgerung

Das Typusdenken erweist sich demnach als ungeeignet, ein System der Firmenwahrheit zu gewinnen, in dem die Kennzeichnung der Rechtsnatur der Gesellschaften aufgrund einer materiellen Gesamtbewertung aller gesellschaftsvertraglichen Gestaltungen erfolgen könnte. Der Gesellschaftszusatz in der Handelsfirma folgt deshalb notwendig der begrifflichen Ordnung. Die Kennzeichnung und Abgrenzung der Rechtsnatur durch den Begriff erfordert aber in keinem Fall die Aufnahme des Gesellschaftszusatzes einer beteiligten Gesellschaft.

Enthält demnach das Postulat: Kennzeichnung der Rechtsnatur des Firmeninhabers *kein* Kriterium für die Aufnahme des Gesellschaftszusatzes der beteiligten Gesellschaft, dann kommt es für die Auslegung der §§ 19 HGB, 4 GmbHG darauf an, ob die besondere Gestaltung einzelner Merkmale des Gesellschaftsverhältnisses die Aufnahme des Gesellschaftszusatzes der beteiligten Gesellschaft erfordert. Von Bedeutung sind dabei allerdings nur die Merkmale des Gesellschaftsverhältnisses, deren Bewertung davon abhängt, daß eine Gesellschaft ihrerseits als Gesellschafter beteiligt ist.

Nachfolgend ist deshalb zu untersuchen,

in welcher Weise die Beteiligung von Gesellschaften für die rechtliche

Bewertung einzelner Merkmale der aufnehmenden Gesellschaft bedeutsam ist, und

ob die besondere Gestaltung einzelner Merkmale des Gesellschaftsverhältnisses eine besondere, über die begriffliche Kennzeichnung der Rechtsnatur der aufnehmenden Gesellschaft hinausgehende Berücksichtigung in der Firma erfordert.

Von vornherein sei aber darauf hingewiesen, daß die Firma nicht alle Besonderheiten eines Gesellschaftsverhältnisses wiedergeben kann, sondern auf eine oberflächliche Aussage über die Gesellschaft beschränkt ist.

§ 7 Die veränderte Beurteilung von Gesellschaftsmerkmalen infolge der Beteiligung von Gesellschaften

I. Kein verbindliches System der Rechtsform von Gesellschaften

Bereits eine oberflächliche Betrachtung läßt erkennen, daß eine für alle Gesellschaften gleichermaßen zutreffende Antwort auf die Frage, welche Bedeutung die Beteiligung einer Gesellschaft für einzelne Merkmale der aufnehmenden Gesellschaft hat, sich nicht finden lassen wird.

Zum einen gibt es kein geschlossenes und verbindliches System der Rechtsformen von Gesellschaften, das über die Erklärung gesellschaftsrechtlicher Zusammenhänge hinausginge. Den ersten und letzten gesetzlichen Einteilungsversuch machte das ADHGB[1]. Anderen Systematisierungen[2] blieb die Anerkennung versagt. Unter Ablehnung des gesellschaftsrechtlichen Systems von *Laband*[3] etwa hat *Wieland* darauf hingewiesen[4], daß nicht die Haftungsverhältnisse den Gegensatz von individualistischer und kapitalistischer Form bestimmen, sondern daß wirtschaftliche Gesichtspunkte maßgebend seien: „der innere Gegensatz von Privatunternehmung, in der der einzelne mit seiner gesamten Persönlichkeit beteiligte Unternehmer herrscht, und Kollektivunternehmung, in der die Masse der nur mit Kapital beteiligten Unternehmensbesitzer den Ausschlag gibt". Aber auch die Bemühungen *Wielands*, die Gesellschaften einheitlich als Spielarten einer Grundfigur der Handelsgesellschaft zu begreifen und Schlüsse aus dieser

---

[1] *Wiethölter*, in: Aktuelle Probleme, S. 33.

[2] z. B. *E. I. Bekker*, der nach dem Verhältnis von Gesellschaftszweck und Gesellschaftsvermögen unterschied (zit. bei Raiser, S. 74, 75); *Feine*, Ehrenbergs Hdb. Bd. III, Teil 3, S. 38, der das Verhältnis von Kapital und Arbeit, Unternehmensbesitz und -leitung für maßgeblich hält; J. v. Gierke, Gesellschaft im weiteren Sinn, ZHR 119 (1956), 141 ff.; *Boesebeck*, S. 10 ff.; *Lehmann*, Gesellschaftsrecht, 2. Aufl. 1959, S. 17; bemerkenswert der an der Person des Gesellschafters ansetzende Versuch von *Küster*, Inhalt und Grenzen der Rechte des Gesellschafters, insbesondere des Stimmrechts, im deutschen Gesellschaftsrecht, 1954, S. 14, der es sich zur Aufgabe macht, „für die den Gesellschaftern bei einzelnen Gesellschaftstypen zustehenden und meist nur in den Einzelheiten positiv gestalteten Rechte inhaltlich eine klare, exakt faßbare und damit auch exakt nachprüfbare Abgrenzung zu finden".

[3] ZHR 30 (1885), S. 469, 508 ff.

[4] I, S. 484.

Erkenntnis zu ziehen[5], ist ohne Anerkennung geblieben[6]. Nach *Geiler*[7] läßt sich ein System überhaupt nicht aufstellen, da alle Einteilungsgesichtspunkte immer nur von einem bestimmten Blickwinkel aus gesehen würden. Auch *Westermann*[8] schätzt die Möglichkeit einer umfassenden dogmatischen Ordnung des Gesellschaftsrechts nicht hoch ein.

Nicht zu überzeugen vermag der Vorschlag von *Gohl*[9], der — in Anlehnung an *Laband* — Handelsgesellschaften mit keiner und Handelsgesellschaften mit mindestens einer natürlichen Person als unbeschränkt haftendem Gesellschafter unterscheidet. Heute darf die Vorstellung als widerlegt gelten, daß die Haftungsverhältnisse die Rechtsform bestimmen[10]. Dabei soll nicht in Abrede gestellt werden, daß die Haftungsverhältnisse eine firmenrechtlich bedeutsame Rolle spielen[11]. Die Systematisierung *Gohls* liefert aber keine Begründung dafür, weshalb die Haftungsverhältnisse für den Firmeninhalt ausschlaggebend sein sollen. Die Argumentation *Gohls*, die Firma solle die Rechtsnatur kennzeichnen[12], diese werde aber durch die Haftungsverhältnisse bestimmt[13], ist nicht schlüssig, wie sich schon aus dem Hinweis auf einerseits die KG und andererseits die KGaA ergibt.

Zum anderen erweist sich in wirklichen Grenzfragen auch die übliche Einteilung in Personal- und Kapitalgesellschaften nicht als allgemein tauglich[14], wenngleich sie stets mit größter Überzeugung gebraucht wird[15]. Die Unterscheidung ist juristisch unzureichend[16]. Nach wie vor besteht über den Inhalt des Merkmals „personalistische Struktur" keine volle Klarheit[17]. *Brecher* hält die Unterscheidung für überholt[18].

Die Ausführungen *Wielands* machen aber bereits deutlich, daß die Bedeutung der beteiligten Gesellschafter für die Bewertung der Rechts-

---

[5] I, S. 387—517.

[6] Gegen Wieland: *Feine*, Ehrenbergs Hdb. Bd. III, Teil 3, S. 55 Anm. 64.

[7] Zur Systematik gesellschaftsrechtlicher Zusammenschlüsse, Zentralbl. f. Handelsrecht, Jg. 1 (1926), S. 188.

[8] Vertragsfreiheit, S. 161.

[9] S. 35 ff., S. 41.

[10] *Schilling*, in Festschr. f. Kunze, S. 198.

[11] *Feine*, in Ehrenbergs Hdb. Bd. III, Teil 3, S. 35; *Endemann*, Studien, S. 399: Die Ausgestaltung der Firma „war mit der Ausbildung der Haftbarkeit für die Gesellschaft innig verwachsen".

[12] S. 35.

[13] S. 40, 41.

[14] *K. Schmidt*, S. 73 Anm. 2 m. w. Nachw.

[15] Auch durch das Bundesverfassungsgericht, Beschluß v. 2. 10. 1968 (vgl. *Schilling*, S. 197 unten).

[16] So bereits *Goldschmidt*, System, S. 130.

[17] *Westermann*, Vertragsfreiheit, S. 134.

[18] Festschr. f. Hueck, S. 234.

natur und damit der einzelnen Merkmale der aufnehmenden Gesellschaft unterschiedlich ist. Dort prägt der Gesellschafter das Gesamtbild, indem er im gesetzlichen Idealfall Geschäftsführung und Vertretung persönlich wahrnimmt, selbst Kapitalgeber ist und Verantwortung trägt[19]; hier ist er häufig nur punktuell an der Willensbildung beteiligt. Die Ersetzung eines Gesellschafters durch eine Gesellschaft wird demnach bei den Personalgesellschaften gravierender sein als bei den Kapitalgesellschaften, und zwar in Richtung auf eine kapitalistische Prägung[20]. Nicht wird sich umgekehrt eine Kapitalgesellschaft durch die bloße Beteiligung einer Personalgesellschaft auch ohne weiteres personalistisch ausgestalten lassen[21].

II. Die Auswirkung der Beteiligung von Gesellschaften auf die Beurteilung einzelner Gesellschaftsmerkmale

Welche Bedeutung die Beteiligung einer Gesellschaft für einzelne Merkmale der aufnehmenden Gesellschaft hat, kann man schon an den Motiven für diese Art gesellschaftsvertraglicher Gestaltung ablesen, die ein Streben nach Kontinuität, Krisenfestigkeit und Sicherheit erkennen lassen. Die Vielzahl der Gründe für die Beteiligung einer Gesellschaft — insbesondere für die Gründung einer GmbH und Co.[22] — lassen sich im wesentlichen zurückführen auf die Regelung der Nachfolge (besonders im Bereich der Geschäftsführung), der Kapitalbeschaffung und der Haftungsbeschränkung[23].

Auch die folgenden Ausführungen sollen nur die wesentlichen durch die Beteiligung von Gesellschaften hervorgerufenen Veränderungen aufzeigen. Sie beschränken sich deshalb auf die Merkmale *Mitgliederbestand, Mitverwaltung* und *Haftung.* Diesen Merkmalen lassen sich die Fragen der Unternehmensleitung, Bestandssicherung, Willensbildung und Organisation zwanglos zuordnen, während die Unterscheidung nach dem Gesellschaftszweck, der Rechtsfähigkeit und der rechtlichen Zuordnung des Gesellschaftsvermögens im Rahmen dieser Untersuchung unmaßgeblich erscheint.

---

[19] *Eichler,* S. 55.

[20] *Plum,* S. 146 oben.

[21] Die personalistische Ausgestaltung der Aktiengesellschaft setzt bei der Übertragbarkeit der Aktie an (*Meier-Hayoz,* in: Festschr. f. Hug, S. 380). Über die der Personalgesellschaft ähnliche Ausgestaltung der GmbH: Arbeitsberichte der AkfDR „Die Neuordnung der GmbH“, erstattet von *Klausing,* 1940.

[22] Dazu *Hesselmann,* S. 27 ff.; *Zielinski,* S. 45 ff.; *Westermann,* Die GmbH und Co. KG, S. 8.

[23] *Wiethölter,* in: Aktuelle Probleme, S. 28; *Raiser,* Th., S. 51. Besonders bei der GmbH & Co. kommen steuerliche Gründe hinzu.

1. Mitgliederverhältnisse

Unter Beibehaltung gleicher Bedingungen für den Eintritt und Austritt der Gesellschafter kann sich die Ersetzung eines Gesellschafters durch eine Gesellschaft erheblich auf den Mitgliederbestand der aufnehmenden Gesellschaft auswirken, zum einen im Hinblick auf den Umfang der an der Willensbildung beteiligten Personen, zum anderen bezüglich der Möglichkeit des Mitgliederwechsels (Fungibilität der Mitgliedschaft). Zwar wird Gesellschafter der aufnehmenden Gesellschaft nur die beteiligte Gesellschaft[24], es sei denn, deren Gesellschafter werden zugleich noch selbständige Mitglieder der aufnehmenden Gesellschaft[25]. Aufgrund von Veränderungen im Mitgliederbestand der beteiligten Gesellschaft können aber den übrigen Gesellschaftern der aufnehmenden Gesellschaft Personen aufgedrängt werden, die bei Abschluß des Gesellschaftsvertrages nicht bestimmt oder bestimmbar waren. Dies scheint dem gesetzlichen Typus der Personalgesellschaft zu widersprechen, nach dem wegen der Bedeutsamkeit der Person eines jeden Gesellschafters für die Existenz des Verbandes ein Mitgliederwechsel von Gesetzes wegen grundsätzlich nicht vorgesehen ist[26]. Wegen der Unsicherheit, welche Personen an der Willensbildung und damit am gesellschaftsrechtlichen Vertrauensverhältnis beteiligt sind, wurde die Zulässigkeit der Beteiligung von Personalgesellschaften an Personalgesellschaften lange Zeit verneint[27].

Sollen die Gesellschafter der aufnehmenden und der beteiligten Gesellschaft gleichermaßen berechtigt und an der Willensbildung beteiligt sein, so ist es erforderlich, die verhältnismäßige Beteiligungsgleichheit nicht nur für den Augenblick des Vertragsschlusses, sondern auch für alle Eventualitäten der Zukunft vertraglich zu sichern. Eine Garantie für die Beteiligungsgleichheit ist aber mit erheblichen Schwierigkeiten verbunden[28]. Die deshalb empfohlene Verschachtelung der Mitgliedschaft in der aufnehmenden und der beteiligten Gesellschaft durch Bildung einer sog. Einheitsgesellschaft[29] ist jedoch eben-

---

[24] Vgl. § 6 Anm. 1. Die Gegner dieser Ansicht betonen, daß hier gegenüber dem „Einheitsgedanken" der „Vielheitsgedanke" überwiege, mit der Folge, daß nicht die beteiligte Personalgesellschaft, sondern nur deren Mitglieder Gesellschafter der aufnehmenden Gesellschaft seien (*Zemlin*, S. 17).

[25] Wie bei der GmbH und Co. i. e. S.

[26] So die Regel des § 131 HGB, die Ausnahme des § 138 HGB.

[27] *Haupt/Reinhardt*, S. 44; ohne Bedenken nunmehr *Reinhardt*, Gesellschaftsrecht, S. 59 Rn 115; w. Nachw. bei Zemlin, S. 24, 25.

[28] *Reinhardt*, Gesellschaftsrecht, S. 337; zweifelnd *Mertens*, NJW 1966, 1052; bejahend *Schilling*, S. 192.

[29] Damit wird eine GmbH und Co. KG bezeichnet, die sämtliche Geschäftsanteile der an ihr beteiligten GmbH innehat. Hier ist die aufnehmende Gesellschaft an der an ihr beteiligten Gesellschaft beteiligt. Die Bezeichnung

falls unter dem Gesichtspunkt der Willensbildung äußerst bedenklich. *Gonella*[30] stellt die „Einheitsgesellschaft“ der „Kein-Mann-Gesellschaft“[31] gleich, die zur Willensbildung unfähig sei. Auch wenn man dieser Gleichstellung nicht folgt[32], bleibt die Frage nach dem Erfordernis einer gesellschaftsinternen Willensbildung. Sie wird zwar bei den Kapitalgesellschaften nicht mehr gestellt, dürfte aber für die Personalgesellschaften schwieriger zu beantworten sein[33].

2. *Organschaftsverhältnisse*

Im Anschluß an *Boesebeck*[34] wird die Einteilung in Personalgesellschaften und Kapitalgesellschaften hauptsächlich auf die Art der Mitverwaltung gestützt. Merkmal der nach dem gesetzlichen Bild als Arbeitsgemeinschaft verfaßten Personalgesellschaft ist es, daß ausschließlich unbeschränkt haftende Gesellschafter kraft ihrer Mitgliedschaft zur Geschäftsführung und Vertretung berechtigt sind. Dritte sind von der organschaftlichen Leitungsbefugnis ausgeschlossen (Grundsatz der Selbstorganschaft)[35]. Die Organstellung kann den Gesellschaftern lediglich unter erschwerten Bedingungen entzogen werden[36]. Demgegenüber setzt die Befugnis zur Unternehmensleitung bei den Kapitalgesellschaften eine — vom Gründungsakt zu unterscheidende — Bestellung von Organwaltern voraus, die nicht Mitglieder der Kapitalgesellschaft sein müssen, deren Ämter aber auch nicht mitgliedschaftlich abgesichert werden können (Grundsatz der Dritt- oder Fremdorganschaft)[37].

Auch hinsichtlich des Merkmals der gesellschaftsrechtlichen Mitverwaltung wirkt sich die Beteiligung von Gesellschaften überwiegend bei

---

Einmann-GmbH und Co. KG sollte für Gesellschaften vorbehalten werden, bei denen der Alleingesellschafter der GmbH der Kommanditist ist, der mit dieser zusammen die GmbH und Co. bildet (*Schilling*, S. 192).

[30] DB 1965, 1165.

[31] *Hachenburg/Schmit*, § 33 Anm. 21 hält die Keinmann-Gesellschaft bei lediglich vorübergehendem Erwerb des letzten Anteils für zulässig.

[32] *Mertens*, NJW 1966, 1053; *Schilling*, S. 194.

[33] *Mertens/Neupel*, GmbHRdSchau 1970, 212 halten allerdings die „unterschiedliche dogmatische Struktur“ bei wirtschaftlich gleichen Sachverhalten für irrelevant.

[34] S. 17.

[35] Auch Kommanditisten: § 164 HGB. Die h. M. differenziert zwischen Geschäftsführung, von der alle Gesellschafter ausgeschlossen werden können, und Vertretung (Nachw. bei *Teichmann*, S. 118 Anm. 18; *Schneider/Schneider*, ZGR 1972, 59).

[36] Gerichtliche Entscheidung: §§ 117, 127, 161 Abs. 2 HGB.

[37] Widerruf aus wichtigem Grund. In der GmbH-Satzung können gemäß § 6 Abs. 2 GmbHG Geschäftsführung und Vertretung als echte gesellschaftsrechtliche Rechts- und Pflichtpositionen ausgestaltet werden, so daß kein

den Personalgesellschaften aus. Bei der AG steht § 76 Abs. 3 AktG der Beteiligung einer Gesellschaft als Vorstandsmitglied entgegen.

Der Hintergrund dieser Vorschrift erscheint allerdings zweifelhaft. Soweit sie nicht als selbstverständlich gilt[38], wird auf das Wesen des Vorstandsamtes hingewiesen[39]: Der Vorstand sei der Handelnde einer juristischen Person. Also (?) könne dies nicht wieder eine andere juristische Person sein, die wiederum nur durch eine natürliche Person handeln könnte, da das „Handeln" ein persönliches Tätigwerden voraussetze. *Hefermehl*[40] folgert aus der Natur des Vorstandsamtes, daß die eigene Verantwortung, die mit der unternehmerischen Tätigkeit eines Vorstandsmitglieds verbunden sei, nur eine natürliche Person tragen könne. Der Ausschluß juristischer Personen vom Vorstandsamt ist jedoch deshalb fragwürdig, weil zum Liquidator einer AG sehr wohl eine juristische Person bestellt werden kann (§265 Abs. 1 S. 2 AktG). Nach Ansicht von *Godin/Wilhelmi*[41] liegt darin eine bemerkenswerte Abweichung von dem Grundsatz, daß die Bestellung nicht einem Dritten überlassen werden könne, weil die Organe der zum Liquidator bestellten Juristischen Person, die die wahren Abwickler seien, von deren Mitgliedern bestimmt würden, oder gar von Dritten, wenn es sich nicht um eine Gesellschaft handele.

Obwohl eine ausdrückliche Vorschrift für die GmbH fehlt, hält die heute h. M.[42] unter Hinweis auf die Regelung des AktG die Beteiligung einer Gesellschaft als Geschäftsführer einer GmbH für unzulässig, während die Möglichkeit bejaht wird, eine juristische Person zum Abwickler zu bestellen. Letzteres wurde vor der ausdrücklichen Regelung des AktG noch mit dem Hinweis auf die OHG begründet[43], bei der eine juristische Person Liquidator sein kann. Gegen diese Argumentation hat sich *Hoeniger*[44] gewandt. Er hält die Frage für vorrangig, ob eine juristische Person Vorstand einer anderen juristischen Person sein könne, und bejahte dies. Ohne die Frage hier vertiefen zu wollen,

---

besonderer Bestellungsakt erforderlich und ein Widerruf aus wichtigem Grund ausgeschlossen ist. Vorstandsmitglieder von Genossenschaften können nur Genossen sein. *Paulick*, § 20, vor I, S. 216 meint deshalb, bei der Genossenschaft sei von der Selbstorganschaft als Regel auszugehen. Demgegenüber weist *Teichmann* (S. 117) darauf hin, daß trotz der Bindung an die Mitgliedschaft eine besondere Wahl und Bestellung notwendig und demgemäß ein Widerruf aus wichtigem Grund möglich sei.

[38] *Schmidt*, Großkomm. AktG § 75 Anm. 5.

[39] *Godin/Wilhelmi*, § 76 Anm. 9.

[40] *Geßler/Hefermehl/Eckardt/Kropff, AktG-Kommentar* § 77 *Anm. 34.*

[41] § 265 Anm. 6.

[42] *Baumbach/Hueck*, § 6 Anm. 2 C; *Hachenburg/Schmidt*, § 35 Anm. 36.

[43] OLG Karlsruhe, JW 1925, 2017 und 2338.

[44] JW 1925, 2338.

sei doch darauf hingewiesen, daß sog. „mittelbare Geschäftsführung" weder begrifflichen noch praktischen Bedenken begegnet. Die Mehrstufigkeit der Beziehungen zwischen dem Vertretenen und dem in Ausübung der Vertretungsmacht tatsächlich Handelnden ist auch sonst im Rechtsverkehr eine geläufige Erscheinung (Haupt- und Untervollmacht)[45]. Weshalb nichtrechtsfähige Gesellschaften durch juristische Personen sollen handeln können, nicht aber rechtsfähige Gesellschaften, ist nicht einsehbar. Das Bedürfnis nach Sicherung der Kontinuität der Unternehmensleitung dürfte bei der GmbH ebenso anzuerkennen sein wie bei den Personalgesellschaften.

Bei den Genossenschaften, für die ebenfalls keine gesetzliche Regelung besteht, wäre nach Ansicht von *Paulick*[46] die Bestellung juristischer Personen als Vorstandsmitglieder mit dem Wesen der Genossenschaft als Personalverein nicht vereinbar.

Danach ist bei den Kapitalgesellschaften die Möglichkeit der Fremdorganschaft verbunden mit der Beschränkung der Unternehmensleitung auf natürliche Personen. Umgekehrt ist bei den Personalgesellschaften unter Wahrung des Grundsatzes der Selbstorganschaft[47] die Organwaltung durch beteiligte Gesellschaften unbeschränkt zulässig. Anders als bei den Kapitalgesellschaften hat somit die Anerkennung der Beteiligung von Gesellschaften an Personalgesellschaften die Konsequenz, daß beteiligte Gesellschaften als Organwalter tätig werden können.

In der Mitte steht die KGaA. Während die h. M.[48] die Vorschrift des § 76 Abs. 3 AktG anwenden will, kann nach Ansicht des HansOLG Hamburg[49] eine GmbH und Co. KG persönlich haftender Gesellschafter einer KGaA sein und damit als das zur Geschäftsführung und Vertretung befugte Organ tätig werden. Das OLG Hamburg ordnet der Selbstorganschaft folgerichtig die Möglichkeit der Organwaltung durch beteiligte Gesellschaften zu.

Der Grundsatz der Selbstorganschaft ist bei der Beteiligung von Gesellschaften jedoch nur in formaler Hinsicht gewahrt. Denn in

---

45 HansOLG Hamburg, Die AG 1969, 260 r. Sp.

46 § 20 I 2, S. 217.

47 Auch hier besteht im Liquidationsstadium eine Ausnahme insofern, als Nichtgesellschafter zu Liquidatoren bestellt werden können (§ 146 Abs. 2 HGB), was mit dem Erlöschen des gemeinsamen Interesses unter den Mitgliedern gerechtfertigt wird (BGHZ 33, 109 f.).

48 *Godin/Wilhelmi*, § 278 Anm. 2; *Barz*, Großkomm. AktG § 219 Anm. 10; *Reinhardt*, Gesellschaftsrecht, S. 241; *Grobe*, NJW 1968, 1709; *Pflug*, NJW 1971, 345 Anm. 12 m. w. Nachw.

49 Die AG 1969, 259 ff. = GmbHRdSchau 1969, 135 mit zust. Anm. von Hesselmann.

Wirklichkeit können über die beteiligte Gesellschaft Dritte oder — entgegen § 164 HGB — Kommanditisten[50] verbindlich über die Angelegenheiten der aufnehmenden Gesellschaft entscheiden[51]. Mittelbar wird durch die Beteiligung einer Gesellschaft Drittorganschaft ermöglicht[52]. Das ist bedenklich, wenn man die nach dem gesetzlichen Bild allen persönlich haftenden Gesellschaftern eingeräumte unumschränkte und alleinige Entscheidungsgewalt nur deshalb anerkennt, weil im Abschluß des Gesellschaftsvertrages eine gegenseitige persönliche Wertschätzung der Partner zum Ausdruck kommt[53].

Der Grundsatz der Selbstorganschaft enthält nach h. M.[54] nur das Verbot des Ausschlusses aller persönlich haftenden Gesellschafter von der Vertretung, wird also erst dann relevant, wenn allein die beteiligte Gesellschaft Vertretungsmacht hat. Das Verbot wird zum einen unter dem Gesichtspunkt des Schutzes der ausgeschlossenen Gesellschafter damit begründet — und insofern kommt es auf die Art der beteiligten Gesellschaft nicht an — daß eine Personalgesellschaft ebensowenig wie eine natürliche Person freiwillig auf die Möglichkeit verzichten könne, sich selbst zu vertreten[55]. Der Vergleich mit der natürlichen Person ist jedoch kaum haltbar. In der Gesellschaft ist die zur Vertretung berechtigte Person an die Beschlüsse der Gesellschafter gebunden, Ihre Möglichkeit, die Gesellschaft fremd zu bestimmen, ist sehr beschränkt[56].

Auf den Gesichtspunkt des Gläubigerschutzes ist zum anderen der schwerer wiegende Einwand zurückzuführen[57], daß es den Gesellschaftern verboten sei, sich durch einen Nicht-Haftenden allein vertreten zu lassen. Wenn es sich bei der beteiligten Gesellschaft um eine OHG, KG oder KGaA handelt, paßt dieser Einwand jedoch nicht; denn deren persönlich haftende Gesellschafter haften auch für die Verbindlichkeiten der aufnehmenden Gesellschaft unbeschränkt[58]. Der Einwand trifft aber den Fall, daß etwa der Geschäftsführer einer beteiligten GmbH verbindlich über die Angelegenheiten der aufnehmenden Personalgesellschaft entscheiden kann. Es ist jedoch zweifelhaft, ob der

---

[50] Gegen den praktisch allein herrschenden (weil allein geschäftsführungsbefugten) Kommanditisten bestehen kaum noch Bedenken (kritisch *Westermann*, Vertragsfreiheit, S. 129; s. auch *Teichmann*, S. 106 Anm. 45).

[51] *Daubenbüchel*, S. 9, 10: Nach dem äußeren Erscheinungsbild erscheint der Geschäftsführer der Komplementär-GmbH oft als unmittelbarer Geschäftsführer der GmbH und Co.

[52] *Schilling*, S. 190.

[53] *Westermann*, Vertragsfreiheit, S. 142.

[54] Vgl. oben Anm. 35.

[55] Vgl. die von *Teichmann*, S. 118 Anm. 99 Genannten.

[56] *Teichmann*, S. 118.

[57] *Teichmann*, S. 120.

[58] *Zemlin*, S. 66 m. w. Nachw.

zweite Einwand als Begründung für den Grundsatz der Selbstorganschaft Anerkennung verdient. *Teichmann* hält den Gesichtspunkt des Gläubigerschutzes an dieser Stelle für verfehlt[59]. Demgegenüber erwägt *Westermann*[60], daß der Ausschluß des beschränkt Haftenden von der Entscheidungsbefugnis auch das Interesse der Gläubiger an gesundem und vorsichtigem Wirtschaften auf Seiten der Gesellschaft im Auge habe.

Der von *Teichmann* abgelehnten Begründung des Grundsatzes der Selbstorganschaft liegen Vorstellungen über die unterschiedliche Risikoentscheidung von Gesellschafter und Nicht-Gesellschafter, Eigentümer und Beauftragtem zugrunde[61]. Sie berührt damit eng die Frage nach dem Verhältnis von Herrschaft und Haftung, auf die im nächsten Punkt näher eingegangen wird.

3. *Haftungsverhältnisse*

Bei dem Merkmal der Haftung[62] ist zu unterscheiden, ob die Gesellschaft für die Verbindlichkeiten der Gesellschaft haften oder nicht. Hier stehen sich die AG, die GmbH sowie die Genossenschaft einerseits und die OHG, die KG sowie auch die KGaA andererseits gegenüber. Nur bei den zuletzt genannten Gesellschaften kann die Beteiligung von Gesellschaften eine veränderte Beurteilung der Haftungsverhältnisse hervorrufen.

Ebenso wie durch die Beteiligung von Gesellschaften der Mitgliederbestand erweitert oder verengt werden kann, vergrößert oder verkleinert die Beteiligung einer Gesellschaft die Haftungsbasis: Ist eine OHG Gesellschafter einer OHG, so haften nicht nur die Gesellschafter der aufnehmenden, sondern auch die der beteiligten Gesellschaft unbeschränkt für die Verbindlichkeiten der aufnehmenden Gesellschaft. Der „personellen" Haftungserweiterung stehen keine Nachteile für die Gläubiger der aufnehmenden Gesellschaft gegenüber, weder bei der Zwangsvollstreckung, noch im Konkurs[63]. Bedenken bestehen jedoch, wenn die Gesellschafter der beteiligten Gesellschaft mit denen der auf-

---

[59] S. 120; anders *Nitschke*, S. 258 ff.

[60] Vertragsfreiheit, S. 276 oben.

[61] *Teichmann*, S. 119.

[62] Drei Formen der Gesellschafterhaftung sind nach dem geltenden Recht zu unterscheiden: 1. die unbeschränkte persönliche Haftung; 2. die auf eine von dem Gesellschafter übernommene Einlage beschränkte Haftung; 3. die auf eine bestimmte Summe beschränkte Haftung über die von ihm übernommene Einlage hinaus (Nachschußpflicht) (vgl. *Erlinghagen*, in: Festschr. f. Reinhardt, S. 217). Die folgenden Ausführungen berücksichtigen nur die 1. Haftungsform.

[63] *Zemlin*, S. 65 ff.

nehmenden Gesellschaft identisch sind (indirekte Gesellschafteridentität)[64]. In diesem Fall bringt die beteiligte OHG nicht nur kein zusätzliches Haftungsobjekt mit, sondern es haften letztlich nur die neben der beteiligten OHG noch vorhandenen Gesellschafter. Bei der Beteiligung einer KG haftet also gegebenenfalls nur eine Person unbeschränkt[65]. Dies scheint mit dem gesetzlichen Leitbild der OHG kaum noch vereinbar, Die Beteiligung von Personalgesellschaften an Personalgesellschaften wird heute jedoch überwiegend als zulässig angesehen[66].

Ähnliche Fragen ergeben sich bei indirekter Gesellschafteridentität von Kommanditaktionären und den Gesellschaftern einer als Komplementär der KGaA beteiligten Gesellschaft[67].

Die unter dem Gesichtspunkt der Haftung bestehenden Bedenken gegen die Beteiligung juristischer Personen sind anderer Art. Ist eine GmbH einziger Komplementär einer KG, so haftet letztlich keine natürliche Person unbeschränkt[68]; sind mehrere Komplementäre vorhanden, so ist es nicht ausgeschlossen, daß die handelnde natürliche Person nur andere Personen, nicht aber sich selbst unbeschränkt verpflichtet[69]. Die Zulässigkeit gesellschaftsvertraglicher Gestaltung durch Beteiligung einer juristischen Person ist heute allgemein anerkannt. Sie hat jedoch Folgewirkungen auf die im Interesse des Gläubigerschutzes der Vertragsfreiheit entzogene Regelung der Haftungsverhältnisse[70]. Im Fall der Gesellschafteridentität (z. B. GmbH und Co. i. e. S.) wird das besonders deutlich. Mittelbar wird dadurch die Personalgesellschaft mit beschränkter Haftung[71] oder GmbH im untechnischen Sinne[72] ermöglicht, in der sich die Gesellschafter ohne die Gefahr des Vermögensverlustes wirtschaftlich betätigen können. Dies scheint mit dem — auf die Personalgesellschaften beschränkten[73] — sog. Verbot von Herrschaft ohne Haftung unvereinbar, nach dem angeblich niemand ein Unternehmen leiten soll, der nicht die volle haftungsrechtliche Verantwortung trägt[74].

---

[64] *Pfander*, DB 1969, 823.

[65] Dazu folgendes Beispiel: Gesellschafter der aufnehmenden OHG sind A und die X KG. A ist gleichzeitig einziger Komplementär der beteiligten KG.

[66] *Baumbach/Duden*, § 105 Anm. 1 C m. w. Nachw.; keine Bedenken gegen Gesellschafteridentität bei *Mertens/Neupel*, GmbHRdSchau 1970, 211.

[67] s. o. Anm. 49.

[68] *Geiler*, JW 1921, 302; *Schilling*, S. 190.

[69] *Westermann*, Vertragsfreiheit, S. 280.

[70] *Mertens*, DB 1973, 413.

[71] *Schilling*, S. 197.

[72] *Reinhardt*, S. 336.

[73] *Teichmann*, S. 126.

[74] *Teichmann*, S. 125; *Westermann*, Vertragsfreiheit, S. 277; *Schilling*, S. 198.

Der Grundsatz: keine Herrschaft ohne Haftung ist allerdings — ebenso wie seine Umkehrung — umstritten und wird zunehmend verneint. Gesellschaftsrechtlich wird er damit zu begründen versucht, daß fehlende Haftung zu einem risikoreichen, verantwortungslosen Handeln verleite[75], während „vermöge der unbeschränkten Haftung ... die Mitglieder mit ihrer gesamten Persönlichkeit mit den Schicksalen des Unternehmens verflochten (werden). Sie gewährt einen Schutzdamm gegen leichtsinniges Spekulieren und spornt die Genossen zur gegenseitigen Überwachung an"[76]. Danach wirkt die unbeschränkte Haftung als Zügel ungebändigten unternehmerischen Gewinnstrebens, als Machtkorrektiv[77]. Daneben wird unter wirtschaftsverfassungsrechtlichen Gesichtspunkten geltend gemacht, daß die unbeschränkte Haftung der wettbewerblichen Auslese diene[78].

4. *Zusammenfassung*

Zusammenfassend läßt sich feststellen, daß die Beteiligung von Gesellschaften in mehrfacher Hinsicht für die Beurteilung von Gesellschaftsmerkmalen bedeutsam ist, wesentlich allerdings nur im Bereich der OHG, der KG und der KGaA. So kann die Beteiligung einer Gesellschaft anstelle eines Gesellschafters eine Ausdehnung, aber — bei indirekter Gesellschafteridentität — auch eine Schrumpfung des „personellen Hintergrundes" der aufnehmenden Gesellschaft zur Folge haben. Dies bewirkt einerseits eine Veränderung des auf der Arbeitsgemeinschaft der Gesellschafter beruhenden Vertrauensverhältnisses, insbesondere durch die Möglichkeit der Drittorganschaft und der Fremdbestimmung von Organpersonen (die bei Kapitalgesellschaften ausgeschaltet ist, obwohl dort ein Vertrauensverhältnis in der Regel nicht besteht). Andererseits kann bei indirekter Gesellschafteridentität die Haftungsbasis bedenklich schrumpfen. Der quantitativen Veränderung der Haftungsverhältnisse steht eine qualitative gegenüber, wenn bei Beteiligung juristischer Personen keine natürliche Person mehr unbeschränkt haftet, zumindest nicht die die Organfunktionen ausübende natürliche Person.

Vergleicht man die durch die Beteiligung von Gesellschaften hervorgerufenen Veränderungen einmal nicht mit dem gesetzlichen Bild der Gesellschaftsarten, sondern mit den bisher schon von Rechtsprechung und Rechtslehre anerkannten gesellschaftsrechtlichen Gestaltungen, so bleibt als Besonderheit der Beteiligung von Gesellschaften allerdings

---

[75] *Teichmann*, S. 125.

[76] *Wieland* I, S. 836.

[77] *Westermann*, Vertragsfreiheit, S. 280.

[78] Nachw. bei *Teichmann*, S. 125, 126.

nur die (mittelbare) Drittorganschaft und die beschränkte Haftung aller an einer Personalgesellschaft beteiligten natürlichen Personen.

Die auf sog. „Betriebsaufspaltung" oder „Fusion ohne Fusion"[79] beruhende Mehrstufigkeit der gesellschaftlichen Organisation (Baukastenprinzip)[80] erscheint demgegenüber nur als eine Steigerung der ohnehin gesellschaftsvertraglich möglichen Zusammenfassung von Gesellschaftsgruppen, etwa in der Publikums-KG[81]. Gleiches gilt für die mit der „Unsterblichkeit" von juristischen Personen angestrebte Kontinuität der Unternehmensleitung[82].

Es bleibt nunmehr zu untersuchen, ob und welche Folgerungen in firmenrechtlicher Hinsicht aus den getroffenen Feststellungen zum Einfluß der Beteiligung von Gesellschaften an Gesellschaften zu ziehen sind.

---

[79] *Wiethölter*, in: Aktuelle Probleme, S. 20 im Anschluß an Zielinski.

[80] *Erlinghagen*, S. 213.

[81] Dazu *Teichmann*, S. 105, 106.

[82] Unter diesem Gesichtspunkt wird aber gegen die Beteiligung von Gesellschaften eingewandt, daß dadurch eine Überlebenschance für aus eigener Kraft nicht mehr organisierbare Unternehmergemeinschaften geschaffen werden kann (s. *Westermann*, GmbH und Co. KG, S. 30 mit Hinweis auf *Reuter*, Vertragliche Schranken der Perpetuierung von Unternehmen 1972, 230 ff.).

§ 8 Offenlegung einzelner Gesellschaftsmerkmale in der Firma?

I. Gründe für eine verstärkte Offenlegung

Mit den vorangehenden Überlegungen wurde gezeigt, daß die Beteiligung von Gesellschaften an einer OHG, KG oder KGaA für die Beurteilung der Mitgliedschaftsverhältnisse, der Geschäftsführung und Vertretung sowie der Haftungsverhältnisse der aufnehmenden Gesellschaft von gewichtiger Bedeutung sein kann. Die Veränderungen der Gesellschaftsmerkmale bewegen sich zum Teil am Rande der Zulässigkeit gesellschaftsvertraglicher Gestaltung. Zwar schlagen die bestehenden Bedenken letztlich nicht durch, weil die Beteiligung von Gesellschaften die begriffliche Ordnung — zumindest formal — unangetastet läßt. Aber es zeigt sich doch die Tendenz, für das Zugeständnis der „formalisierenden rechtstechnischen Handhabung der gesellschaftsrechtlichen Institute"[1] anderweitig einen Ausgleich zu finden[2]. Dabei wird geltend gemacht, daß die gesetzliche Regelung der Gesellschaftsarten insgesamt eine immanente Abwägung der beteiligten Interessen enthalte: des öffentlichen Interesses, des Gesellschafterschutzes und des Gläubigerschutzes[3].

Besonders unter dem Gesichtspunkt des Gläubigerschutzes bietet sich eine verstärkte Offenlegung der gesellschaftlichen Verhältnisse an[4], während den Gesellschaftern der Gesellschaftsvertrag als umfassende Information zur Verfügung steht. Eine offengelegte begrenzte Haftung des handelnden Unternehmensleiters ist nicht zu beanstanden[5]. Deshalb liegt der Versuch nahe, die mit der weitgehenden Gestaltungsfreiheit verbundene Gefährdung des Gläubigerschutzes im Rahmen der firmen- und registerrechtlichen Institute aufzufangen[6].

1. *Subsidiarität des Firmenrechts*

Zu weit geht es allerdings, eine bestimmte Firmierung zur Zulässigkeitsvoraussetzung gesellschaftsvertraglicher Gestaltung zu erheben[7].

---

[1] *Westermann*, Vertragsfreiheit, S. 127.

[2] *Teichmann*, S. 107, 126.

[3] *Teichmann*, S. 97 ff.

[4] *Teichmann*, S. 107; auch *Boesebeck*, S. 61 ff. zieht bei der kapitalistischen KG als Ausgleich eine verstärkte Offenlegung in Betracht.

[5] *Teichmann*, S. 126; zum Zusammenhang von Publizität und individualistischer Haftung s. auch *K. Schmidt*, S. 362.

[6] *Westermann*, Vertragsfreiheit, S. 452.

Ebensowenig wie sich die Unzulässigkeit der Drittorganschaft damit begründen läßt, daß die organschaftliche Vertretungsmacht eines Dritten nicht ins Handelsregister eingetragen werden kann[8], stehen firmenrechtliche Bedenken der gesellschaftsvertraglichen Gestaltung entgegen. Denn das Registergericht und — so ist zu ergänzen — das Firmenrecht sind nicht Voraussetzung, sondern stets eine Folge von materiellrechtlich als zulässig erachteten Gestaltungen. Andernfalls würde das Verhältnis von verlautbarendem Register- und Firmenrecht einerseits und materiellem Recht andererseits auf den Kopf gestellt[9].

2. *Firma und Vertrauensschutz*

Unter dem Gesichtspunkt des Gläubigerschutzes muß sich die Sorge des Gesetzgebers auf zwei Regelungen konzentrieren[10]: die Haftung — durch zwingende Vorschriften über die Kapitalerhaltung oder Anordnung einer persönlichen Verantwortlichkeit der Mitglieder[11] und den Vertrauensschutz, der die ganze Rechtsordnung durchzieht[12]. Das Bemühen um Vertrauensschutz wirkt sich im Gesellschaftsrecht zugunsten des Gläubigers einer bestimmten Gesellschaft dahingehend aus, daß der Außenstehende die Gesellschaft nur so hinzunehmen braucht, wie sie sich ihm darstellt[13].

Am Vertrauensschutz des einzelnen Gläubigers sind auch die Ausführungen *Gohls* über die abgeleitete Firma der GmbH und Co. orientiert. Wandelt eine KG sich „unsichtbar“ dadurch in eine GmbH und Co. i. e. S. um, daß ihr Komplementär zusammen mit dem Kommanditisten eine GmbH gründet und diese an seine Stelle tritt, so kann der Außenstehende mangels einer Veränderung der ihm gegenüber auftretenden natürlichen Personen nicht erkennen, daß ihm nunmehr keine natürliche Person mehr unbeschränkt haftet[14]. *Gohl* hält deshalb die Auf-

---

[7] So aber *Gohl*, S. 34, der ein aus den firmenrechtlichen Vorschriften abgeleitetes Prinzip der Offenkundigkeit als Grenze der Gestaltungsfreiheit ansieht.

[8] RGZ 2, 30, 32; dagegen *Westermann*, Vertragsfreiheit, S. 452.

[9] *Westermann*, Vertragsfreiheit, S. 452.

[10] *Teichmann*, S. 102.

[11] Dem entspricht die Einteilung in Personal- und Kapitalgesellschaften. *Wiethölter*, in: Aktuelle Probleme, S. 40 weist jedoch darauf hin, daß man, wäre die OHG als juristische Person anerkannt worden, dort die beschränkte Haftung auch ohne Garantiekapital eingeführt hätte. Für die GmbH wird das volle gesamtschuldnerische Einstehen der Mitglieder diskutiert (*Geßler*, GmbHRdSchau 1966, 102, 105). Bei der KGaA fällt beides zusammen.

[12] *Westermann*, Vertragsfreiheit, S. 127.

[13] *Teichmann*, S. 103, der eine Einschränkung der Binnenbeziehungen der Gesellschafter aus Gründen des Gläubigerschutzes ablehnt. Zwischen handelsrechtlicher und bürgerlichrechtlicher Rechtsscheinhaftung besteht kein grundsätzlicher Unterschied (Canaris, S. 158).

[14] *Gohl*, S. 46.

nahme des Gesellschaftszusatzes „GmbH" analog § 4 Abs. 2 GmbHG in die — abgeleitete — Firma der KG für erforderlich[15]. Nach seiner Ansicht hat die Firma hier eine Warnfunktion[16]. Auch in den übrigen Fällen der Fortführung einer Personalgesellschaftsfirma durch eine GmbH und Co., bei der keine natürliche Person unbeschränkt haftet, hält *Gohl* die Aufnahme von „GmbH" analog den §§ 4 Abs. 2 GmbHG, 4 Abs. 2 AktG, 3 GenG, 22 EGHGB für geboten[17].

Der Analogieschluß ist jedoch nicht überzeugend. Bei der AG, der GmbH und der Genossenschaft ist ein bestimmter Gesellschaftszusatz nicht deshalb vorgeschrieben, weil keine natürliche Person unbeschränkt haftet[18]. Das beweist einmal § 279 AktG, wonach die Firma der KGaA stets einen bestimmten Gesellschaftszusatz einhalten muß, obwohl dort eine natürliche Person unbeschränkt haftet. Zum anderen beruht die Einteilung der Gesellschaften nicht allein auf den Haftungsverhältnissen, sofern man überhaupt ein verbindliches System von Gesellschaften (Rechtsformen) bejaht[19].

Die Rechtsprechung hält in den von *Gohl* behandelten Fällen eine Änderung der Firma nicht für erforderlich, sondern gewährt Vertrauensschutz nur individuell[20]. Dabei kommt es darauf an, ob dem

---

[15] S. 79; s. auch Haas, GmbHRdSchau 1969, 21; vgl. nunmehr BGHZ 62, 217.

[16] S. 75. Von einer Warnfunktion spricht auch *K. P. Martens*, ZGR 1972, 287 im Zusammenhang mit der Anzeigepflicht bei Verlust des GmbH-Garantiekapitals.

[17] S. 79 ff.; a. A. das überwiegende Schrifttum, *Westermann, Harry*, Handbuch I, S. 793 m. w. Nachw.; BGH NJW 1974, 1193 r. Sp. m. w. Nachw.

[18] Auch *Knur*, S. 175, 176 hält dies aber für den Ordnungsgedanken des § 4 GmbHG.

[19] Vgl. oben § 7, Anm. 1, 2.

[20] BGH, DNotZ 1973, 113: Wird eine OHG in eine GmbH und Co. KG und die Rechtsstellung ihrer persönlich haftenden Gesellschafter in die von Kommanditisten umgewandelt, so können sich diese unter Umständen auf ihre Haftungsbeschränkung trotz Eintragung im Handelsregister gegenüber gutgläubigen Dritten nicht berufen, zu denen zur Zeit der Umwandlung feste Geschäftsbeziehungen standen. Von besonderer Bedeutung ist dabei die unveränderte Fortführung der Firma. — BGH, BB 1970, 684: Wird der Komplementär einer KG Kommanditist und tritt für ihn eine von ihm gegründete GmbH als Komplementär ein, so kann (bei unveränderter Fortführung der Firma auf dem Geschäftsbrief) eine Aufklärungspflicht gegenüber Dritten bestehen. Im entschiedenen Fall nahm der BGH allerdings eine Nachforschungspflicht des Gläubigers an. — OLG Celle, BB 1971, 1298: Die Mehrdeutigkeit der Firma geht zu Lasten des die Firma Führenden. — Einen grundlegenden Wandel bereitet das Urteil BGHZ 62, 217 = NJW 1974, 1191 = BB 1974, 757, 951 (Anm. Wessel) = DB 1974, 1278, 1996 (Anm. Lamers) = GmbHRdSchau 1974, 150 (Anm. Hesselmann) vor; s. a. Sieveking, MDR 1974, 904. Eine KG, deren persönlich haftende Gesellschafterin eine GmbH ist, ist — entsprechend § 4 Abs. 2 GmbHG, § 4 Abs. 2 AktG — auch bei einer abgeleiteten Firma verpflichtet, einen Zusatz wie etwa „GmbH und Co." in die Firma aufzunehmen.

Gläubiger eine Nachprüfung zumutbar war, oder ob derjenige, der den Rechtsschein gesetzt hat, „näher daran“ ist, den Rechtsschein zu beseitigen[21]. Im umgekehrten Fall geht die Rechtsprechung allerdings weiter. Scheidet aus der „A GmbH und Co. KG“ die GmbH aus, so muß „GmbH“ gestrichen oder ein Nachfolgezusatz beigefügt werden[22].

Nach dem in § 26 EntwEGGmbHG vorgesehenen § 24 a HGB bedarf es auch in den von *Gohl* behandelten Fällen einer Firmenänderung.

3. Sanktion gesellschaftsvertraglicher Gestaltungen durch mehr Publizität in der Firma?

Mit dem von der Rechtsprechung gewährten individuellen Vertrauensschutz ist das Unbehagen gegen atypische Vertragsgestaltungen keineswegs beseitigt[23]. Denn eine Definition des Vertrauensschutzes: der Gläubiger kann sich darauf verlassen, daß die Gesellschaft so ist, wie sie sich ihm darstellt, läuft hinsichtlich der durch die gesellschaftsrechtliche Entwicklung, insbesondere durch die Beteiligung von Gesellschaften bedingten Veränderungen, leer. Versteht man nämlich die Kennzeichnung der Gesellschaft durch den Gesellschaftszusatz der Firma als Wiedergabe der Rechtsform (des „Begriffes“) der Gesellschaft[24], dann werden durch diese Kennzeichnung alle — „begrifflich“ zulässigen — atypischen Gestaltungen erfaßt. Stellt sich aber die Gesellschaft „begrifflich“ dar, dann muß der Außenstehende mit allen Gestaltungen rechnen, die „begrifflich“ zulässig sind. Vertrauensschutz im oben erläuterten Sinn vermag demnach eine besondere inhaltliche Ausgestaltung der Firma, mit der etwa potentielle Gläubiger vor Fehleinschätzung einer — äußerlich nicht als atypisch erkennbaren — Gesellschaft gewarnt werden könnten, nicht zu begründen.

Zur Begründung einer weitergehenden Ausgestaltung des Firmeninhalts muß man deshalb schon einen Gläubigerschutz dahingehend be-

---

[21] *Westermann*, Vertragsfreiheit, S. 265. Bei werbender Tätigkeit einer Vorgesellschaft genügt der Gebrauch einer Firma mit einem auf die Haftungsbeschränkung hinweisenden Zusatz („GmbH“, „AG“) nicht, um die gewollte Haftungsbeschränkung herbeizuführen (vgl. *K. Schmidt*, S. 399 Anm. 2 mit weiteren Nachw., S. 345).

[22] BGH, BB 1965, 1202. Die unterschiedliche Behandlung der beiden Fallgruppen beruht auf der verengten Betrachtungsweise des § 18 Abs. 2 HGB. Es wird nur danach gefragt, ob das, was die Firma aussagt, wahr ist, nicht aber danach, was die Firma aussagen soll (vgl. § 5 II 3).

[23] Gegen die Praxis der Gerichte bei der abgeleiteten Firma der GmbH und Co. auch *Sudhoff*, in: Aktuelle Probleme, S. 59; *Fischer*, in: Aktuelle Probleme, S. 5 betont, daß das Problem des Vertrauensschutzes des redlichen Verkehrs gegenüber der GmbH und Co. eine besonders sorgfältige Beobachtung erfordere. Das gelte nicht nur für firmenrechtliche Fragen.

[24] Die Ausführungen über die Typenwahrheit haben das als allein durchführbar erwiesen (vgl. § 6).

jahen, daß sich der Außenstehende — in einer gewissen Toleranzbreite — auf die Normalstruktur einer Gesellschaft verlassen darf[25]. Als „Normalzustand" einer Gesellschaft kommt zum einen ihr gesetzliches Leitbild in Betracht, zum anderen ihr rechtstatsächlicher Normaltypus i. S. eines Durchschnittstypus. Beide können dasselbe beinhalten, müssen es aber keineswegs, was das gegenwärtige Verhältnis von Gesetz und Vertragswirklichkeit im Gesellschaftsrecht beweist[26].

Daß das Firmenrecht insgesamt zur Gewährung eines an der Normalstruktur orientierten Vertrauensschutzes imstande wäre, muß allerdings angesichts der vielfältigen Durchbrechungen des Grundsatzes der Firmenwahrheit bei der abgeleiteten Firma bezweifelt werden[27]. Nur beschränkt auf die ursprüngliche Firma erscheint ein solcher Vertrauensschutz eher durchführbar. Ebensowenig wie aus der Eintragung einer Gesellschaft in das Handelsregister[28] kann man aber aus der Firma mit einiger Gewißheit das Vorhandensein einer typischen, der gekennzeichneten Gesellschaftsform entsprechenden Normalstruktur folgern[29].

Das gesetzliche Leitbild als Normalzustand einer Gesellschaft zu deklarieren, ist bereits deshalb zweifelhaft, weil das Gesetz weitgehend die Dispositivität der gesellschaftsrechtlichen Vorschriften erkennen läßt. Zudem widerspricht es der Vielfalt der Rechtsformen von Gesellschaften, daß sich die gesetzliche Regelung nur an zwei Grundmustern: der OHG und der AG, orientiert und daraus seine übrigen Vorstellungen entwickelt hat[30]. Darüber hinaus enthält das Gesetz zu bedeutsamen Fragen keine Stellungnahme. Läßt sich zwar unschwer der Zusammenhang von Haftung und Leitungsmacht erkennen (§§ 114, 164 HGB), so fehlt doch jeglicher Hinweis dafür, ob die unbeschränkte Haftung einer natürlichen Person anders zu beurteilen ist als die einer juristischen Person.

Ein am Durchschnittstyp orientierter Vertrauensschutz setzt zunächst voraus, daß es überhaupt gelingt, den (oder die) maßgeblichen Typus

---

[25] Diesen Gedanken äußert *Paulick:* Gibt eine Gruppe von Gesellschaftern kund (Firma = Erklärung an die Öffentlichkeit), daß sie ihr Unternehmen in der Form einer KG betreiben, so erwecken sie bei den Außenstehenden bestimmte Vorstellungen über das Verhältnis von Herrschaft und Haftung. Man müsse annehmen, der persönlich haftende Gesellschafter führe auch die Gesellschaft. S. auch Teichmann, S. 106.

[26] Dazu *Peter,* Neuzeitliche Gesellschaftsverträge und Unternehmensformen, 4. Aufl. 1972.

[27] *Westermann,* Vertragsfreiheit, S. 127.

[28] Nicht einmal das Handelsregister ist darauf angelegt, daß der Rechtsschein für die Wirklichkeit steht (*Westermann,* Vertragsfreiheit, S. 127). Diese abgeschwächte Publizität ist kein Zufall (*Teichmann,* S. 107).

[29] *Westermann,* Vertragsfreiheit, S. 127; s. aber § 1 Anm. 12.

[30] *Teichmann,* S. 96.

(Typen) zu bestimmen. Dies vorausgesetzt würden allerdings viele, vielleicht die meisten Typendehnungen keiner Berücksichtigung in der Firma bedürfen; sie haben sich eingebürgert und werden im Verkehr bereits in Rechnung gestellt[31]. Einem am Durchschnittstypus orientierten Vertrauensschutz ist deshalb entgegenzuhalten: Jeder Außenstehende muß ohnehin damit rechnen, daß — abgesehen von der gesellschaftsvertraglichen Gestaltung — faktische Einflüsse vorhanden sind, die eine abweichende Beurteilung der rechtlichen Erscheinung hervorrufen können. Was faktisch möglich ist, kann deshalb nicht vertrauenszerstörend wirken, und wird es nicht allein dadurch, daß es eine vertragliche Regelung erfährt[32].

Abgesehen von dem Einwand des faktisch Möglichen, den man jeder Art von Vertrauensschutz entgegenhalten kann, liegt die Besonderheit der Orientierung am Durchschnittstyp darin, daß er aus der Rechtswirklichkeit gewonnen wird und mit dieser in stetem Wandel befindlich ist. Am Durchschnittstyp orientierter Vertrauensschutz muß sich ständig anpassen. Daraus erwächst nun aber ein grundsätzliches Bedenken gegen die Berücksichtigung gesellschaftsvertraglicher Abweichungen vom Normalbild in der Firma: Bedeutet eine Anpassung der Firma nicht geradezu die unerwünschte Verfestigung der Vorstellungen über eine im Wandel befindliche Gesellschaftsstruktur, die eine rasche Anpassung des Bewußtseins verhindert[33]? Wenn man die gesellschaftsrechtliche Entwicklung etwa dahingehend charakterisiert, daß sich unbeschränkt haftende natürliche Personen am Handelsverkehr nicht mehr in gleichem Maße beteiligen werden wie bisher[34] (Einmann-Gesellschaft, Personalgesellschaft mbH, Einzelkaufmann mbH), dann wird sich das Bewußtsein der Betroffenen auch darauf einstellen, und man wird mit der Firma einer OHG oder KG ebensowenig die Vorstellung der unbeschränkten Haftung verbinden wie mit der Firma einer GmbH[35].

Die Anpassung der Firma an die gesellschaftsrechtliche Entwicklung erscheint danach nur bei kurzfristiger Betrachtung als erstrebenswert.

---

[31] *Westermann*, Vertragsfreiheit, S. 129.

[32] *Teichmann*, S. 107.

[33] *Großfeld*, S. 134 zitiert Äußerungen von Hamburger Abgeordneten im Kampf um das Konzessionssystem: Die Gesetzgebung solle nicht den Versuch machen, „besonders fürsorgliche Präventivmaßregeln im Interesse des Publikums zu treffen, was unwillkürlich dazu dient, die gehörige eigene Vorsicht der beteiligten Privaten zu schwächen . . .“. S. a. *Buchner*, Herbert: Vertrauensschutz bei Änderung der Rechtsprechung. Verfassungsrechtliches Gebot oder Hemmnis der Rechtsfortbildung? Gedächtnisschrift f. Rolf Dietz, München 1973.

[34] Nach Ansicht von *Erlinghagen*, S. 217 könnte man in einem neu zu konzipierenden Gesellschaftsrecht auf die unmittelbare Haftung der Gesellschafter für Verbindlichkeiten der Gesellschaft wohl verzichten.

[35] In diesem Sinne bereits *Wellmann*, GmbHRdSchau 1972, 195.

Sie läßt sich wohl nur dann begründen, wenn man — über den Schutz auf die Normalstruktur einer Gesellschaft hinaus — Vertrauensschutz gegen eine „lautlose Rechtsfortbildung“[36] gewährt. Dabei ist zu berücksichtigen, daß nicht alle Gesellschaften gleichmäßig von der Rechtsfortbildung erfaßt werden, sondern die historisch gewachsenen Gesellschaftsformen in unterschiedlicher Entwicklungshöhe nebeneinander bestehen.

Diese — rechtspolitische — Fragestellung soll hier jedoch nicht weiter verfolgt werden. Als Ergebnis ist festzuhalten, daß man sich bei dem Versuch, die gesellschaftsvertragliche Gestaltungsfreiheit im Bereich des Firmenrechts zu sanktionieren, nicht auf ein Gläubigerschutzinteresse berufen kann, das nur als Sicherung des Vertrauens auf kundgemachte Tatsachen verstanden wird. Eine Anpassung der Firma kommt nur in Betracht, wenn man es für erforderlich hält, daß „die Gesellschaft in ihren Äußerungen noch präziser sein muß“[37]. Es geht also um eine dem Vertrauensschutzgedanken vorgelagerte Fürsorge durch mehr Publizität[38].

Die Fürsorge zugunsten der potentiellen Gläubiger geht allerdings nicht so weit, die Bonität des Unternehmens zu überwachen[39]. Welches finanzielle Risiko der Gläubiger auf sich nehmen will, mag er selbst entscheiden. Ihm soll nur die Möglichkeit eingeräumt werden, dieses Risiko richtig einzuschätzen[40].

Die gesellschaftsvertragliche Gestaltungsfreiheit kann demnach nur dann im Bereich des Firmenrechts sanktioniert werden, wenn und soweit sich die Firma als Vermittlerin gesteigerter Publizität erweist.

II. Die Firma als Publizitätsmittel

Aus den Firmenbildungsvorschriften ergibt sich zwangslos, daß die ursprüngliche Firma einer Gesellschaft über die Person eines oder mehrerer Gesellschafter unterrichten kann, über die Art des Unternehmensgegenstandes, über die Gesellschaftsart, ferner — aufgrund freiwilliger (§ 18 Abs. 2 HGB) oder notwendiger (§ 30 Abs. 2 HGB) Zusätze

---

[36] *Wiethölter*, in: Aktuelle Probleme, S. 16. Im öffentlichen Recht bezeichnet Vertrauensschutz die Verteidigung von Rechtspositionen des Bürgers gegen Kursänderungen der Gesetzgebung und der vollziehenden Gewalt (W. *Schmidt*, JuS 1973, 529 ff.).

[37] *Teichmann*, S. 104.

[38] Eine auf § 18 Abs. 2 HGB beschränkte Betrachtungsweise reicht hier nicht aus.

[39] Weiter geht die Fürsorge bei der Ausgabe von Inhaberschuldverschreibungen (§ 795 BGB) oder der Kontrolle von Allgemeinen Geschäftsbedingungen.

[40] *Teichmann*, S. 103.

— auch sonst über Art und Umfang des Geschäfts oder die Verhältnisse des Geschäftsinhabers. Als Mittel zur Offenlegung von rechtlichen Merkmalen der Gesellschaft in der Firma kommt jedoch allein die Angabe von Gesellschaftern oder der Gesellschaftsart in Betracht. Eine Untersuchung der Frage, weshalb die Firma diese Informationen enthält, insbesondere weshalb die Firma die „Rechtsnatur" des Firmeninhabers kennzeichnen soll[1], kann daher die etwaige Möglichkeit einer gesteigerten Firmenpublizität aufdecken.

1. Der nach der Ordnungsfunktion der Firma erforderliche Firmeninhalt

Nach § 17 HGB ist die Firma des Kaufmanns der Name, unter dem er seine Geschäfte betreibt. Damit wird auf die grundlegende Bedeutung der Firma hingewiesen: ihre Namensfunktion[2].

Nach Art des Unternehmensträgers ist jedoch zu unterscheiden: Einzelkaufleute und juristische Personen i. S. der §§ 33 ff. HGB haben neben der Firma einen bürgerlichen Namen oder eine sonstige Bezeichnung. Handelsgesellschaften, einschließlich der Genossenschaft und der größeren Versicherungsvereine a. G., haben nur eine Firma; diese ist ihr Name schlechthin[3].

Aus der unterschiedlichen Bedeutung der Firma für ihre Träger leitet *Kraft*[4] die Ansicht her, daß Wesen und Funktion der Firma nach dem dahinterstehenden Rechtssubjekt unterschiedlich zu beurteilen seien. Da der Einzelkaufmann und juristische Personen i. S. des § 33 HGB bereits durch ihren Namen oder ihre Bezeichnung individualisiert seien, habe die Firma bei ihnen nur die Bedeutung einer Unternehmensbezeichnung[5], während die Firma der Handelsgesellschaften sowohl Personen- wie Unternehmensbezeichnung sei[6].

Kraft sieht sich in seiner Ansicht dadurch bestärkt, daß über das Wesen „der Firma" keine einhellige Auffassung bestehe. Die Firma werde als Personenbezeichnung[7], als Name des unter ihr betriebenen

---

[1] Vgl. § 6 Anm. 4.

[2] *J. v. Gierke*, ZHR 122, 193; *Knopp*, ZHR 125, 171; *Ehrenberg*, ZHR 28, 51.

[3] *Baumbach/Duden* § 17 Anm. 1 B.

[4] S. 5, 6, 10; der Ausgangspunkt von Kraft erscheint allerdings bedenklich. Die Firma hat sich ursprünglich für Gesellschaften entwickelt. Erst als man den in ihr verkörperten Wert erkannte, billigte man auch dem Einzelkaufmann eine Firma zu. Ob die Firma des Einzelkaufmanns überhaupt einem Kennzeichnungserfordernis entspricht, ist deshalb zweifelhaft. S. auch *Raiser, Th.*, S. 79.

[5] *Kraft*, S. 6, 18.

[6] *Kraft*, S. 14, 17.

[7] *Kraft*, S. 4 Anm. 1 m. w. Nachw.

Handelsgeschäfts[8], als Bezeichnung des Inhabers wie des Geschäfts[9] angesehen. Der Versuch, *das* Wesen der Firma zu ergründen, ist deshalb nach Ansicht von *Kraft* zum Scheitern verurteilt[10]. Folgendes läßt sich jedoch feststellen:

So sehr gerade die Firma, insbesondere die Möglichkeit der Firmenfortführung, eine Verselbständigung der Unternehmenssphäre gegenüber der Privatsphäre des Unternehmensträgers bewirkt hat[11], eine Anerkennung des Unternehmens als Rechtssubjekt hat niemals stattgefunden. Zwar äußerte *Hassenpflug* bereits im Jahre 1827: „Eine unter einer Firma betriebene Handlung ist als das Rechtssubjekt hinsichtlich aller aus Handlungsgeschäften entstehenden Rechte und Pflichten anzusehen"[12], und *E. I. Bekker* noch vor Geltung des ADHGB, die Firma sei der Name des Handelsvermögens[13], und später *Endemann*, die Firma sei der Name des kaufmännischen Geschäfts[14]. Die Personifikation des Unternehmens hat sich jedoch nicht durchgesetzt[15]. Vorschriften, welche sich unmittelbar auf das Handelsgeschäft oder Handelsvermögen bezogen, kennt das Gesetz nicht. Die Firma ist wie bisher der Name des Kaufmanns geblieben, dem jedes die „Handlung" individualisierende Moment abgesprochen wurde[16]. Die Vorschrift des § 17 HGB ist also insofern eindeutig[17], als es sich bei dem durch die Firma individualisierten Rechtssubjekt nur um den Unternehmens*träger* handeln kann. Die Firma dient lediglich der Individualisierung des Geschäftsinhabers, nicht des Geschäftsbetriebes[18]. Dadurch unterscheidet sie sich gerade von den mit dem Geschäft verbundenen „Geschäftsbezeichnungen", den „Etablissementsnamen", die das gewerbliche Unternehmen selbst, ohne Rücksicht auf den jeweiligen Inhaber kennzeichnen[19]. Die Firma kennzeichnet demgegenüber kein anderes Rechtssubjekt, als es auch der bürgerliche Name tut. Es wird nur dasselbe Rechtssubjekt gerade in Ausübung einer bestimmten, nämlich seiner gewerblichen Tätigkeit gekennzeichnet[20].

[8] *Adler*, ZHR 85, 98.

[9] *Kraft*, S. 4 Anm. 3 m. w. Nachw.

[10] S. 4.

[11] *Raiser*, S. 16, 17; *Endemann*, Handelsrecht 4. Aufl., S. 62 f.; *Kröner*, ZAkDR 1936, 1040.

[12] Titel der Abhandlung *Hassenpflugs* in Elvers Themis Bd. 1 (1827), S. 59, zit. von *Raiser, Th.*, S. 71, *K. Schmidt*, S. 93.

[13] ZHR 4 (1861), 555 f. (zit. von *Raiser, Th.*, S. 75).

[14] Handelsrecht, 4. Aufl., S. 62 f. (zit. von *Raiser, Th.*, S. 119).

[15] *Raiser, Th.*, S. 72 f.; *K. Schmidt*, S. 93—98.

[16] *Raiser, Th.*, S. 73.

[17] *Nipperdey*, S. 199.

[18] *Nipperdey*, S. 199 Anm. 22 m. w. Nachw.

[19] *Nipperdey*, S. 200.

[20] *Nipperdey*, S. 203.

Obwohl also die Firma nicht das Unternehmen individualisiert, muß man allerdings einräumen, daß die Firma — wie etwa auch Marken, Warenzeichen, Geschäftsbezeichnungen — in einem weiteren Sinne zugleich ein Unternehmenskennzeichen ist[21]. Der Unternehmensträger ist für das Unternehmen weithin bestimmend. Seine Individualisierung verbessert gleichzeitig die Möglichkeit, das Unternehmen zu erkennen[22]. Die vermittelnde Auffassung *Wielands*[23] dürfte deshalb volle Zustimmung verdienen. Mittelbar weist eben jedes Unternehmenskennzeichen auf die Person des Kaufmanns, sein Unternehmen und die in dessen Betrieb hervorgebrachten Leistungen hin[24].

Für die Frage nach dem erforderlichen Firmeninhalt bei Gesellschaften bedarf es freilich keiner abschließenden Klärung des Bezeichnungsgegenstandes der Firma. Stets ist die Firma der Handelsgesellschaften (auch) Personenbezeichnung[25]. Im übrigen leitet *Kraft* aus der Qualifizierung der Firma als Unternehmensbezeichnung keine besonderen Anforderungen an den Firmeninhalt ab. Zwar sei es für die Unternehmensbezeichnung nicht unbedingt nötig, daß sie die Person des Geschäftsinhabers erkennen lasse[26]. Aber es sei doch wünschenswert zu wissen, wer das Handelsgeschäft betreibt[27]. Damit widerspricht *Kraft* nicht der Auffassung, daß in der Firma der Unternehmensträger gekennzeichnet wird.

Die Aufgabe der Firma ist es danach, eine (natürliche oder juristische) Person zu kennzeichnen. Wie der Name muß die Firma erkennen lassen, daß sie auf eine Person hinweist, nicht auf einen Gegenstand. Erst die Kennzeichnung verschafft der Person Individualität, indem sie ihre Unterscheidung von anderen ermöglicht. Die auf der Individualisierung beruhende Ordnungsfunktion ist für die Firma der Handelsgesellschaften seit jeher anerkannt[28], nicht nur bei den Kapital-

---

[21] BGH, NJW 1973, 622: Die Firma als Handelsname des Kaufmanns *und* als Bezeichnung des Unternehmens . . .

[22] *Troller*, Immaterialgüterrecht I,S. 68: Der gewerbliche Name, die Firma, ist ein Kennzeichnungsrecht, dessen Funktion darin besteht, auf eine bestimmte Person oder ein bestimmtes Unternehmen hinzuweisen und im Publikum die Assoziation mit dieser Person oder diesem Unternehmen zu wecken.

[23] S. 175: Die Firma bezeichnet den Kaufmann im Verhältnis zu seinem Gewerbebetrieb. Sie ist zugleich Personen- und Geschäftsbezeichnung, doch liegt der Nachdruck auf ersterem. Die Firma deutet vor allem auf den Träger des Unternehmens hin.

[24] *Pisko*, EhrenbergsHdb. Bd. II Teil 1, S. 273.

[25] *Kraft*, S. 14, 17.

[26] *Kraft*, S. 7.

[27] *Kraft*, S. 18.

[28] A. A.: *Ehrenberg*, ZHR 28, 25, 51.

gesellschaften, sondern auch bei den nicht in gleichem Maße rechtsfähigen Personalgesellschaften[29].

Formal betrachtet könnte die Firma der Personalgesellschaften allerdings nicht als Kennzeichnung einer verselbständigten Personengesamtheit angesehen werden, sondern als Handelsname erscheinen, unter dem die in der Gesellschaft verbundenen, sonst unter ihrem bürgerlichen Namen bezeichneten Gesellschafter auftreten[30]. Auch die Personalgesellschaft ist aber als „Kollektiv" gegenüber ihren Gesellschaftern rechtlich so weit verselbständigt (§§ 124 Abs. 1, 161 Abs. 2 HGB), daß die Gesellschaftsfirma unter dem Gesichtspunkt der Kennzeichnung auch hier als besonderer Kollektivname anzusehen ist[31].

Der Vorteil der mittels der Firma hergestellten Ordnung liegt in einer zweifachen Identitätsgewähr[32]. Zum einen wird sichergestellt, welcher Person rechtsgeschäftliches Verhalten zuzuordnen ist[33]. Zum anderen ist die Firma Sammelstelle wiederkehrender Erfahrung im Geschäftsverkehr („Ruf")[34].

Mit der Namensfunktion ist die Ordnungsfunktion der Firma aber noch nicht erschöpfend umschrieben. Anders als dem bürgerlichen Namen, zum Teil aber ähnlich den Bezeichnungen der den §§ 33 ff. HGB unterliegenden juristischen Personen[35], obliegt es der Firma, verschiedene Arten von Personen oder Personengesamtheiten zu unterscheiden[36]. Durch die gesetzliche Regelung (§§ 4, 279 AktG, 4 GmbHG,

---

[29] *Knopp*, ZHR 125, 171; *Kraft*, S. 15; *R. Reinhardt*, Handel und Gewerbe, S. 61 bezeichnet die Firma als eines der bedeutsamsten Ordnungselemente des kaufmännischen Verkehrs.

[30] Ausschließlich darin sieht *Ehrenberg*, ZHR 28, 25, 52 die juristische Bedeutung der Firma. Der Gebrauch der Firma sei ein abgekürztes Verfahren für die Abgabe einer bei der Vornahme von Rechtsgeschäften häufig notwendigen Erklärung, nämlich daß eine gewisse Handlung in den Komplex eines bestimmten Handelsgeschäfts fallen solle. Nach *Westermann, Harry*, Handbuch I Rn 17 ist die Firma (der OHG) rechtstheoretisch „Name" der Gesellschafter.

[31] Wie Anm. 29; s. auch unten 2. a).

[32] *v. Randenborgh*, DNotZ 1961, 511: Identitätsgewähr ist der Hauptzweck der Firma.

[33] Die Firma soll es — jedenfalls für einen gegebenen Zeitpunkt — ermöglichen, alle unter ihr erfolgenden Äußerungen einem bestimmten Kaufmann zuzurechnen, der „mit seinem Geschäft hinter ihr steht" (RGZ 158, 230). Die Aufdeckung seiner Identität als natürliche Person ist dafür nicht erforderlich: auf die Individualisierung der „kaufmännischen Persönlichkeit" kommt es an (*Knopp*, ZHR 125, 175).

[34] Darin liegt die Bedeutung der Firma im Wettbewerb. Ihr Gebrauch ist, als Weise der Präsentation des Unternehmens gegenüber dem Publikum eine Wettbewerbshandlung, *Baumbach/Duden*, § 17 Anm. 2 D. Die Firma ist Individualitäts- und Leistungszeichen.

[35] „e.. V." (§ 65 BGB); „Bank", „Sparkasse" (§§ 39, 40 KWG).

[36] Nach *Kraft*, S. 11 ein Argument für die Qualifizierung der Firma als Personenname.

3 GenG) wird erreicht, daß die Gesellschaftsart stets erkennbar ist; das gilt auch für die Personalgesellschaften. Nur im Verhältnis von OHG und KG kann die Differenzierung unterbleiben, weil es sich bei der KG nach der Vorstellung des Gesetzgebers lediglich um eine modifizierte OHG handelt[37]. Danach muß die Firma nicht nur erkennen lassen, daß ihr Träger eine Person ist, sondern auch, daß es sich um eine Handelsgesellschaft handelt[38] und welche Gesellschaftsart vorliegt. Der gesetzlich vorgeschriebene Firmeninhalt ist danach umfangreicher als es für die bloße Möglichkeit der Zuordnung geschäftlichen Verhaltens zu einer bestimmten Person unbedingt erforderlich wäre.

Die Ordnungsfunktion der Firma wird auf folgende Weise sichergestellt: Bei der Personenfirma muß Firmenkern stets ein Personenname, zumindest aber eine Bezeichnung mit Namensqualität sein[39]. Die Möglichkeit der Sachfirma beweist, daß es als Personenbezeichnung ausreicht, eine Sachbezeichnung mit einem bestimmten Gesellschaftszusatz („AG“, „GmbH“, „eG“) zu verbinden. Phantasiebezeichnungen sind jedoch auch hier ausgeschlossen[40].

Für Personalgesellschaften sind Sachfirmen nicht vorgesehen, können aber bei der Beteiligung von Gesellschaften entstehen[41]. Hier ist nun die Frage zu stellen, ob eine auf diese Weise erworbene Sachfirma einer Personalgesellschaft der Aufgabe genügt, eine Person zu kennzeichnen, und zwar auch dann, wenn der Gesellschaftszusatz der beteiligten Gesellschaft weggelassen wird (wie etwa in „Sägewerke KG“ oder „Sägewerke und Co.“). Als abgeleitete Sachfirma einer Personalgesellschaft ist z. B. „Import-Schuh KG“ anerkannt worden[42]. In der Tat macht es hinsichtlich der Fähigkeit, eine Person zu bezeichnen, keinen Unterschied, ob es „Sägewerke GmbH“ oder „Sägewerke KG“ lautet.

---

[37] Vgl. § 3 Anm. 10.

[38] § 19 sichert das für die ursprüngliche Firma von OHG und KG (*Westermann, Harry*, Handbuch I Rn 125). Der eine Gesellschaftsfirma fortführende Einzelkaufmann muß nunmehr klarstellen, daß keine Gesellschaft mehr vorliegt (OLG Hamm, NJW 1973, 2000 gegen KG, HRR 1935 Nr. 1472). Gründet ein Einzelkaufmann zur Fortführung seines Handelsgeschäfts mit einem anderen eine OHG oder KG, so kann allerdings die bisherige Firma ohne Gesellschaftszusatz fortgeführt werden (BGH, NJW 1974, 1191).

[39] OLG Karlsruhe, GmbHRdSchau 1967, 123. Das BayObLG hatte zunächst (NJW 1972, 2185, „Celdis“) gefordert, daß der Familienname des Gesellschafters als solcher erkennbar sein müsse, was bei ausländischen Namen bisweilen schwierig sein kann. Auf den zahlreichen Widerspruch im Schrifttum hat das BayObLG nunmehr (NJW 1973, 1886) diese Forderung aufgegeben. Begnügt man sich nicht mit dem formalen Hinweis auf den Wortlaut des § 4 GmbHG, dürfte es aber schwer fallen, die Unzulässigkeit von Phantasiebezeichnungen zu begründen.

[40] Vgl. § 2 Anm. 3.

[41] Vgl. § 3 Anm. 82.

[42] OLG Frankfurt, DB 1970, 583; DNotZ 1970, 434.

Gleiches muß man aber für die Firma „Sägewerke und Co.“ gelten lassen. Auch an den unbestimmten Gesellschaftszusatz knüpft sich die Vorstellung einer Person[43]. Die Namensfunktion der Firma erfordert deshalb nicht die Aufnahme des Gesellschaftszusatzes der beteiligten Gesellschaft. Andernfalls müßte man danach unterscheiden, ob die beteiligte Gesellschaft eine Personenfirma oder eine Sachfirma hat.

Die Kennzeichnung des Unternehmensträgers als Gesellschaft und die Angabe der Gesellschaftsart wird durch die Aufnahme des bestimmten oder unbestimmten Gesellschaftszusatzes erreicht. Eine andere als diese „begriffliche“ Differenzierung ist nicht erforderlich.

Die Ordnungsfunktion der Firma, die über die bloße Namensfunktion hinausgeht, verlangt keine besondere Offenlegung einzelner Gesellschaftsmerkmale.

2. *Gründe für die Angabe von Gesellschaftern*

Es bleibt der Frage nachzugehen, welche Gründe für die Angabe von Gesellschafternamen in der Firma bestehen.

a) Abkürzung der Namen aller Gesellschafter?

Rechtsgeschäftliche Wirkungen treten grundsätzlich nur bei dem ein, in dessen Namen Willenserklärungen abgegeben oder empfangen worden sind (§ 164 BGB). Die Zuordnung von Rechten und Pflichten aus rechtsgeschäftlichem Verhalten knüpft somit an die Namensnennung an. Bei nicht rechtsfähigen Personenmehrheiten ist es deshalb grundsätzlich erforderlich, die Namen aller Mitglieder zu nennen[44]. Bei einer größeren Anzahl von Mitgliedern kann das zu Umständlichkeiten führen, die mit den Anforderungen des Handelsverkehrs an Leichtigkeit und Schnelligkeit des Geschäftsabschlusses nicht vereinbar sind. Das Bedürfnis nach Abkürzung dürfte deshalb Entstehungsursache der Firma gewesen sein[45].

---

[43] Eine Sachbezeichnung ohne Gesellschaftszusatz entspricht der Namensfunktion nicht. Das ist der tiefere Grund für die Unzulässigkeit einer Sachbezeichnung als ursprünglicher oder abgeleiteter Firma (vgl. § 2 Anm. 8). Konsequent verlangt *Kraft* bei Firmen, die (auch) Personenbezeichnung sind, stets einen Gesellschaftszusatz (S. 78). Bei Firmen, die nur Unternehmensbezeichnung sind, hält *Kraft* Sachbezeichnungen ohne Gesellschaftszusatz für zulässig (S. 64).

[44] Beim nichtrechtsfähigen Verein (dazu Lehmann/Hübner, § 61 VII, 7 a) und bei der BGB-Gesellschaft (dazu *Westermann, Harry*, Handbuch I S. 25) ist aber das Auftreten unter einer einheitlichen Bezeichnung möglich, mit der Folge, daß die Mitglieder berechtigt und verpflichtet werden.

[45] *Wieland*, S. 178; *J. v. Gierke*, ZHR 100, 311 Anm. 8 m. w. Nachw.

Die Rückbesinnung auf die Abkürzung der Gesellschafternamen durch die Firma legt es nahe, den Gebrauch der Firma als das Auftreten der Gesellschafter zu erklären, die sich im Handelsverkehr anstelle ihres bürgerlichen Namens ihrer Firma bedienen[46]. Diese Ansicht scheint zumindest für die Personalgesellschaften[47] durch die dargestellten Beispiele der Firmenbildung bestätigt zu werden („A und B“, „A und Co.“)[48], aber auch dadurch, daß nur unbeschränkt haftende Gesellschafter, die nach dem gesetzlichen Leitbild allein Vertretungsmacht haben (§§ 125, 170 HGB), in der Firma genannt werden dürfen. Die Deutung der Firma als Abkürzung der nach dem Grundsatz des § 164 BGB erforderlichen Namensnennung aller Gesellschafter erscheint vollends dann einleuchtend, wenn man die Haftung der Gesellschafter nach § 128 HGB durch den Gesellschaftsvertrag, also rechtsgeschäftlich, begründet ansieht[49]. Der Gesellschaftszusatz hätte dann die Funktion klarzustellen, ob alle Gesellschafter gebunden werden, einige oder einer oder aber keiner[50].

Wird der Firmeninhalt aber dadurch bestimmt, daß die Firma den Namen eines unbeschränkt haftenden Gesellschafters enthält unter Abkürzung der übrigen Gesellschafternamen[51], so scheint es unumgänglich, im Falle einer beteiligten Gesellschaft deren vollständige Firma einschließlich ihres Gesellschaftszusatzes aufzunehmen, wenn allein die beteiligte Gesellschaft unbeschränkt haftet.

Für die Vorstellung, bei der Firma handele es sich um die Abkürzung der Namen sämtlicher Gesellschafter, ist heute jedoch kein Raum mehr. Eindeutig ist das bei der Sachfirma der AG. Aber auch die GmbH ist juristische Person. Sie selbst „handelt“ durch ihre Organe, nicht ihre Gesellschafter[52]. Daß der Gesellschaftszusatz der GmbH auf die beschränkte Haftung aller Gesellschafter hinweist, erklärt sich schlicht daraus, daß die „künstlich“ geschaffene GmbH keine anderen scharf ausgebildeten Charakteristika aufweist.

Gleiches gilt aber auch für die Personalgesellschaften, seitdem in § 124 HGB ausdrücklich bestimmt ist, daß die Gesellschaft unter *ihrer*

---

[46] So offenbar *Gohl*, S. 32, 33.

[47] für die OHG: *Westermann, Harry*, Handbuch I Rn 34 und 126; nach *Düringer/Hachenburg/Flechtheim*, § 128 Anm. 1 nimmt hier nicht die Gesellschaft, sondern nur die Summe der Gesellschafter unter der Firma am Rechtsverkehr teil.

[48] Vgl. oben § 4 I A 1 b.

[49] s. dazu sogleich Anm. 93, 94.

[50] Die Ausgestaltung der Firma war „mit der Ausbildung der Haftbarkeit für die Gesellschaft innig verwachsen“ (*Endemann*, Studien, S. 399).

[51] *Pisko*, Ehrenbergs Hdb. Bd. II Teil 1, S. 277.

[52] Unzutreffend *Gohl*, S. 33.

Firma Rechte erwerben und Verbindlichkeiten eingehen kann. Die Firma ist der Name der Gesellschaft. Die vorgeschriebene Aufnahme von Gesellschafternamen läßt sich nicht mehr aus § 164 BGB erklären. Das folgt bereits daraus, daß im Unterschied zu Art. 168 ADHGB der Kommanditist nach dem HGB nicht bereits deshalb für die Gesellschaftsschulden haftet, weil sein Name in der Firma enthalten ist[53]. Allein die Gesellschaft ist die Beteiligte der rechtlich relevanten, auf die Gesellschaft bezogenen Vorgänge, insbesondere Beteiligte des rechtsgeschäftlichen Verkehrs[54]. § 128 HGB beruht nicht auf einer rechtsgeschäftlichen Haftungserstreckung, sondern begründet ein zusätzliches Schuldverhältnis kraft Gesetzes[55]. Andernfalls würden durch Rechtsgeschäfte der Gesellschaft auch Ansprüche der Gesellschafter begründet und umgekehrt die Haftung der Gesellschafter für gesetzlich begründete Gesellschaftsverbindlichkeiten nicht erklärt[56]. § 128 HGB gleicht vielmehr die durch die Individualisierung der Gesellschaft (§ 124 Abs. 1 HGB) bewirkte Beseitigung der ursprünglich vorhandenen persönlichen Haftung ihrer Gesellschafter aus[57]. Danach bezeichnet die Firma im rechtsgeschäftlichen Verkehr die Gesellschaft. Allein ihr werden Rechte und Verbindlichkeiten zugeordnet[58]. Wer für die Gesellschaftsverbindlichkeiten haftet, ist eine Anschlußfrage[59]. Das Prinzip der Namensnennung erfordert eine Klarstellung insoweit nicht. Unter dem Gesichtspunkt des § 164 BGB ist demnach die Aufnahme des Gesellschaftszusatzes einer beteiligten Gesellschaft in die Firma der aufnehmenden Gesellschaft entbehrlich.

b) Unterrichtung über den verantwortlichen Unternehmensleiter?

Gemäß § 19 Abs. 4 HGB dürfen die Namen anderer Personen als der persönlich haftenden Gesellschafter nicht in die Firma einer OHG oder KG aufgenommen werden. In verdeutlichenden oder unterscheidenden Zusätzen können allerdings sehr wohl die Namen anderer Personen enthalten sein[60]. Gleichwohl läßt § 19 Abs. 4 HGB einen Zusammenhang zwischen Firmeninhalt und Unternehmensleitung ver-

---

[53] Art. 168 ADHGB ist nicht in das HGB aufgenommen worden (vgl. *Westermann, Harry,* Handbuch I, S. 793).

[54] *Flume,* in: Festschr. f. Knur, S. 128; *Hadding,* ZGR 1973, 146: Nur die OHG kann als Vertragspartner handeln.

[55] *Hadding,* ZGR 1973, 145.

[56] *Hadding,* ZGR 1973, 145.

[57] *Fabricius,* S. 76, 77.

[58] *Reinhardt,* S. 66.

[59] *Westermann,* Vertragsfreiheit, S. 263.

[60] Soweit dadurch nicht über die Zugehörigkeit der betreffenden Personen zur Gesellschaft getäuscht wird, *Westermann, Harry,* Handbuch I Rn 132; *Schlegelberger/Hildebrandt,* § 19 Anm. 3.

muten, weil die unbeschränkte Gesellschafterhaftung eng mit der organschaftlichen Geschäftsführung und Vertretung verknüpft ist (§§ 114, 125; 164, 170 HGB)[61]. In § 3 Abs. 2 S. 1, 2. Hs. HGB heißt es, daß der „Unternehmer" „seine Firma" eintragen lassen kann. Nach § 17 HGB ist die Firma der Name des (Einzel-)Kaufmanns, der stets Haftung und Leitungsmacht in seiner Person vereinigt. Kaufmannseigenschaft wird aber auch den unbeschränkt haftenden Gesellschaftern der Personalgesellschaften zuerkannt[62].

Aus den gesetzlichen Bestimmungen läßt sich jedoch nicht die Notwendigkeit ableiten, stets und nur den verantwortlichen Unternehmensleiter in der Firma zu kennzeichnen[63]. Zum einen bedeutet „Unternehmer" in § 3 HGB nichts anderes als „Kaufmann", ebenso wie mit „Unternehmen" in § 2 HGB schlicht „Gewerbe" gemeint ist[64]. Zum anderen ist die Kaufmannseigenschaft der persönlich haftenden Gesellschafter wohl nur i. S. des § 109 GVG zu bejahen, nicht bereits aufgrund ihrer Haftung für Gesellschaftsverbindlichkeiten[65]. Unabhängig davon ist jedoch entscheidend, daß „Kaufmann" i. S. des § 17 HGB, d. h. Inhaber der Firma, die Gesellschaft ist[66]. In der einfachen KG sind zwar noch heute die persönlich haftenden Gesellschafter die „Geschäftsinhaber"[67]. Aber Haftung und Geschäftsführungsbefugnis können auseinanderfallen (§§ 114 Abs. 2, 163 HGB), ohne daß für diesen Fall firmenrechtliche Vorkehrungen getroffen wären. Aus der negativen Fassung des § 19 Abs. 4 HGB folgt vielmehr, daß es freigestellt ist, welcher persönlich haftende Gesellschafter in der Firma erscheint. Das

---

[61] Nach *Endemann*, Studien, S. 400 stand die Nennung des Personennamens in der Firma in unmittelbarer Wechselwirkung mit der Handlungsbefugnis und der Haftbarkeit. In der Firma sollten nur die arbeitenden Gesellschafter genannt sein.

[62] *Baumbach/Duden*, § 161 Anm. 2 C; BGHZ 45, 284 (beiläufig); *Schneider/Schneider*, ZGR 1972, 58: „nur die persönlich haftenden Gesellschafter betreiben ein Handelsgewerbe". Weitergehend: *Fischer*, Großkomm. HGB § 105 Anm. 19 a.

[63] So aber die Reformbestrebungen von *Piechotta*, DR 1934, 258 ff. Das Streben nach Kenntlichmachung der Unternehmensleitung in der Öffentlichkeit findet seinen Niederschlag in den Bestimmungen über den Inhalt des Geschäftsbriefes (*Eichler*, S. 56).

[64] *Raiser, Th.*, S. 15.

[65] *Baumbach/Duden*, § 105 Anm. 1 J; Kaufmann ist „in erster Linie" die Gesellschaft, während sich eine Kaufmannseigenschaft der Gesellschafter lediglich von derjenigen der Gesellschaft ableiten läßt (*K. Schmidt*, JZ 1973, 300 m. w. Nachw.); s. auch *R. Reinhardt*, S. 58 m. w. Nachw., S. 119 Rn 262. *Ballerstedt*, JuS 1963, 259 hält Komplementäre und Kommanditisten für Kaufleute, was wegen § 19 Abs. 4 HGB für eine firmenrechtliche Anknüpfung ebenfalls untauglich ist.

[66] Während man früher dachte, die Firma werde nur von den „arbeitenden" Gesellschaftern geführt (*Endemann*, Studien S. 400).

[67] *Boesebeck*, S. 12.

Gesetz beschränkt nur die bestehende Wahlfreiheit der Gesellschafter, die an der Nennung desjenigen Gesellschafters interessiert sind, dessen Name besonders eindrucksvoll ist oder der bereits den größten Kredit genießt. Schließlich zeigt die Unbedenklichkeit der Firmenfortführung, wie wenig die Nennung des verantwortlichen Unternehmensleiters als erforderlich erachtet wird[68]. Die vorgeschriebene Aufnahme von Gesellschafternamen dient nicht dem Zweck, Aufklärung über die Person des oder der Unternehmensleiter(s) zu verschaffen. Für die Personenfirma der GmbH gilt dies umso mehr, als wegen der Möglichkeit der Fremdorganschaft zwischen Unternehmensleitung und Gesellschaftereigenschaft keine notwendige Beziehung besteht.

3. *Gründe für die Angabe der Gesellschaftsart*

Schließlich sind die Gründe für die Angabe der Gesellschaftsart in der Firma darzulegen. Es wurde schon festgestellt[69], daß die Aufnahme des Gesellschaftszusatzes in die Firma insoweit keine notwendige Folge ihrer Namensfunktion ist, als dadurch eine — über die bloße Individualisierung hinausgehende — Information über die Art des Unternehmensträgers erfolgt. Die Aufnahme des Gesellschaftszusatzes bedarf deshalb einer weitergehenden Erklärung.

a) Abgrenzung gegenüber anderen Gesellschaftsarten

Zunächst ist daran zu erinnern, daß in den Anfängen der AG ein bestimmter Gesellschaftszusatz nicht üblich war. Erstmals bei der Genossenschaft wurde ein bestimmter Gesellschaftszusatz vorgeschrieben, und zwar um den Eindruck zu vermeiden, es handle sich um eine — konzessionierte — AG[70]. Um eine Verwechslung mit der AG auszuschließen, wurde auch bei der GmbH ein bestimmter Gesellschaftszusatz angeordnet, was dort gleichzeitig die Personenfirma ermöglichte. Die Kennzeichnung der Rechtsform fand also mehr zur Abgrenzung von anderen Rechtsformen von Gesellschaften als zur Aufklärung über die Gesellschaftsverhältnisse statt. Das wird auch dadurch bewiesen, daß dem Gesetzgeber die Unterscheidung von OHG

---

[68] *Würdinger* hat angeregt, daß die Firma bei Ausscheiden des namengebenden Inhabers nur mit einem Nachfolgezusatz fortgesetzt werden dürfe; dagegen *Boesebeck*, S. 64.

[69] Vgl. § 8 II 1.

[70] Vgl. oben § 3 Anm. 40. Der „rechtspolizeiliche Gesichtspunkt, daß im Interesse der öffentlichen Ordnung die einzelnen kaufmännischen Betriebe deutlich und unterscheidbar gekennzeichnet sind", (*Pisko*, Ehrenbergs Hdb. Bd. II Teil 1, S. 273) dürfte auch der Grund für die unterschiedliche Kennzeichnung der Gesellschaftsarten gewesen sein, weil dadurch die Notwendigkeit und der Umfang behördlicher Prüfung erkennbar wurde (*Haas*, S. 29).

und KG gleichgültig war. Ein erster, wenn auch schwacher Anhaltspunkt dafür, daß die Firma zur Offenlegung gesellschaftlicher Verhältnisse bestimmt sein kann, findet sich jedoch bei der Genossenschaftsfirma, für die durch Gesetz vom 1. 5. 1889 die zusätzliche Angabe der Haftungsart vorgeschrieben wurde[71].

b) Offenlegung der geschäftlichen Verhältnisse der kaufmännischen Organisation

Die Grundlage für eine Offenlegung der gesellschaftlichen Verhältnisse durch den Gesellschaftszusatz erkennt man erst dann, wenn man die Firma zusammen mit anderen Einrichtungen des 1. Buches des HGB in ihrer Besonderheit gegenüber dem allgemeinen nicht kaufmännischen Verkehr betrachtet. Dazu ist es nicht erforderlich, auf alle Ursachen einzugehen, die zur Bildung des Handelsrechts als Sonderprivatrecht der Kaufleute geführt haben[72]. Für die Zwecke der firmenrechtlichen Untersuchung ist die Fragestellung ausreichend, weshalb eine allgemeine handelsrechtliche Einrichtung wie die Firma den sog. freien Berufen vorenthalten ist.

Die Beantwortung dieser Frage knüpft an die Besonderheit des kaufmännischen Unternehmens an. Als eine organisatorische Einheit von persönlichen und sachlichen Mitteln wird das kaufmännische Unternehmen besonders dadurch charakterisiert, daß für seine Leistungsfähigkeit die Person des Inhabers oft nur eine untergeordnete Rolle gegenüber dem Personal, den technischen Hilfsmitteln und der Organisation spielt[73]. Während für die freien Berufe kennzeichnend ist, daß die Leistung persönlich erbracht wird, auch wenn im übrigen alle Merkmale eines kaufmännischen Unternehmens vorliegen, erstellen Kaufleute ihre Leistungen „mittels" der organisierten Wirtschaftseinheit[74]. Im Verkehr mit Kaufleuten ist deshalb in der Regel nicht so sehr die Person des Geschäftsinhabers von Interesse, sondern das Geschäft, die organisierte Einheit[75].

Aus der Anonymität der Leistungserstellung ergibt sich demnach das Bedürfnis nach Offenlegung der geschäftlichen Verhältnisse[76], nach all-

---

[71] Vgl. oben § 3 II 1.

[72] Dazu *Raisch*, S. 47 ff.

[73] *Adler*, ZHR 85, 96.

[74] *Raisch*, S. 212.

[75] *Adler*, ZHR 85, 96; *Endemann*, 2. Aufl., S. 76.

[76] Ein gewisses Mindestmaß von Aufschlüssen erfolgt zuerst bei der AG (société anonyme), während bei den Personalgesellschaften das Fehlen der Publizität durch das Hinzutreten der persönlichen Haftung aufgewogen zu werden scheint (*Boesebeck*, S. 69). Der Vergleich mit den freien Berufen zeigt aber, daß auch die Personalgesellschaften und der Einzelkaufmann in

gemeiner handelsrechtlicher Publizität[77]. Denn anders als bei den freien Berufen ist eine Einschätzung des beim Geschäftsabschluß gewährten Vertrauens allein aufgrund der Kenntnis des Geschäftsinhabers nicht möglich. Die Vorstellungen von den Eigenschaften des Geschäfts sind es, die die Entschließung der Lieferanten oder Abnehmer beeinflussen[78]. Die der Offenlegung geschäftlicher Verhältnisse dienenden Einrichtungen des 1. Buches des HGB sind dagegen für den Verkehr mit freien Berufen nicht von Interesse, weil man das geschäftliche Vertrauen dem einen freien Beruf Ausübenden persönlich entgegenbringt, nicht seinen Hilfskräften oder seiner äußeren Organisation[79].

Das Gesetz hat nur durch eine gewisse Offenlegung der geschäftlichen Verhältnisse Fürsorge für den Geschäftspartner getroffen[80]. Es gibt für ihn keine Sicherheit, daß die Gesellschafter zahlungskräftig sind oder das Stammkapital nicht durch Verluste aufgebraucht ist. Er muß selbst überlegen, welches finanzielles Risiko er auf sich nehmen will, man hält ihn für fähig, das zu tun. Ihm soll allein die Möglichkeit verschafft werden, dieses Risiko richtig einzuschätzen[81].

In der Gewährung allgemeiner handelsrechtlicher Publizität findet auch die durch den Gesellschaftszusatz vermittelte Firmenpublizität ihre Grundlage. Der Gesellschaftszusatz legt einen Ausschnitt der geschäftlichen Verhältnisse des Unternehmens, nämlich die Rechtsverhältnisse des Unternehmensträgers offen[82].

Gegen die Bewertung der durch den Gesellschaftszusatz gewährten Offenlegung als Ausschnitt allgemeiner handelsrechtlicher Publizität läßt sich nicht einwenden, daß es stets Aufgabe des Namens von juristischen Personen sei, Vorstellungen über die Eigenschaften der juristi-

---

der Art der Leistungserstellung anonym sind. Bei den Personalgesellschaften wird eine Anonymität schon durch die Beteiligung mehrerer an der Willensbildung hervorgerufen.

[77] Damit ist die dem Rechtsverkehr der Geschäftspartner dienende allgemeine handelsrechtliche Register-Publizität gemeint. Die allgemeine Unternehmenspublizität berücksichtigt weitergehende Interessen (*Rittner*, Gutachten z. 45. DJT Bd. 1, Teil 4, S. 14).

[78] *Kraft*, S. 6.

[79] *Raisch*, S. 212.

[80] *Teichmann*, S. 103. Nach *Raiser, Th.*, S. 121 soll auch die Buchführungspflicht die als Kreditgeber in Betracht kommenden Dritten schützen.

[81] *Teichmann*, S. 103.

[82] Insoweit hat die Firma „Transparenzfunktion" (*Hofstetter*, S. 16, der jedoch nicht deutlich die durch die Individualisierung bewirkte Identitätsgewährleistung von der Offenlegung geschäftlicher Verhältnisse trennt), oder „Publizitätsfunktion" (Gohl, S. 71 ff.). Der Zusatz „Handelsgesellschaft auf Einlagen" wird bei der HGaE als Element der erforderlichen Publizität angesehen (DB 1973, 590).

schen Person zu vermitteln[83]. Zwar ist nur bei den Handelsgesellschaften, die juristische Personen sind, ein bestimmter Gesellschaftszusatz zwingend vorgeschrieben. Auch enthalten häufig die Namen juristischer Personen, die nicht kraft Gesetzes Kaufleute sind oder ein Handelsgewerbe betreiben, einen auf ihre Rechtsnatur hinweisenden Zusatz. Zwingend ist dies jedoch nur für den eingetragenen Verein („e. V.", § 65 BGB) und den kleineren Versicherungsverein auf Gegenseitigkeit (§ 18 VAG)[84] vorgeschrieben. Die übrigen juristischen Personen i. S. der §§ 33 ff. HGB sind darin frei[85]. Müssen diese eine Firma annehmen, weil sie ein Handelsgewerbe betreiben, so wird es mangels abweichender gesetzlicher Regelung für ausreichend erachtet, daß sie ihren Namen in die Firma aufnehmen, auch wenn der Name keinen Rechtsformzusatz enthält[86]. Bereits J. v. Gierke[87] hat aber eine ausdrückliche Bestimmung dahingehend gefordert, daß zumindest die Firma aller juristischer Personen ihre Art erkennen lassen müsse.

III. Der Umfang der Firmenpublizität

Die in dem Gesellschaftszusatz enthaltene Information ist danach nicht lediglich als Abgrenzung gegenüber anderen Gesellschaftsarten zu begreifen, sondern als positiver Beitrag zur Offenlegung der geschäftlichen Verhältnisse des Firmeninhabers. Für die Frage, ob die Firma — über eine begriffliche Kennzeichnung der Rechtsform hinaus — zur Kennzeichnung einzelner Gesellschaftsmerkmale in Betracht kommt, ist nunmehr entscheidend, in welchem Umfang die Firma als Informationsquelle bestimmt und geeignet ist.

1. Grenzen der handelsrechtlichen Publizität

Die Grenze der Firmenpublizität[1] liegt bei der Grenze der handelsrechtlichen Publizität überhaupt. Dem Geschäftspartner sollen nicht alle Interna des Einzelkaufmanns oder einer Gesellschaft offengelegt

---

[83] So aber wohl *Kraft*, S. 13.

[84] Größere Versicherungsvereine auf Gegenseitigkeit sind Kaufleute und haben nur eine Firma. Es ist nicht „V. a. G." erforderlich, „Gegenseitigkeit" genügt (*J. v. Gierke*, ZHR 100, 336; *Prölss/Schmidt*, § 18 Anm. 2).

[85] „Stiftung" ist aber wünschenswert (*Berndt*, S. 36; *Steuck*, S. 61); „Bank", „Sparkasse" (§§ 39, 40 KreditwG).

[86] *Kraft*, S. 17 Anm. 41 m. w. Nachw.; a. A. *Würdinger*, HGB-RGRK § 33 Anm. 8.

[87] ZHR 100, 337/338, 364 Nr. 7.

[1] Nicht zu verwechseln mit dem Grundsatz der Firmenoffenkundigkeit, wonach die Firma öffentlich bekannt gemacht werden muß, durch Registereintragung, auf dem Ladenschild, auf dem Geschäftsbrief.

werden[2], sondern nur soweit, wie ein berechtigtes Interesse besteht[3]. Eine umfassende Unterrichtung des potentiellen Gläubigers durch den Gesellschaftsvertrag scheidet deshalb aus[4]. Da es durchaus einleuchtet, daß das Registergericht eine Grenze der Publikationspflicht einführen wollte[5], erscheint das Interesse des Geschäftspartners dadurch begrenzt, daß das Gesetz die Offenlegung vorschreibt. Die eintragungspflichtigen Tatsachen dürften deshalb den Umfang der im Gläubigerinteresse anerkannten handelsrechtlichen Publizität ausmachen, wenngleich das Handelsregister den Zweck, das Publikum über gewisse Tatsachen zu informieren, nur sehr unvollkommen erreicht[6]. Zweifellos gehört dazu die Offenlegung folgender Gegebenheiten: die Vertretungsverhältnisse; die Personen, die an einer Personalgesellschaft in welcher Eigenschaft beteiligt sind; die Größe der Haftsumme der Kommanditisten usw.[7], nicht aber z. B. die Übernahme sämtlicher GmbH-Anteile aus den Händen von Gründungsstrohmännern. Das Handelsregister ist nicht dazu bestimmt, ein lückenloses Bild der Rechtsverhältnisse des Firmeninhabers zu geben[8].

Mit der Publikationspflicht identisch ist die Publikationsmöglichkeit mittels der handelsrechtlichen Institute. Die im Handelsregister eintragungsfähigen Tatsachen sind im Gesetz jeweils ausdrücklich angeführt und daher abschließend geregelt[9]. Nach Ansicht von *Bondi*[10] sollte dem Registergericht jedoch das Recht eingeräumt werden, auch gesetzlich

---

[2] *Westermann*, Vertragsfreiheit, S. 453.

[3] *Westermann*, Vertragsfreiheit, S. 275 unten.

[4] *Boesebeck*, S. 61; *Teichmann*, S. 107; *Rittner*, Gutachten, S. 44 Anm. 169; dagegen wurde noch beim preußischen Entwurf eines ADHGB die Publizität des Gesellschaftsvertrages bei sämtlichen Handelsgesellschaften erwogen (s. *Rittner*, Gutachten, S. 15 Anm. 46 a). Die dazu vorgeschlagenen Bestimmungen wurden für die OHG und KG deswegen nicht akzeptiert, weil man für sie auf das Erfordernis eines schriftlichen Vertrages überhaupt verzichtete. Es wurde allerdings auch eingewandt, daß mit der Publizität des ganzen Vertrages „zu tief in das Privatleben eingegriffen und Verhältnisse kundgemacht werden müßten, welche zu kennen kein Dritter ein rechtliches Interesse habe".

[5] *Westermann*, Vertragsfreiheit, S. 453, wenngleich das Handelsregister ursprünglich nicht der Information des Publikums diente, sondern dem Schutz des Kaufmanns gegen eine Haftung oder Weiterhaftung aufgrund erzeugten Rechtsscheins (*Ehrenberg*, in: Ehrenbergs Hdb. Bd. I, S. 531; *Rittner*, Gutachten, S. 15 Anm. 45).

[6] *Ehrenberg*, Jherings Jb 47, 284.

[7] Zusammenfassend *Rittner*, Gutachten, S. 12 ff.

[8] RG, JW 1931, 3074 1. Sp.

[9] *Schlegelberger/Hildebrandt*, § 8 Anm. 13; § 12 Anm. 13; *Rittner*, Gutachten, S. 16 Anm. 48 m. w. Nachw.; sog. Grundsatz der Geschlossenheit der im Handelsregister eintragungsfähigen Tatsachen (BayObLGZ 1971, 55 = NJW 1971, 810).

[10] JW 1931, 3075; ebenso KG, DR 1943, 981, 982; *Baumbach/Duden*, § 8 Anm. 3.

nicht vorgesehene Eintragungen vorzunehmen, die erforderlich seien, um einer mißverständlichen Auffassung der Eintragung vorzubeugen. Jede Anmeldung, die der Wahrheit diene und nicht den Zwecken des Handelsregisters zuwiderlaufe, sollte nach freiem Ermessen des Registergerichts zugelassen werden. In beschränktem Umfang ist danach eine Ausdehnung der Publikationsmöglichkeit zu befürworten.

2. Eigenständiger Bereich der Firmenpublizität neben anderen Informationsquellen

Neben den Grenzen allgemeiner handelsrechtlicher Publizität ist für den Umfang der Firmenpublizität zu berücksichtigen, daß die Firma nur eine von mehreren Informationsquellen[11] ist.

a) Das gilt zunächst für das Handelsregister[12], dessen Eintragungen das anerkannte Maximum an handelsrechtlicher Publizität im Gläubigerinteresse darstellen. Der Sinn der Firmenpublizität kann deshalb nicht darin bestehen, dem Geschäftspartner eine inhaltlich von den Registereintragungen nicht erfaßte Information zu verschaffen. Über alle geschäftlichen Verhältnisse informiert das Handelsregister besser als die Firma, auch über die — einzutragende[13] — Gesellschaftsart. Ein Blick in das Handelsregister bietet sich stets an. Er ersetzt in jedem Fall die Information durch die Firma.

Diese Überlegenheit des Handelsregisters besteht auch gegenüber den anderen Informatiosquellen, etwa der Bekanntmachung der Eintragung in einem Publikationsorgan. Aus dieser erfährt der Außenstehende beispielsweise nur die Zahl der Kommanditisten (§ 162 Abs. 2 HGB), ihre Namen aber erst aus dem Register (§ 162 Abs. 1 HGB). Die zwischen Bekanntmachung und Registereintragung abgestufte Publizität ist kein Zufall, sondern entsprach dem Willen der Verfasser des ADHGB. Sie gingen im angeführten Beispiel davon aus, und wollten auch die Möglichkeit schaffen, daß sich große Kapitalisten an der Gesellschaft beteiligen, ohne ihren Namen offenlegen zu müssen[14]. Das Veröffentlichen des Namens im Register und das Verschweigen der Person bei der Bekanntmachung ist ein Kompromiß, der diese Vorstellungen berücksichtigt und eine Interessenabwägung im Verhältnis zum Gläubiger versucht, der sich über die Bonität des eventuell haftenden Gesellschafters erkundigen will.

---

[11] „Mittel der Offenkundigkeit" (*J. v. Gierke,* ZHR 100, 319 ff.); „Publizitäts-Instrumente" (*Rittner,* Gutachten, S. 9).

[12] Und das durch Gesetz v. 1. 5. 1889 davon getrennte Genossenschaftsregister.

[13] § 106 HGB.

[14] *Teichmann,* S. 107; nach *J. v. Gierke* nützt die Kenntnis des Kommanditisten allein nichts.

Die unterschiedliche Nähe der durch die Informationsquellen angesprochenen Personen zum Geschäftsabschluß begründet also den Verzicht auf vollinhaltliche Information durch jede Informationsquelle. Daraus folgt aber auch, daß trotz der umfassenden Information durch das Handelsregister ein Bedürfnis nach Information durch zusätzliche Informationsquellen besteht[15].

Der eigenständige Bereich der Firmenpublizität gegenüber dem Handelsregister läßt sich wie folgt beschreiben: Erfahrungsgemäß sehen nicht alle, insbesondere weniger geschäftsgewandte Gläubiger vor Geschäftsabschluß das Handelsregister ein[16]. Das gilt vor allem bei Geschäften geringeren Umfangs. Erst dem Großgläubiger ist es als Obliegenheitsverletzungen anzurechnen, wenn er sich auf die Firma verläßt und das Register nicht einsieht[17]. Kommt es bei eilbedürftigen Geschäften auf eine Information ohne Zeitverlust an, erweist sich das Register als ungeeignet[18]. Allgemein gewinnt die Firma dort eine erhöhte Bedeutung, wo dem Gläubiger der Einblick ins Register nach Treu und Glauben nicht zuzumuten ist[19]. Die Firmenpublizität hat somit eine eigenständige Berechtigung neben dem Handelsregister. Ihre Bedeutung beschränkt sich nicht auf ein Zusammenwirken mit ihm[20].

b) Den eigenständigen Bereich der Firmenpublizität gegenüber der Bekanntmachung[21] läßt die anschauliche Darstellung von *Ehrenberg* erkennen[22]:

„Wo . . . jeden Augenblick unerwartet das Bedürfnis auftauchen kann, sich, und zwar ohne Zeitverlust, über eine bestimmte Tatsache informieren zu müssen, da versagt nicht nur das Register, sondern auch die einmalige Bekanntmachung durch die öffentlichen Blätter verfehlt ihren Zweck. Denn erfahrungsgemäß nimmt der Privatmann von solchen Publikationen überhaupt nicht Notiz, der Geschäftsmann bekommt aber in der Regel nur diejenigen zu Gesicht, die in den Zeitungen seines Wohnorts oder in denjenigen auswärtigen erscheinen, die er sich zufällig hält. Auch die Anlage

---

15 Sehr weit geht *Kraft*, S. 7, wonach im öffentlichen Interesse die für den Geschäftsverkehr bedeutsamen Umstände auch ohne das Handelsregister allein aus der Firma ersichtlich sein müssen, soweit das ohne Nachteil für den Geschäftsinhaber möglich ist.

16 *Schmalenbach*, S. 127; BGB, BB 1965, 1202; *Westermann*, Vertragsfreiheit, S. 291, weshalb allein am Handelsregister orientierter Gutglaubensschutz unbefriedigend sei (S. 127).

17 BGH, BB 1970, 685 a. E.; *Westermann*, Vertragsfreiheit, S. 265 oben.

18 *Ehrenberg*, Jherings Jb 47, 284.

19 *Westermann*, Vertragsfreiheit, S. 265.

20 *Gohl*, S. 52, 74.

21 Auf die Bekanntmachung der einzutragenden Tatsachen, nicht so sehr auf die Eintragung selbst wurde bei Abfassung des ADHGB Nachdruck gelegt (*Ehrenberg*, in: Ehrenbergs Hdb. Bd. I, S. 533).

22 Jherings Jb 47 (1904), 273, 284.

eines Reichsanzeigers nützt nicht viel, denn abgesehen davon, daß verhältnismäßig sehr wenige (Publikationen im Reichsanzeiger erfolgen) — wer erinnert sich wohl des Inhalts einer Bekanntmachung, die vor längerer Zeit, vielleicht auch erst vor kurzem erfolgt ist, gerade in dem Augenblick, wo er ihrer bedarf, wo die damals für ihn vielleicht ganz gleichgültige Tatsache plötzlich ein praktisches Interesse für ihn erhält".

c) Das Ladenschild nach § 15 a GewO dient dem Interesse des Publikums, sich darüber informieren zu können, wer Inhaber des Gewerbebetriebes ist. Kaufleute müssen ihre Firma angeben. Zusätzlich muß der Einzelkaufmann seinen Vor- und Familiennamen, müssen eine OHG, eine KG oder eine KGaA die Vor- und Familiennamen von bis zu zwei persönlich haftenden Gesellschaftern enthalten, soweit die Namen nicht bereits aus der Firma ersichtlich sind. Es fällt auf, daß die Regelung für die KGaA derjenigen für die Personalgesellschaften entspricht und nicht an die Regelung für die AG anknüpft. Der Grund dürfte darin liegen, daß nach dem gesetzlichen Leitbild nur die persönlich haftenden Gesellschafter zur Vertretung der KGaA berechtigt sind (§ 278 Abs. 2 AktG, 164 HGB). Ursprünglich hatten die persönlich haftenden Gesellschafter der KGaA mehr die Stellung von „Geschäftsinhabern"[23].

Der Wirkungsbereich des Ladenschildes ist in sachlicher und räumlicher Hinsicht auf die Laden- und Bargeschäfte des täglichen Lebens beschränkt. Die Aufklärung durch das Ladenschild soll Kreditgeber vor „Schiebungen, insbesondere unter Eheleuten schützen"[24]. Das Ladenschild geht insoweit über den Firmeninhalt hinaus, als es den Geschäftsinhaber auch dann erkennen läßt, wenn dieser eine abgeleitete Firma führt[25], gleicht also in seinem Anwendungsbereich die Zulässigkeit der Firmenfortführung aus[26].

d) Der Inhalt von Geschäftsbriefen, die an bestimmte Empfänger gerichtet sind, ist bei den Kapitalgesellschaften vorgeschrieben (§§ 80, 278 Abs. 3 AktG; 35 a, 71 GmbHG). Es sind u. a. folgende Angaben erforderlich: Rechtsform der Gesellschaft[27], Nummer der Handelsregistereintragung[28], Familien- und Vornamen der Vorstandsmitglieder (Geschäftsführer, persönlich haftende Gesellschafter). Im Rahmen

---

[23] *Boesebeck*, S. 12.

[24] Reichstags Drs. IV zu 632, S. 34.

[25] Das Ladenschild einer GmbH und Co. muß die Firma der GmbH und Co. und — wenn darin die Firma der GmbH nicht enthalten ist — die Firma der GmbH wiedergeben (BVerwG, DB 1971, 809).

[26] ReichstagsDrs. IV zu 632, S. 33; ebenso die Gefahr, daß ein in der Firma einer KGaA als Zusatz enthaltener Personenname auf den persönlich haftenden Gesellschafter hinzuweisen scheint (*J. v. Gierke*, ZHR 100, 305, 334).

[27] Erst aufgrund des KoordinierungsG (EWG) v. 15. 8. 1969, BGBl. I 1146.

[28] Siehe vorstehende Anm. 27.

laufender Geschäftsverbindungen und bei Verwendung eines üblichen Vordrucks sind diese Angaben entbehrlich. Angaben über das Kapital brauchen nicht enthalten zu sein. Andernfalls müssen das Grundkapital und gegebenenfalls der Gesamtbetrag ausstehender Einlagen angegeben werden. Im Liquidationsstadium ist der Inhalt des Geschäftsbriefs um diese Angaben zu erweitern (§ 268 AktG). Für die Personalgesellschaften[29] und die Genossenschaft[30] fehlen bisher entsprechende Vorschriften.

Soweit die Namen der die Gesellschaft leitenden Personen angegeben werden müssen, erfüllt der Geschäftsbrief die Funktion des Ladenschildes für das moderne in der Form von Kapitalgesellschaften betriebene Großunternehmen, für das die Ladengeschäfte nebenrangig sind. Weil der Geschäftsbrief an bestimmte Empfänger gerichtet ist, die am Geschäftsabschluß „näher dran" sind, ist der Geschäftsbrief in seinem Anwendungsbereich der Firma als Informationsquelle überlegen.

e) Die Bedeutung der Firmenzeichnung liegt darin, dem Geschäftspartner durch einen Vergleich der im Geschäftsverkehr verwendeten mit der bei Gericht aufbewahrten Zeichnung eine möglichst sichere Prüfung der Echtheit von Unterschriften zu ermöglichen[31]. Zwar erfolgt diese Prüfung nur selten, doch haben die Zeichnungsvorschriften auch heute noch ihre gesetzlich anerkannte Berechtigung für den, der die Prüfung vornehmen will[32]. Danach ist die Zeichnung nicht zur Information über die geschäftlichen Verhältnisse bestimmt, sondern zur Identitätsfestestellung. Soweit die Zeichnung im Geschäftsverkehr vorgeschrieben ist (§§ 51, 57, 153 HGB; 79 AktG; 35 Abs. 3 GmbHG; 25 GenG), beschränkt sich die in der Zeichnung enthaltene Information auf die Firma und die Vertretungsmacht der zeichnenden Person[33].

Bei den Personalgesellschaften könnte mit der Zeichnung jedoch eine über den Firmeninhalt hinausgehende Information verbunden sein, wenn der vertretungsberechtigte Gesellschafter eine Gesellschaft ist, deren Beteiligung nicht bereits aus der Firma hervorgeht, wie bei

---

[29] Vgl. aber § 26 EntwEGGmbHG, BundestagsDrs. 7/253, wonach in einem § 162 a HGB für Personalgesellschaften, an denen nur eine oder mehrere Kapitalgesellschaften als persönlich haftende Gesellschafter beteiligt sind, ein bestimmter Inhalt des Geschäftsbriefes — ähnlich dem für AG und GmbH — vorgeschrieben ist.

[30] Vgl. aber den neuen § 25 a GenG (BGBl. 1973 I 1454).

[31] RGZ 54, 168, 171; BayObLG, DNotZ 1973, 124.

[32] BayObLG, DNotZ 1973, 124.

[33] Deshalb läuft der Kommanditist, der die Macht als Vertreter der Gesellschaft ausübt, sich aber nicht der Rechtsfigur der Prokura und der nötigen Zusätze bei der Zeichnung bedient, Gefahr, wie ein Komplementär zu haften (*Westermann*, Vertragsfreiheit, S. 261).

der abgeleiteten Firma der GmbH und Co.[34]. Gerade für die persönlich haftenden Gesellschafter der Personalgesellschaft fehlt aber eine Vorschrift über die Zeichnung im Geschäftsverkehr, so daß — anders als bei der Zeichnung gegenüber dem Registergericht nach § 108 Abs. 2 HGB — die zusätzliche Angabe der Firma der beteiligten Gesellschaft nicht als erforderlich erachtet wird[35]. Die Zeichnung im Geschäftsverkehr ist deshalb nicht als besondere Informationsquelle über die geschäftlichen Verhältnisse der Gesellschaft anzusehen.

3. Zusammenfassung

Aus der Darstellung der handelsrechtlichen Informationsquellen ergibt sich zusammenfassend: Die eigenständige Bedeutung der Firmenpublizität gegenüber dem Handelsregister folgt daraus, daß erfahrungsgemäß die weitreichende Information durch das Register nicht genutzt wird, insbesondere nicht bei Geschäften geringen Umfangs und bei Eilgeschäften. Gegenüber den übrigen Informationsquellen hebt sich die Firma dadurch ab, daß ihr Anwendungsbereich nicht nach Art der Geschäfte und der angesprochenen Personenkreise eingeschränkt ist. Die Firma ist ein Anhaltspunkt sowohl beim Abschluß von Geschäften des täglichen Lebens wie von Finanzierungsgeschäften. Die durch die Firma angesprochenen Personenkreise sind[36]: Kundschaft, Lieferanten[37], Banken, auch Kaufleute desselben Geschäftszweiges, das Publikum, die Allgemeinheit[38]. Die unterschiedliche Nähe der durch die Firma angesprochenen Personenkreise zum Geschäftsabschluß erschwert allerdings die Einschätzung des Bedürfnisses nach Information durch die Firma. Unter dem Gesichtspunkt des Gläubigerschutzes ist es jedoch weitgehend zu bejahen, insbesondere dann, wenn die Einsicht in das Handelsregister unzumutbar erscheint.

IV. Die zur Einschätzung des finanziellen Risikos erforderliche Firmenpublizität

Nachdem die im Gesellschaftszusatz enthaltene Information als Ausschnitt allgemeiner handelsrechtlicher Publizität erkannt und in ihrer Eigenständigkeit gegenüber den übrigen Informationsquellen dargestellt worden ist, kommt es nunmehr auf die Feststellung an, welche Angaben die Firma enthalten muß, um die Einschätzung des finanziel-

---

[34] *Gohl*, S. 47 ff.

[35] *Gohl*, S. 48 Anm. 6.

[36] *Baumbach/Duden*, § 19 Anm. 2 B m. w. Nachw.

[37] *Groschuff*, JW 36, 944.

[38] BayObLG, DNotZ 1973, 121.

len Risikos zu ermöglichen. In Betracht kommen allerdings nur Angaben über die *Rechts*verhältnisse der Gesellschaft, da sich ein Zwang zur Offenlegung in der Firma ernsthaft nur aus der Notwendigkeit von Gesellschaftszusätzen ableiten läßt. Sonstige Firmenbestandteile können zwar — im Rahmen der Registerpublizität — Angaben über die tatsächlichen Verhältnisse der Gesellschaft enthalten, ein Zwang zur Offenlegung tatsächlicher Verhältnisse in der Firma besteht jedoch nicht[1].

1. Elemente der Kreditwürdigkeitsprüfung

Die Frage nach der Kreditwürdigkeit des Geschäftspartners stellt sich nicht nur bei den typischen Bankgeschäften. Jedem Geschäftsabschluß geht regelmäßig eine Entscheidung darüber voraus, ob der Geschäftspartner zur Erfüllung der vertraglichen Verpflichtung in der Lage sein wird. Das in die Leistungsfähigkeit des anderen gesetzte Vertrauen kann sich in der Einräumung eines vorteilhaften Zahlungszieles oder günstiger Zahlungsbedingungen niederschlagen, aber auch in der Auswahl eines Partners, von dem man eine termingerechte Erfüllung erwartet oder eine zuverlässige Mängelbeseitigung im Fall der Mängelhaftung. Dies zeigt, daß sich die Frage der Kreditwürdigkeit in mannigfacher Hinsicht stellt, sogar bei Zug-um-Zug-Abwicklung, in verstärktem Maße allerdings bei der Eingehung von Dauerrechtsverhältnissen, insbesondere bei der Eröffnung dauerhafter Geschäftsverbindungen unter Errichtung eines Kontokorrentverhältnisses. Die dem Geschäftsabschluß vorausgehenden Überlegungen sind demgemäß nach Art und Umfang des Geschäfts unterschiedlich. Gemeinsam ist jedoch allen Überlegungen die Frage, ob — im Fall des Ausbleibens der in die Leistungsfähigkeit gesetzten Erwartungen — der Schuldner zumindest zum wertmäßigen Ausgleich in der Lage sein wird[2].

Insoweit kommt es zunächst auf die Kenntnis der haftenden Personen und der durch sie vermittelten Haftungsobjekte an. Es ist also wichtig zu wissen, ob neben der Gesellschaft noch weitere Personen haften und wer diese Personen sind, damit man deren Vermögensverhältnisse in die Kreditwürdigkeitsprüfung mit einbeziehen kann[3]. Die Haftungsverhältnisse stehen im Vordergrund der Kreditwürdigkeitsprüfung.

---

[1] Auch in das Handelsregister sind „Tatsachen“ nicht deshalb einzutragen, weil sie über die wirtschaftlichen Verhältnisse des Unternehmens als solches (Vermögenslage, Schulden) Aufschluß geben könnten. Das Handelsregister kann und soll nur über die rechtlichen Voraussetzungen für den Kreditgeber etwas aussagen, nicht unmittelbar über die Bonität (*Rittner*, Gutachten, S. 15, 16).

[2] Allgemein beschränken sich Untersuchungen über die Kreditwürdigkeit auf diesen für Bankgeschäfte typischen Aspekt.

[3] *Elwers Themis* ca. 1850 (zit. bei *Raiser*, S. 72 Anm. 23): Die Handelswelt

Die Kenntnis der Zugriffsmöglichkeiten besagt jedoch nichts darüber, ob im Fall der Leistungsstörung tatsächlich ausreichende Zugriffsmöglichkeiten vorhanden sein werden[4]. Die zukünftige Vermögensentwicklung ist unsicher. Das finanzielle Risiko hinsichtlich der zukünftigen Leistungsfähigkeit des Schuldners und der für ihn haftenden Personen sucht der (vorleistende) Geschäftspartner weitgehend zu verringern. Er ist deshalb vorrangig um Sicherheiten bemüht[5]. Vollkommene Risikodeckung durch Sicherheiten enthebt den Gläubiger weiterer Überlegungen über die zukünftige Zugriffsmöglichkeit.

Vollkommene Sicherheit ist jedoch selten. Das gilt zum einen für die sog. persönlichen Sicherheiten (Bürgschaft, Schuldbeitritt, Garantie), die die Frage der Krediwürdigkeit lediglich auf andere Personen verlagern. Aber auch dingliche Sicherheiten sind wegen der stets möglichen Wertminderungen des Sicherungsobjektes unsicher[6]. Bedeutsamer als die Unsicherheit von Sicherheiten ist jedoch, daß Sicherheiten nicht stets oder nicht in ausreichendem Umfang vereinbart werden. Zum einen geschieht dies deshalb, weil die Umständlichkeit der Sicherungsgeschäfte mit den Anforderungen des Handelsverkehrs an schnelle Entscheidungen im Widerspruch steht. Zum anderen beziehen sich Sicherheiten auf eine Ausnahmesituation, von der die Beteiligten gerade hoffen, daß sie niemals eintritt[7]. Denn die Liquidierung von Sicherheiten beendet nach aller Erfahrung die geschäftlichen Beziehungen. Wer aber beabsichtigt, Geschäftsbeziehungen über die Laufzeit eines einzelnen Geschäftes hinaus fortzuführen, muß die im Geschäftsabschluß liegende Kreditgewährung von anderen Erwartungen abhängig machen, als sie durch Sicherheiten repräsentiert werden[8]. Kreditgewährung ohne Sicherheiten setzt also weitergehende Überlegungen über die zukünftige Vermögensentwicklung des Geschäftspartners voraus[9].

Neben dem Streben nach Sicherheit steht deshalb das Bemühen um Informationen, aus denen sich die zukünftige Vermögensentwicklung beim Schuldner ablesen läßt. Insbesondere im Rahmen von bank-

---

setzt bei der Gewährung von Krediten keineswegs auf die Firma (i. e. das Handelshaus), vielmehr richtet sich der erfahrene Kaufmann in erster Linie nach der Solvenz der Teilhaber.

[4] *Faißt*, Betriebswirtschaftl. Blätter 1965, 79, 82.

[5] *Faißt*, Betriebsw. Blätter 1965, S. 83 weist jedoch auf die Kritik an dem vorrangigen Streben nach Kreditdeckung hin.

[6] *Faißt*, S. 82.

[7] *Hauschildt*, Hamburger Jahrb. f. Wirtschafts- und Gesellschaftspolitik Bd. 17 (1972), S. 169.

[8] *Hauschildt*, S. 169.

[9] Nach einer Stichprobe von *Hauschildt*, S. 170 wurden 52 % der Bankkredite im Rahmen von Dauerbeziehungen ohne Sicherheiten gewährt.

betrieblichen Überlegungen zieht man dazu die Bilanz zu Rate, aus der man mittels „goldener Regeln“ Voraussagen treffen zu können glaubt[10]. Dem liegt die Überzeugung zugrunde, daß die aus der Bilanz ersichtlichen Verhaltensweisen der Vergangenheit repräsentativ für das zukünftige Verhalten seien, eine Annahme, die sich angesichts der Dynamik der Realität oft als unzutreffend erweist. Man versucht deshalb zunehmend, Informationen zu erlangen, die über die Zukunft des Kreditnehmers unmittelbar Auskunft geben[11]: Das sind zum einen Informationen, die alle Kreditnehmer in gleicher Weise betreffen, zum anderen Informationen über die Zukunft des individuellen Kreditnehmers. Zu diesem Zweck empfiehlt es sich beispielsweise, dessen Pläne einzusehen und sein Planungsvermögen zu beurteilen.

Die bankbetrieblichen Überlegungen sollen hier keine Vertiefung erfahren. Sie lassen bereits erkennen, daß es im Rahmen des Kreditentscheidungsprozesses auf die Kenntnis möglichst vieler Umstände ankommt. Bei geringer lokaler und sozialer Distanz zum Geschäftspartner werden sich ein Teil der Zukunftinformationen zuverlässig gewinnen lassen. Völlig beseitigen läßt sich die Unsicherheit nicht, zumal es nicht nur auf objektive Kriterien, sondern auch auf die subjektive Einschätzung des Geschäftspartners ankommt[12]. Eine Auswertung der praxisorientierten Literatur ergibt[13], daß der Kreditsachbearbeiter eine positiv ausfallende Prüfung der personellen Faktoren nach wie vor als wichtigste Voraussetzung für die Kreditgewährung betrachtet.

2. Die Bedeutung der Rechtsverhältnisse einer Gesellschaft für ihre Kreditwürdigkeit

a) Kreditwürdigkeit und Gesellschaftsform

Soweit man einen Zusammenhang von Kreditwürdigkeit und Rechtsform überhaupt anerkennt[14], muß man zunächst feststellen, daß in der Praxis der Kapitalbeschaffung, Finanzierung, Kreditierung, Sicherung und Versicherung von Krediten die Frage nach der Rechtsform des Partners ein zweitrangiges Problem bildet[15].

---

[10] *Hauschildt*, S. 171 ff.

[11] *Hauschildt*, S. 177.

[12] *Faißt*, S. 80. Die subjektive Einschätzung durch die Bank ist allerdings begrenzt. Die Bank muß — damit ihre Kreditansprüche abtretbar bleiben — sich davon leiten lassen, wie andere das Risiko beurteilen, d. h. was die Bankwelt als tragbar und vertretbar ansieht (*Stützel*, zit. bei *Hauschildt*, S. 173 Anm. 20).

[13] *Weibel*, S. 98.

[14] Zweifelnd *Castan*, Hamburger Jb. 1968, S. 194.

aa) Ansatzpunkte für einen Zusammenhang zwischen Kreditwürdigkeit und Gesellschaftsform

Im Rahmen der Kreditwürdigkeit ist die Rechtsform ein Anhaltspunkt für die vorhandenen Zugriffsmöglichkeiten. Von der Rechtsform einer Gesellschaft hängt es ab, ob nur die Gesellschaft selbst (AG, GmbH) oder auch alle oder einzelne Gesellschafter (OHG, KG, KGaA) den Gesellschaftsgläubigern mit ihrem Vermögen haften. Die Kenntnis der Rechtsform einer Gesellschaft bedingt daher oft eine Weichenstellung für weitere Überlegungen. Über den Umfang des bei Geschäftsabschluß oder später dem Gläubigerzugriff insgesamt offenstehenden Vermögens sagt die Rechtsform allerdings nichts aus. (Mindest-)Grundkapital und (Mindest-)Stammkapital sind kein Garantievermögen der Gesellschaft, wenngleich eine Reihe von Vorschriften den Zweck verfolgen, daß eine gewisse Kapitalbasis schon bei der Gründung vorhanden ist und auch erhalten bleibt[16]. Aber das Vermögen einer Kapitalgesellschaft kann ebenso durch Verluste aufgebraucht sein wie das von persönlich haftenden Gesellschaftern. Es ist noch nicht einmal sichergestellt, daß der Gläubiger von der nach den §§ 92 Abs. 1 AktG, 49 Abs. 3 GmbHG erforderlichen Anzeige über den Verlust der Hälfte des Grund- oder Stammkapitals erfährt[17].

Die Erkennbarkeit der Zugriffsmöglichkeiten ist darauf zurückzuführen, daß jede Rechtsform einer Gesellschaft die sie begrifflich bestimmenden Merkmale anzeigt und damit einige Informationen zur Einschätzung der zukünftigen Vermögensentwicklung oder des zukünftigen unternehmerischen Verhaltens liefert. Dritte können sich darauf verlassen, daß die Gesellschaft kraft ihrer Rechtsform gewisse wesentliche Eigenschaften besitzt[18]. Der Rechtsform läßt sich beispielsweise auch entnehmen, ob grundsätzlich Selbstorganschaft (OHG, KG) oder Fremdorganschaft (AG, eG) besteht oder ob beide Möglichkeiten bestehen (GmbH). Es bedarf jedoch weiterer Nachforschungen festzustellen, wer im Einzelfall mit der Unternehmensleitung betraut ist[19].

---

[15] *Ballerstedt*, ZHR 128 (1966), 119, 122; *Wiethölter*, in: Aktuelle Probleme, S. 36 Anm. 69.

[16] §§ 7, 36, 38, 58, 150, 151, 233 AktG, 5 Abs. 1, 7 Abs. 2, 8 Abs. 2, 29 Abs. 1, 42 Nr. 4 und 5, 58 Abs. 2 GmbHG.

[17] *Teichmann*, S. 103.

[18] *Reinhardt, R.*, S. 3; *Kraft*, S. 57.

[19] *Westermann*, Vertragsfreiheit, S. 275, 276, meint, angesichts des die Höhe der Kommanditeinlage angebenden Registervermerks gehe es die Gläubiger nichts an, wer entscheidet, solange die Befriedigung ihrer Forderungen nicht gefährdet werde. Die Gefährdung muß bei Kreditwürdigkeitsüberlegungen aber stets als möglich in Betracht gezogen werden. Auch bei den Kapitalgesellschaften kommt es auf die Kenntnis der Entscheidungsträger an. Erst wenn man weiß, welche Personen die Gesellschaft leiten,

An der Gesellschaftsform läßt sich darüber hinaus ablesen, ob das Unternehmen der Rechnungslegungspublizität unterliegt. Großunternehmen sind zwar unabhängig von der Rechtsform publizitätspflichtig[20]. Nur die AG und die eG unterliegen aber ohne Rücksicht auf ihre Größe der Publizitätspflicht. Die Publizität der Rechnungslegung stellt nicht nur eine unmittelbare Informationsquelle über die Vermögensverhältnisse der Gesellschaft dar, sondern sie hebt auch die Kreditwürdigkeit[21]. Bei der Genossenschaft ist die Publizität gerade in der Absicht eingeführt worden, einem Zusammenschluß wirtschaftlich Schwacher Kreditwürdigkeit zu verschaffen[22]. Die Publizitätspflicht ist jedoch kein Merkmal des Gesellschaftsverhältnisses, das für eine firmenrechtliche Anknüpfung in Betracht käme.

Ein weiterer Grund für die unterschiedliche Bewertung der Kreditwürdigkeit von Gesellschaftsformen wird aus der Erfahrung abgeleitet[23]. Unter Hinweis auf die Konkursstatistik behauptet etwa *Castan*[24], die GmbH sei im Durchschnitt krisenanfälliger, weil sie mit einem zu geringen Eigenkapital ausgestattet werde. Erfahrungssätze über die Kreditwürdigkeit von Gesellschaftsformen beruhen jedoch nicht auf den rechtlichen Merkmalen der Gesellschaft. Nicht weil ein Unternehmen GmbH ist, bricht es relativ häufiger zusammen[25], sondern weil die Rechtsform der GmbH relativ häufiger in einem konkursanfälligen Wirtschaftsbereich gewählt wird.

Auf einen Zusammenhang von Gesellschaftsform und Kreditwürdigkeit deutet jedoch die verbreitete Ansicht hin, die Gläubiger seien bei den personalistischen Unternehmungsformen besser geschützt, weil der Einzelkaufmann und die Komplementäre mit ihrem gesamten Privatvermögen haften[26]. Diese Ansicht beruht nicht etwa darauf, daß die Zugriffsmöglichkeiten bei den Personalgesellschaften um die Gesell-

---

kann man sich über die „juristische Person" ein Bild machen (*Geßler/Hefermehl/Eckart/Kropf*, zu § 80 AktG).

[20] „Publizitätsgesetz" v. 15. 8. 1969, BGBl. I 1189.

[21] *Castan*, Hamb. Jb. 1968, S. 194.

[22] *Teichmann*, S. 84; *Castan*, Hamb. Jb. 1968, S. 194.

[23] Man kann deshalb unterscheiden zwischen dem Ruf eines konkreten Unternehmens und dem allgemeinen Ruf einer Unternehmensform. So wurde beispielsweise die Leichtsinnigkeit und Skrupellosigkeit vieler Direktoren in der Gründerzeit der Unternehmensform der AG selbst zur Last gelegt (*Großfeld*, S. 110). *Goldschmidt*, Verh. d. 8. DJT Bd. II 1869, S. 70, erwägt, ob durch Einführung einer möglicherweise konkursanfälligen Genossenschaft mit beschränkter Haft die Genossenschaft mit unbeschränkter Haft „in auch nur moralische Mitleidenschaft gezogen werden" könnte.

[24] Hamb. Jb. 1972, 147 ff.

[25] *Wiethölter*, in: Aktuelle Probleme, S. 44.

[26] *Fabricius*, in: Verh. d. 45. DJT Bd. II, 1965, Sitzungsbericht der wirtschaftsrechtlichen Arbeitsgemeinschaft, S. 45.

schafterhaftung erweitert ist[27, 28]. Maßgebend ist vielmehr die Vorstellung, daß die Geschäftsführung einer natürlichen Person, die sich bei ihren risikobehafteten unternehmerischen Entscheidungen der Gefahr des eigenen Vermögensverlustes ausgesetzt sieht, deshalb insgesamt sorgfältiger und vorsichtiger sein werde[29].

Von der formalen Bedeutung der unbeschränkten Haftung, die den Umfang der Zugriffsmöglichkeiten betrifft, ist demnach ihre funktionale Bedeutung zu unterscheiden[30]. Diese beruht auf dem „schicksalhaften" Verbundensein der gesamten Persönlichkeit des unbeschränkt haftenden Gesellschafters mit der Gesellschaft[31] und wirkt sich nicht nur gesellschaftsrechtlich, sondern auch wettbewerbsrechtlich aus. Die mit der Haftung ausgedrückte Zurechnung vermögensrechtlichen Risikos wird mit bestimmendem Einfluß auf wirtschaftliche Entscheidungen verknüpft[32]: So soll die unbeschränkte Haftung dessen, der in seiner Hand Unternehmensbesitz und Unternehmensleitung vereinigt, den Unternehmer zum vorsichtigen Einsatz seiner Mittel veranlassen[33] und die mit dem Unternehmenswachstum zunehmende Unüberschaubarkeit des Risikos seine unbegrenzte Machtausdehnung verhindern[34]. Die Verbindung von Chance und Risiko bewirkt, daß die Chancen vorsichtig wahrgenommen werden[35]. Die persönlich haftenden Gesellschafter werden durch psychologische Hemmungen angehalten, Spekulationen zu vermeiden[36].

---

[27] Nur diesen Aspekt berücksichtigt *Schmalenbach*, S. 127.

[28] Man wird heute auch davon ausgehen müssen, daß die Haftung des Privatvermögens eines Gesellschafters beim Zusammenbruch eines Unternehmens wenig auszurichten vermag. Eine Fähigkeit zur Haftung wird dem unbeschränkt Haftenden nicht angesonnen (*K. Schmidt*, S. 106 m. w. Nachw.).

[29] Anschaulich die Ausführungen von *Cosack* auf dem 18. DJT 1886 Bd. I S. 21: „Daß die Limitierung der Haft eines Schuldners für dessen Gläubiger an sich gefährlich ist, liegt auf der Hand. Von vornherein enthält sie einen Anreiz zu unsoliden gewagten Spekulationen, da der Schuldner sich sagen darf, er könne bei denselben unbegrenzt gewinnen, aber nur begrenzt verlieren. Sie mindert weiter die Aufmerksamkeit und die Tatkraft des Schuldners beim Betriebe des Geschäfts, da nur das Gefühl, mit dem gesamten Vermögen für jetzt und immer den Gläubigern haftbar zu sein, die Fähigkeiten des Schuldners bis zum höchstmöglichen Grade anzuspannen vermag".

[30] *Wieland*, S. 837. Nach *Wiedemann* sind drei Funktionen der Haftung zu unterscheiden: sie kann die geschuldete Leistung erzwingen, sie kann Verhalten kontrollieren, sie kann Sicherheit gewähren und damit Kapital ersetzen (*K. Schmidt*, S. 106).

[31] *O. v. Gierke*, ArchbR 19, 114.

[32] *Immenga*, S. 119.

[33] *Westermann*, Vertragsfreiheit, S. 274, 275; Knur, S. 177, 178.

[34] *Großfeld*, S. 105.

[35] *Großfeld*, S. 105.

[36] *Wiedemann*, JZ 1969, 471.

Die Bedeutung der unbeschränkten Haftung mindestens einer natürlichen Person wird auch bei der KGaA anerkannt. Im Unterschied zu den Personalgesellschaften erscheint hier die Haftung des Komplementärs zwar nur als eine zusätzliche Sicherung neben dem Gesellschaftsvermögen, dessen Bildung und Erhaltung durch gesetzliche Fürsorge in gewissem Umfang gesichert ist[37]. Eine haftungsrechtliche Parallelisierung von KGaA und GmbH und Co. KG ist deshalb bedenklich[38]; für die potentiellen Gläubiger der KGaA spielt die Motivierung der Unternehmensleitung durch die unbeschränkte Haftung keine entscheidende Rolle. Die Bedeutung des „psychisch wirkenden Mechanismus“ der unbeschränkten Haftung erweist sich aber im Verhältnis des weitgehend von Aufsichtsrat und Hauptversammlung unabhängigen, meist ohne Einlage beteiligten[39] Komplementärs zu den Kapital anlegenden Aktionären. Die unbeschränkte Haftung schließt eine „reine Angestelltenmentalität“ des Komplementärs in der Regel aus und motiviert ihn zu sorgfältiger Geschäftsführung, mehr als seine in manchen Satzungen geforderte Eigenbeteiligung. Funktionell wirkt die unbeschränkte Haftung wie eine objektive Kontrolle des Komplementärs zugunsten der Kommanditaktionäre[40].

Auch die ursprünglich unbeschränkte Haftung der Genossen wurde damit begründet, daß das Bewußtsein der persönlichen Verantwortlichkeit allgemein der naturgegebene und wirksame „Sporn“ zu Interesse, Umsicht und Redlichkeit in den geschäftlichen Beziehungen sei[41].

bb) Gleichwertigkeit von Personal- und Kapitalgesellschaften

Es wurde bereits angedeutet, daß das Risikoverhalten des Entscheidungsträgers für die Frage der Zulässigkeit gesellschaftsvertraglicher Gestaltung von Bedeutung ist[42]. Hier soll nicht erneut auf die Zulässigkeit gesellschaftsvertraglicher Gestaltungen eingegangen werden. Aber es leuchtet ein, daß gerade die für den Gläubigerschutz bedeutsamen Fragen auch im Rahmen von Kreditwürdigkeitsüber-

---

[37] Vgl. Anm. 16.

[38] *Pflug*, NJW 1971, 349.

[39] *Pflug*, NJW 1971, 348 r. Sp. m. w. Nachw.

[40] *Pflug*, NJW 1971, 350. Die primär interne Bedeutung der unbeschränkten Haftung des Komplementärs dürfte sekundär auch im Interesse der Gläubiger liegen, wird aber durch Vorstellungen über die Größe verdrängt.

[41] *Haas*, S. 27. Man darf allerdings nicht übersehen, daß vorwiegend taktische Erwägungen Schulze-Delitzsch bestimmt haben, die Einführung der beschränkten Haftung der Genossen abzulehnen (s. Haas, S. 37).

[42] Unter dem Gesichtspunkt des Gläubigerschutzes zum einen für das Verhältnis von Herrschaft und Haftung (§ 7 II 3), zum anderen für die Zulässigkeit der Fremdorganschaft in Personalgesellschaften (§ 7 II 2).

legungen eine Rolle spielen. Ob die unbeschränkte Haftung mindestens einer natürlichen Person eine Eigenschaft des Unternehmensträgers ist, die für die Einschätzung der Kreditwürdigkeit von besonderer Bedeutung ist, ist jedoch fraglich[43]. Die „psychologische Zwangstheorie"[44] als Stütze der These des Zusammentreffens von Herrschaft und Haftung ist ebenso umstritten wie diese These selbst. Gegen eine Idealisierung des Menschenbildes in diesem Zusammenhang wendet sich *Wiethölter*[45]. In der Tat „spielen juristische Personen nicht Karten, haben keine Geliebte"[46].

Auffällig ist zunächst, daß nur das Risiko des gesamten[47] Vermögensverlustes einer natürlichen Person geeignet sein soll, die Kreditwürdigkeit der Gesellschaften unterschiedlich zu bewerten. Es wird nicht nach dem Umfang des eingesetzen Vermögens graduell abgestuft. Praktisch spielt zwar der Verlust eines im Stammkapital einer GmbH investierten Vermögens oder der Hafteinlage des Kommanditisten ebenso eine Rolle wie die Nachschußpflichten bei der Genossenschaft oder der GmbH[48]. Man könnte auch den Verlust eines Teilvermögens für eine wettbewerbsrechtlich hinlängliche Begrenzung des Dranges nicht wirtschaftlicher Machtausdehnung halten[49]. Aber beschränkte Haftung bildet offenbar ein kalkulierbares Risiko, das sich auf das Verhalten des Entscheidungsträgers nicht so günstig für die Gläubiger auswirkt wie die unbeschränkte Haftung. Ein stärkeres Risiko als die unbeschränkte Haftung ist nicht denkbar[50]. Auch der unbeschränkten Nachschußpflicht wird nicht die gleiche Bedeutung beigemessen[51], wenngleich in der

---

[43] *Kraft*, S. 60, meint, in Ausnahmefällen könne es vielleicht bedeutsam sein, ob der Inhaber des Geschäfts eine natürliche Person oder eine Gesellschaft sei, nämlich dann, wenn es auf die Person des Unternehmers ankomme, etwa bei Dienstleistungsbetrieben. Das ist eine Überlegung, die für die sog. freien Berufe zutrifft, nicht aber für die in der Leistungserstellung anonymen kaufmännischen Unternehmen. *Kraft* räumt selbst ein, daß die Person des Inhabers auch bei einem Unternehmen, das von einer natürlichen Person betrieben werde, meist keine entscheidende Rolle spiele. Wenn *hier* die unbeschränkte Haftung einer natürlichen Person als Eigenschaft des Unternehmensträgers verstanden wird, so geschieht das unabhängig vom Gegenstand des Unternehmens.

[44] *Wiethölter*, in: Aktuelle Probleme, S. 45.

[45] In: Aktuelle Probleme S. 40 o., S. 45.

[46] *Wiethölter*, S. 36 im Anschluß an *Fränkel*.

[47] Vgl. Anm. 192 a. E.; *Westermann*, Vertragsfreiheit, S. 275 o.

[48] *Wiethölter*, in: Aktuelle Probleme, S. 36.

[49] *Westermann*, Vertragsfreiheit, S. 274.

[50] *Teichmann*, S. 84.

[51] Siehe die Begründung für den Wegfall der Nachschußpflicht bei der Genossenschaft (BundestagsDrs. 7/97, Begründung B 1., S. 17) und der darauf hinweisenden Zusätze in der Genossenschaftsfirma (§ 4 VI). Auch die unter GmH-Gesellschaftern vereinbarte Nachschußpflicht (§§ 26—28 GmbHG) findet keine Berücksichtigung in der Firma. Nachschußpflichten sind firmenrechtlich

Praxis die Unterscheidung zwischen der unmittelbaren Haftung nach § 128 HGB und der Nachschußhaftung im Fall des Konkurses mehr in den Hintergrund tritt[52].

Ob die unternehmerischen Entscheidungen durch Dritte oder durch Gesellschafter erfolgen, scheint demgegenüber zweitrangig, ist aber nicht bedeutungslos. Die Organe der Kapitalgesellschaften unterliegen zwar einer strengen Verschuldenshaftung (§§ 93 AktG, 43 GmbHG). Auch fällt der Maßstab, nach dem gehaftet wird, bei den Personalgesellschaften zu Lasten angestellter Dritter strenger aus als zu Lasten der Gesellschafter (§ 708 BGB). Das Risiko des Erfolges einer geschäftlichen Maßnahme tragen die Organe jedoch nur, wenn sie an der Gesellschaft beteiligt sind[53]. So sehr man *Teichmann*[54] darin zustimmen möchte, daß das Mitglied nicht per se mehr Vertrauen verdiene als ein Beauftragter, weil heute wohl der größte Teil der Bevölkerung für fremdes Vermögen Sorge trage und deshalb eine durch die soziale Entwicklung bedingte Korrektur einsetzen müsse, — plausibel erscheint eine am Erfolsrisiko orientierte Unterscheidung doch. Die Betrauung eines völlig Gesellschaftsfremden mit der unternehmerischen Leitung wird jedenfalls ungünstiger eingeschätzt als die Übernahme der Geschäftsführung und Vertretung durch einen Kommanditisten[55]. Immerhin ist hier noch ein Gesellschafter Geschäftsführer, d. h. eine der Gesellschaft durch eigene Vermögensinteressen eng verbundene Person[56].

Entgegen der Ansicht von *Reinhardt*[57] ist es für die Gläubiger nicht von vornherein ohne Interesse, ob ein Dritter oder ein Gesellschafter die Geschäfte der Gesellschaft führt. Wenn die Nichtbeteiligung des Dritten an der Haftung bedeutet, daß dieser nicht das gleiche Interesse an der Vermeidung von Risiken hat und darum eventuell geneigt ist, etwas unbedenklicher zu entscheiden[58], dann berührt das auch die

---

irrelevant (a. A. Erlinghagen S. 219). Der Grund dürfte darin liegen, daß — anders als bei der unbeschränkten Haftung (s. u. IV 2 b aa) — mit der unbeschränkten Nachschußpflicht nicht untrennbar ein (Mindest-)Einfluß auf die Unternehmensleitung verbunden ist, obwohl das Interesse der Mitglieder an der Genossenschaft und ihrer Geschäftsführung sowie ihr Verantwortungsbewußtsein in dem Maß zunimmt, in dem sie für die Handlungsweise der genossenschaftlichen Geschäftsführung zu haften verpflichtet ist (*Haas*, S. 98).

[52] *Erlinghagen*, S. 217.

[53] Über Forderungen nach Haftung des Vorstandes einer AG für die Gesellschaftsschulden s. *Großfeld*, S. 112 m. w. Nachw.

[54] S. 119.

[55] *Westermann*, Vertragsfreiheit, S. 278. *Schlegelberger/Geßler*, § 164 Anm. 7.

[56] Nicht einmal diese Interessenparallelität reicht nach Ansicht von *Nitschke*, S. 270 ff. zur Rechtfertigung der Macht von Kommanditisten aus, unbeschränkt haftende Komplementäre zu binden.

[57] S. 84 Rn 179.

[58] *R. Reinhardt*, Rn 179.

Interessen der Gläubiger an der zukünftigen Leistungsfähigkeit der Gesellschaft[59].

Die Richtigkeit der „psychologischen Zwangstheorie“ wird sich allerdings kaum beweisen lassen[60]. Das Verhältnis von Risikoträger und Risikogestalter ist nur ein Ausschnitt der vielfältigen Kreditüberlegungen. Nach Ansicht von *Schmalenbach*[61] ist die Tatsache, daß bei der KG wenigstens einer der Gesellschafter persönlich haftet, wirtschaftlich gesehen nicht von der Bedeutung, die man der KG beimißt. Bei den ohnehin gut fundierten Gesellschaften mit geringer Schuldenlast habe die zusätzliche persönliche Haftung eines oder einiger Gesellschafter praktisch nichts zu bedeuten. Bei weniger gut fundierten Gesellschaften sei die persönliche Haftung immer nur so viel wert, wie der persönliche Gesellschafter an Vermögen besitze. *Schmalenbach* berücksichtigt aber offensichtlich nicht, daß die Kreditwürdigkeit nicht nur von der gegenwärtigen Vermögenslage, sondern wesentlich von der zukünftigen Vermögensentwicklung abhängt[62].

Daß eine persönliche Haftung von bestimmten Größenordnungen an, die bei heutigen Umsätzen und Finanzierungstechniken üblich ist, praktisch keine Rolle mehr spielt[63], beweist allerdings nicht die Bedeutungslosigkeit der persönlichen Haftung[64]. (Groß-)Gläubiger der — mittelständischen — GmbH verschaffen sich durch Bürgschaften der Gesellschafter doch ähnliche Haftungsverhältnisse wie bei der OHG[65]. Gewichtiger ist der Hinweis von *Castan*[66], man könne heute nicht mehr davon ausgehen, daß der typische Kredit an die Personalgesellschaften ein Personalkredit i. S. eines ungesicherten Kredits sei und derjenige an die Kapitalgesellschaften ein Realkredit i. S. eines gesicherten Kredits. Der echte Personalkredit sei auch bei der Personalgesellschaft selten geworden[67], und die Bürgschaft eines GmbH-Gesellschafters komme

---

[59] So *Westermann*, s. o. § 7 Anm. 60.

[60] Zweifel am Wert übertriebener Vorsicht äußert *Lohmann*, AcP 150, 507, allerdings mehr unter gesamtwirtschaftlichem Aspekt.

[61] S. 176.

[62] Vgl. Anm. 27.

[63] *Wiethölter*, in: Aktuelle Probleme, S. 36.

[64] Die Größenvorstellung ist allerdings gewichtig. Deshalb dürfte die KGaA wegen ihres unbeschränkt haftenden Komplementärs nicht kreditwürdiger sein als die AG. Die unbeschränkte Haftung wird nur als Zugabe, als zusätzliche Sicherung neben dem Gesellschaftsvermögen angesehen. Eine haftungsrechtliche Parallelisierung ist deshalb nach Ansicht von *Pflug*, NJW 1971, 349 verfehlt.

[65] *Immenga*, S. 127.

[66] Hamb. Jb. 1960, 205.

[67] *E. I. Bekker*, ZHR 4 (1861), 553 meinte bereits, die moderne Zeit verlange einen objektiven, auf dem Wert des Unternehmens beruhenden Kredit,

nicht weniger vor als die Stellung privater Sicherheiten eines unbeschränkt haftenden Gesellschafters.

Auch dadurch wird allerdings nicht die Besonderheit der unbeschränkten Haftung widerlegt, deren Wert gerade für den ungesicherten Kredit besteht und für den Fall, daß Sicherheiten sich als „unsicher" erweisen. Immerhin erscheint aber die Behauptung, Einzelkaufmann und Personalgesellschaften seien kreditwürdiger als Kapitalgesellschaften, doch recht zweifelhaft. Zwar ist die beschränkte Haftung in den Anfängen der Aktiengesellschaft häufig mißbraucht worden[68]. Aber sie hat sich doch behauptet[69], so daß man in einem neuen Gesellschaftsrecht sogar ganz auf die unbeschränkte Haftung verzichten zu können meint[70].Ebensowenig wie man die KGaA für kreditwürdiger hält als die AG, weil dort mindestens eine natürliche Person[71] unbeschränkt haftet, läßt sich heute ernstlich die These aufrecht erhalten, daß die OHG kreditwürdiger sei als die AG[72].

cc) Differenzierung innerhalb der Personalgesellschaften

Lehnt man deshalb eine an der unbeschränkten Haftung mindestens einer natürlichen Person orientierte unterschiedliche Einschätzung der Kreditwürdigkeit der Rechtsformen von Gesellschaften ab, so erscheint dennoch eine Differenzierung innerhalb derselben Gesellschaftsform berechtigt[73]. Dagegen läßt sich zwar einwenden, daß bei Anerkennung der Gleichwertigkeit der Kreditwürdigkeit der Gesellschaftsformen auch eine Unterscheidung nach der Art der beteiligten Gesellschafter nicht aufrecht erhalten werden könne[74]. Wenn man davon ausgehe, daß GmbH und Einzelkaufmann allein aufgrund der Rechtsform nicht für unterschiedlich kreditwürdig gehalten werden dürften, dann könne es

---

während der subjektive Kredit allenfalls „zum Betriebe des Kramgeschäftes nicht über die Grenzen der kleinen Stadt hinaus" passe (zit. von *Raiser*, S. 74).

[68] *Großfeld*, S. 112.

[69] Zur Entwicklung und Rechtfertigung der beschränkten Haftung s. *Großfeld*, S. 108.

[70] *Erlinghagen*, S. 217; die Entwicklung neigt dahin, daß die Zugriffsmöglichkeit auf das Verbandsvermögen die Bedeutung der persönlichen Haftung wirtschaftlich verdrängt (*Westermann*, Vertragsfreiheit, S. 275 m. w. Nachw.).

[71] Dies ist allerdings dann nicht mehr gewährleistet, wenn man die Beteiligung einer GmbH und Co. als Komplementär einer KGaA für zulässig erachtet (s. HansOLG Hamburg, Die AG 1969, 259).

[72] *v. Bargen*, S. 59. Nachteilig ist bei der OHG die Zugriffsmöglichkeit der Privatgläubiger der Gesellschafter auf das Gesellschaftsvermögen (*Castan*, Hamb. Jb. f. Wirtschafts- und Gesellschaftspolitik, 1968, 206).

[73] Insoweit verdient die Konzeption von *Gohl* Zustimmung.

[74] In diesem Sinne etwa *R. Reinhardt*, S. 58, Rn 114.

auch keinen Unterschied machen, ob einziger Komplementär einer KG eine natürliche Person oder eine GmbH sei.

Mit diesem Einwand wird jedoch übersehen, daß die Beteiligung von Gesellschaften nicht lediglich die formale Ersetzung eines Gesellschafters durch eine Gesellschaft bewirkt, sondern daß die aufnehmende Gesellschaft dadurch strukturell verändert, insbesondere bei den Personalgesellschaften mittelbare Fremdorganschaft eingeführt werden kann[75]. Es handelt sich also nicht nur um die Beschränkung einer „an sich" unbeschränkten Haftung[76], die geringeres Vertrauen verdient. Bei der Beteiligung von Kapitalgesellschaften besteht vielmehr immer die Möglichkeit, daß deren Organe die unternehmerischen Entscheidungen der aufnehmenden Gesellschaft treffen, ohne dafür zu haften oder durch eigene Vermögensinteressen gebunden zu sein. Die Beschränkung der Haftung geht regelmäßig mit der Schmälerung des persönlichen Kredits einher[77]. Die „echte" KG genießt einen besseren Ruf als die GmbH und Co.[78]. Innerhalb der Personalgesellschaften hat die „psychologische Zwangstheorie" ihre Berechtigung.

Die Differenzierung innerhalb derselben Gesellschaftsform wird durch die Entwicklung bei der Genossenschaft bestätigt. Ursprünglich hafteten alle Genossen unbeschränkt für die Verbindlichkeiten der Genossenschaft[79]. Da die Genossenschaft der AG nachgebildet ist[80], kann man die ursprünglich vorhandene „unbeschränkte Haft der einzelnen Mitglieder nicht mehr als ein natürliches, der Art der Gesellschaft schlechthin immanentes Prinzip ansehen, sondern nur als ein äußerliches zur Verstärkung der Kreditbasis"[81]. Die wirtschaftlich schwache Genossenschaft mußte potentiellen Gläubigern erst vertrauenswürdig gemacht werden[82]. Der Umfang des dem Gläubigerzugriff offenstehenden Vermögens stand hierbei zwar im Vordergrund. *Goldschmidt* sah aber in der Verstärkung der Kreditbasis durch die unbeschränkte Haftung der Genossen ein „zur Erreichung gewisser wirtschaftlicher und *sittlicher* Zwecke" hinzutretendes „Supplement". Wegen der fehlenden Ver-

---

[75] Vgl. § 7 II 2, 4.

[76] Umwandlung in eine GmbH und Co. i. e. S. (vgl. I 2; *Wessel*, BB 1972, 67). § 24 a HGB i. d. F. d. § 26 EntwEGGmbHG regelt nur die Firma der KG, nicht die der OHG, an der ausschließlich Kapitalgesellschaften beteiligt sind.

[77] *Westermann*, Vertragsfreiheit, S. 275.

[78] *Wessel*, BB 1972, 67; *Klunzinger*, DB 1973, 1881 1. Sp.

[79] § 12 preuß. G. v. 4. 7. 1868 (preuß. GBl. S. 415).

[80] Das Genossenschaftsvermögen steht nicht dem Zugriff der Privatgläubiger der Genossen offen, die Genossen sind nicht in der Lage, „die Geschäftsführung des Vereins auch nur in gehöriger Weise zu überwachen" (*Goldschmidt*, Verh. d. 8. DJT Bd. II 1869, S. 69).

[81] *Goldschmidt*, Verhandlungen des 8. DJT Bd. II, 1869, S. 70.

[82] *Teichmann*, S. 84.

knüpfung von Haftung und Leitung setzte er sich zwar für die Zulassung der beschränkten Mitgliederhaftung ein, erkannte aber vorbehaltlos an, daß „im Zweifel . . . Genossenschaften mit unbeschränkter Haft stets vor denjenigen mit beschränkter Haft den Vorzug genießen werden[83].

b) Kreditwürdigkeit und Risikoneigung

Die Wertschätzung der unbeschränkten Haftung mindestens einer natürlichen Person beruht auf der Überzeugung, daß dadurch ein wünschenswerter Einfluß auf die unternehmerischen Risikoentscheidungen der Gesellschaft gewährleistet ist. Dieser Ausgangspunkt bedarf einer genaueren Prüfung.

aa) Unentziehbarer Kernbereich der Einwirkungsmöglichkeit des beschränkt Haftenden

Abweichend von dem gesetzlichen Leitbild der Personalgesellschaft, nach dem Haftung und Geschäftsführung eng verbunden sind (§ 164 HGB), ist es möglich (§ 163 HGB), den unbeschränkt haftenden Gesellschaftern die organschaftliche Geschäftsführungsbefugnis zu entziehen[84] und Kommanditisten oder Gesellschaftsfremden entscheidenden Einfluß auf die Unternehmensleitung einzuräumen[85]. Das gilt nicht nur für die Wahrnehmung der laufenden Angelegenheiten, sondern auch für außergewöhnliche Geschäftsführungsmaßnahmen und sogar für Grundlagengeschäfte[86]. Solange den unbeschränkt haftenden Gesellschaftern umfangreiche Kontrollrechte zustehen, können sie ihre durch die unbeschränkte Haftung motivierten Interessen dennoch hinreichend zur Geltung bringen[87]. Der Gesellschaftsvertrag kann jedoch die Kontrollbefugnisse sowohl der geschäftsführenden wie der nicht geschäftsführenden Gesellschafter einschränken und sogar ausschließen[88]. Durch diese gesellschaftsvertragliche Gestaltung, die nicht dem Einwand des Formenmißbrauchs ausgesetzt ist[89], wird nun allerdings der Zusammenhang von Haftung und Leitungsmacht so wesentlich abgeschwächt, daß die Wertschätzung der unbeschränkten Haftung nicht durchweg

---

[83] *Goldschmidt, S. 69.* Die sozialethische und erzieherische Funktion der unbeschränkten Haftpflicht betont *Jaeger,* S. 57 ff., 59 m. w. Nachw.

[84] BGH, JZ 1969, 469.

[85] s. dazu *Wiedemann,* Verbandssouveränität und Außeneinfluß, in: Gesellschaftsrecht und Unternehmensrecht, Festschr. f. W. Schilling 1973, 105 ff.

[86] Ausführlich *Westermann,* Vertragsfreiheit, S. 213 ff.

[87] „Das natürliche Prinzip der unbeschränkten Verantwortlichkeit wird deshalb nicht nur durch die Möglichkeit des eigenen Handelns gerechtfertigt, sondern auch durch die Möglichkeit der eigenen ausreichenden Aufsicht" (*Goldschmidt,* S. 67, 68).

[88] *Westermann,* Vertragsfreiheit, S. 215 Anm. 12 m. w. Nachw.

[89] *Westermann,* Vertragsfreiheit, S. 277.

gerechtfertigt erscheint. Zwar steht die Abschwächung der Kontrollrechte unter dem Vorbehalt des § 118 Abs. 2 HGB: Ungehindert durch vereinbarte Beschränkungen können die Kontrollrechte geltend gemacht werden, wenn Grund zu der Annahme unredlicher Geschäftsführung besteht. „Redlichkeit" ist jedoch nicht der für die Beurteilung der Kreditwürdigkeit maßgebliche Gesichtspunkt. An der Redlichkeit der beschränkt haftenden Gesellschafter oder der Gesellschaftsfremden generell zu zweifeln, besteht kein Anlaß[90]. Was man bei dem unbeschränkt Haftenden eher erwartet, sind verstärkte Bereitschaft und Fähigkeit zur Leistungssteigerung, überobligationsmäßiges Verhalten, erhöhte Sorgfalt. Sind die unbeschränkt haftenden Gesellschafter aber von der Unternehmensleitung abgeschnitten, besteht dann noch Grund zur Abgrenzung gegenüber einer Gesellschaft, bei der keine natürliche Person unbeschränkt haftet und die von den Organen einer beteiligten juristischen Person geleitet wird?

Der Grund liegt, wenn auch sehr entfernt, darin, daß der Einfluß wenigstens eines unbeschränkt haftenden Gesellschafters auf die Unternehmensleitung in einem Kernbereich doch nicht ausgeschlossen werden kann. Zunächst einmal können die persönlich haftenden Gesellschafter ihren Einfluß bei Abschluß des Gesellschaftsvertrages oder bei der Bestellung Dritter geltend machen. Insofern ist ihr Einfluß auf die Unternehmensleitung lediglich vorverlagert. Maßgeblich können sie darauf achten, daß zwischen ihnen und den Unternehmensleitern ein Vertrauensverhältnis besteht[91]. Entscheidend ist jedoch, daß dem letzten unbeschränkt haftenden Gesellschafter die organschaftliche Vertretungsmacht nicht entzogen werden kann[92]. Diesem verbleibt dadurch eine ständige Kontrollbefugnis, die er — wenn schon nicht nach Maßgabe des § 118 HGB — dadurch ausübt, daß er die Vertretungsmacht des Kommanditisten oder Gesellschaftsfremden abbrechen kann, sowie deren Rechtsgeschäften zuwiderlaufende Maßnahme einzuleiten vermag[93]. Ob der unbeschränkt haftende Gesellschafter dadurch obligatorische Pflichten im Innenverhältnis verletzt oder nicht, ändert an seiner potentiellen Rechtszuständigkeit nichts. Ihm verbleibt als Minimum ein taugliches Mittel zur Wahrung und Verfolgung seiner eigenen, durch die unbeschränkte Haftung motivierten Interessen, ohne daß Grund zur Annahme unredlicher Geschäftsführung bestehen müßte. Die Verbindung von unbeschränkter Haftung und Unternehmensleitung ist — wenn auch in abgeschwächter Form — stets sichergestellt.

---

[90] Darin verdient ein Mitglied nicht per se mehr Vertrauen als ein Beauftragter.

[91] *Teichmann*, S. 119; *Reinhardt*, S. 84 vor Rn 179.

[92] BGH, JZ 1969, 469.

[93] *Wiedemann*, JZ 1969, 471.

Deshalb bleibt die an der unbeschränkten Haftung mindestens einer natürlichen Person orientierte Differenzierung innerhalb der Personalgesellschaften berechtigt, auch wenn die Gesellschaft durch „Hintermänner" fremd bestimmt werden kann, oder sich der Gesellschafter durch Freistellungsansprüche[94] oder Vermögensübertragung einen Ausgleich für seine unbeschränkte Haftung zu verschaffen sucht. Wo der Komplementär „nicht bloß ein Strohmann, eine Puppe in den Händen eines schlauen Kommanditisten ist, wird sei eigenes Interesse ihm gebieten, eifersüchtig darüber zu wachen, daß das Gesellschaftsvermögen weder verschleudert noch verringert werde, denn in letzter Instanz wird immer er selber es sein, der mit seinem ganzen Vermögen in unbeschränkter Höhe den ganzen Ausfall zu decken hat"[95].

Wie dem letzten unbeschränkt haftenden Gesellschafter der aufnehmenden Gesellschaft ist aber auch dem letzten unbeschränkt haftenden Gesellschafter einer beteiligten Gesellschaft ein Kernbereich — gestufter — Einflußmöglichkeit auf die Leitung der aufnehmenden Gesellschaft nicht entziehbar, so daß es nicht darauf ankommt, ob die letzte unbeschränkt haftende natürliche Person Gesellschafter der aufnehmenden oder einer beteiligten Gesellschaft ist.

bb) Unerheblichkeit der Risikoneigung mangels Beherrschbarkeit des Risikos?

„Das natürliche Prinzip der unbeschränkten Verantwortlichkeit besteht nur insoweit, als die Möglichkeit des eigenen Handelns oder der eigenen Aufsicht ausreicht; wenn aber beides durch die Umstände ausgeschlossen ist, dann ist es weder unnatürlich noch unsittlich, daß für Handlungen Dritter nur eine beschränkte Haftung übernommen wird"[96]. Mangelnde Beherrschbarkeit der untermehmerischen Entscheidung von innen rechtfertigt also die beschränkte Haftung[97]: Keine Haftung ohne Herrschaft. Dieser Satz wird auch für die Fälle eines übergroßen Risikos nach außen anerkannt, ausgehend vom Seerecht[98].

---

[94] Müssen die Kommanditisten aufgrund von Freistellungsklauseln auch nach außen unbeschränkt für die Gesellschaftsschulden einstehen, so ist es zweifelhaft, ob der Gesellschaftszusatz „KG" noch angemessen ist (*Buchmeister*, BB 1973, 687, 688).

[95] *Ehrenberg*, Beschränkte Haftung des Schuldners nach See- und Handelsrecht, 1880, S. 413.

[96] *Goldschmidt*, 8. DJT Bd. II 1869, S. 67.

[97] *Großfeld*, S. 108 zitiert das Privileg Friedrichs III. für die Stadt Nürnberg von 1464: Die Kommanditisten sollten nur beschränkt haften, weil sie die „hantierung der gesellschaft nit pflegen zu handeln".

[98] *Großfeld*, S. 108.

Bereits Ende des 19. Jh. wurde darauf hingewiesen, daß die Menge und räumliche Ausdehnung der Geschäfte sich gegenüber früheren Zeiten derart vergrößert habe, daß weder Gesellschaften mit wenigen Unternehmern noch der Einzelkaufmann die Gesamtheit der geschäftlichen Beziehungen kontrollieren könnten[99]. Der Erschwerung der Geschäftstätigkeit müsse daher eine Erleichterung der Haftung entsprechen.

Diesen Gesichtspunkt hat *J. Limbach*[100] weiterentwickelt: Der einzelne sei heute nicht mehr imstande, den Wirtschaftsprozeß in seiner Gesamtheit zu begreifen, und nicht mehr fähig, seine wirtschaftliche Umwelt völlig zu überblicken. Die aktuellen Erscheinungsformen des wirtschaftlichen Fortschritts, Automation und Rationalisierung, machten persönliches Können in immer weiterem Umfang überflüssig. Dem Unternehmer verblieben mehr und mehr nur gewöhnliche Verwaltungsarbeiten. Durch diese Entwicklung werde auch die persönliche Verantwortung gemindert.

Wenn aber das unternehmerische Risiko nicht mehr beherrscht werden kann, dann verliert eine an der Risikoneigung des Entscheidungsträgers orientierte Unterscheidung der Kreditwürdigkeit ihre Berechtigung.

Der These von der zunehmenden Unbeherrschbarkeit des unternehmerischen Risikos tritt allerdings *Immenga*[101] entgegen. Er betont, daß wirtschaftliches Risiko in der Gefahr mangelnder Absetzbarkeit von Gütern bestehe. In der Marktwirtschaft sei der Erfolg wirtschaftlicher Tätigkeit allenfalls in geringem Maße berechenbar. Seine „Geschäfte beherrschen" könne in diesem System nur der Träger wirtschaftlicher Macht. Fraglich sei deshalb allein, ob das unternehmerische Risiko als Folge wirtschaftlicher Entwicklung einen veränderten Charakter erfahren habe. *Immenga* verneint dies. Zwar sei das Wirtschaftsleben komplexer geworden. Gerade Automation, Rationalisierung und Spezialisierung dienten im modernen Unternehmen aber auch dazu, den Entscheidungsprozeß zu erleichtern, „weil vieles nun genau berechnet werden kann, was in alten Zeiten durch geniale Erleuchtung erfaßt werden mußte"[102]. Der Inhalt unternehmerischer Entscheidungen über markterhebliche Faktoren sei derselbe geblieben. Tendenzen zur Ablösung des verantwortlichen Unternehmers durch eine kollektive Technostruktur räumt *Immenga* allenfalls für die Großindustrie ein, nicht aber für das mittelständische Unternehmen.

---

[99] *Immenga*, S. 123. Dort auch zum Folgenden.

[100] Theorie und Wirklichkeit der GmbH, 1965, 107 ff.

[101] S. 124. Gegen ihn *Helm*, ZGR 1973, 478, 483, der die Steuerungsmöglichkeiten und die Risikobeherrschung durch den Unternehmer für begrenzt hält.

[102] *Schumpeter*, zit. von *Immenga*, S. 124.

Mit der Möglichkeit verantwortlicher Risikoentscheidungen bleibt also die Orientierung am Risikoverhalten des Entscheidungsträgers berechtigt.

cc) Betriebswirtschaftliche Entscheidungstheorie

Der Hinweis *Ballerstedts*[103], die persönliche Haftung werde vor allem von Juristen falsch gewürdigt, legt es schließlich nahe, die Bedeutung der unbeschränkten Haftung für das unternehmerische Verhalten anhand der Betriebswirtschaftslehre[104] zu überprüfen. In der Entwicklung der Betriebswirtschaftslehre finden sich immer wieder Ansätze zur Formulierung einer Risikolehre, doch reichen sie in der Regel nur wenig über die Empfehlung „praktikabler Faustregeln" hinaus[105]. Das Fehlen einer Risikotheorie liegt möglicherweise darin begründet, daß Risikoeinstellung und Risikoverhalten als „selbstverständliche" Begleiterscheinungen aller Arten zukunftsgerichteter Willensakte angesehen werden und somit ihre Behandlung letztlich nur als eine Ergänzung der Analyse betriebswirtschaftlicher Zusammenhänge gesehen wird. Mit der Entwicklung der entscheidungsorientierten Betriebswirtschaftslehre hat sich dieses Problembewußtsein aber verändert. Die Betriebswirtschaftslehre versucht nun ein geschlossenes interdisziplinär fundiertes Aussagesystem zu entwickeln, welches das Entscheidungsverhalten der Menschen in Betriebswirtschaften in den Mittelpunkt stellt. Realistische Aussagen zur Erklärung des Entscheidungsverhaltens können danach nur erzielt werden, wenn es gelingt, die Risikoeinstellung als wesentliche Determinante ökonomischen Handelns zu analysieren und in Grundmodelle aufzunehmen[106].

Ohne auf die verschiedenen Ansätze in diesem Problembereich eingehen zu müssen, kann man feststellen, daß es eine geschlossene betriebswirtschaftliche Theorie des Risikoverhaltens bisher nicht gibt. Viele Untersuchungen zum Risikoverhalten enden mit der Feststellung, daß eine Auseinandersetzung mit diesem Problemkreis mehr Fragen aufwirft, als sie zu beantworten in der Lage ist[107].

Soweit ersichtlich unterscheidet die Entscheidungstheorie nicht zwischen Risikohandlungen unbeschränkt oder beschränkt Haftender, sondern befaßt sich mit der Frage, zu welchem Verhalten bestimmte

---

[103] ZHR 128 (1966), 119, 122.

[104] Vor Schlußfolgerungen von betriebswirtschaftlicher Zweckmäßigkeit auf die juristische Notwendigkeit von Gesellschaftsformen warnt *Westermann*, Vertragsfreiheit, S. 147.

[105] *Kupsch*, S. 1 ff.

[106] *Heinen*, S. 263 f.

[107] *Kupsch*, S. 300.

Risikosituationen führen. Relevant ist aber auch die aus persönlichen Umständen resultierende Risikobereitschaft[108].

Aufschlußreich ist die Stellungnahme von *Castan* zu der Frage, ob sich die Risikobereitschaft der Unternehmensleitung einer GmbH durch die Publizität des Jahresabschlusses vermindere. *Castan* führt dazu aus[109], daß Risikobereitschaft des Entscheidenden ein subjektiver Tatbestand sei, der mit Art und Höhe der objektiv eingegangenen Risiken nicht identisch sei. Die Risikobereitschaft entspreche der Neigung des einzelnen, bei Unsicherheit der Erwartungen unter mehreren möglichen Entscheidungen regelmäßig diejenige mit einem bestimmten Wahrscheinlichkeitsgrad des Gewinnes oder Verlustes zu wählen. Zwischen in etwa gleich großen Unternehmen derselben Branche werde die Risikoneigung von zahlreichen Faktoren bestimmt. Hierbei könne auch die Publizität eine gewisse Rolle spielen, sei aber auf keinen Fall für die Risikoneigung allein maßgebend.

Kann man danach auch nicht erwarten, den Einfluß der unbeschränkten Haftung auf das Risikoverhalten mit Hilfe der Betriebswirtschaftslehre belegen zu können, so ist doch immerhin deutlich geworden, daß die Risikoeinstellung des Unternehmers die wesentliche Determinante ökonomischen Handelns ist. Eine Differenzierung in diesem Bereich erscheint deshalb nicht willkürlich.

V. Zusammenfassung

Der nach den Firmenbildungsvorschriften notwendige bestimmte Gesellschaftszusatz ist vollständig nur dadurch erklärbar, daß die Firma — über ihre Namensfunktion hinaus — zur Offenlegung der geschäftlichen Verhältnisse des in der Leistungserstellung anonymen kaufmännischen Unternehmens bestimmt ist. Die in der Firma enthaltene Information ist ein Ausschnitt allgemeiner handelsrechtlicher Publizität, die dem potentiellen Gläubiger in gewissem Umfang die Einschätzung des im Geschäftsabschluß liegenden finanziellen Risikos ermöglichen soll. Dabei geht es von vornherein nicht um die unmittelbare Offenlegung der Bonität des Unternehmens, sondern solcher Merkmale, deren Kenntnis in dem berechtigten Interesse der potentiellen Gläubiger an einer Einschätzung ihres Vertrauens in die Leistungserstellung durch das Unternehmen liegt. Die Firma hat hierbei die Bedeutung einer ersten

---

[108] *Gutenberg*, S. 71. Man wird zu dieser Frage in der Betriebswirtschaftslehre kaum eine eingehende Stellungnahme finden. Denn die Wirtschaftswissenschaften meinen nicht mehr den Unternehmer alten Stils als Individuum, sondern die Institution der Unternehmensführung, die planvolle wirtschaftliche Entscheidungen trifft (*Raiser*, S. 8).

[109] Hamb. Jb. 1968, 203.

Information über die rechtlichen Merkmale des Unternehmensträgers, soweit diese für die Kreditwürdigkeit von Bedeutung sind. Ein allgemeiner Zusammenhang zwischen Kreditwürdigkeit und Gesellschaftsmerkmalen besteht aber nur im Bereich der Haftung. Innerhalb der Personalgesellschaften ist eine Differenzierung danach berechtigt, ob mindestens eine natürliche Person unbeschränkt für die Gesellschaftsschulden haftet oder nicht. Nur insoweit läßt sich die Offenlegung einzelner Gesellschaftsmerkmale in der Firma begründen. Ein dementsprechend differenzierender Firmeninhalt würde dazu beitragen, die Bedenken gegen die durch die Beteiligung von Kapitalgesellschaften in den Personalgesellschaften ermöglichte mittelbare Fremdorganschaft[110] zu mildern.

[110] Darin liegt der entscheidende Unterschied der Beteiligung von Gesellschaften gegenüber anderen gesellschaftsvertraglichen Gestaltungsmitteln. Denn die generelle Aufgabe des Prinzips der Selbstorganschaft würde eine OHG oder KG bereits in eine denkbare und in einem Gesetzesvorschlag ausgearbeitete, aber vom Gesetzgeber noch nicht eingeführte neue Personenhandelsgesellschaft verwandeln (*Wiedemann*, Festschr. f. W. Schilling, S. 110). Weniger bedeutsam ist die durch die Beteiligung von Gesellschaften möglicherweise bewirkte Haftungsschrumpfung (vgl. § 7, Anm. 65), da mindestens eine natürliche Person unbeschränkt haftet.

§ 9 Praktisches Ergebnis

I. Die eine zusätzliche Kennzeichnung in der Firma erfordernden gesellschaftsvertraglichen Gestaltungen

Die Frage danach, was die Firma einer Gesellschaft positiv enthalten muß[1], ist nach den durchgeführten Untersuchungen wie folgt zu beantworten: Den Anforderungen der Firmenbildungsvorschriften genügt grundsätzlich die Kennzeichnung der Gesellschaftsart. Eine „GmbH und Co." ist schlicht eine OHG oder KG. Aus der Publizitätsfunktion der Firma folgt jedoch, daß bei den Personalgesellschaften[2] zusätzlich erkennbar sein muß, ob mindestens eine natürliche Person unbeschränkt haftet oder nicht, gleichgültig ob es sich dabei um einen Gesellschafter der aufnehmenden oder der beteiligten Gesellschaft handelt.

Demnach ist die Beteiligung einer Personalgesellschaft nur dann in der Firma der aufnehmenden Personalgesellschaft zu berücksichtigen, wenn im konkreten Fall weder in der aufnehmenden noch in der beteiligten Gesellschaft eine natürliche Person unbeschränkt haftet. Gleiches gilt für die Beteiligung von Kapitalgesellschaften an Personalgesellschaften. Zweifelhaft ist allerdings, ob die Beteiligung einer KGaA firmenrechtlich relevant ist, wenn ihr Komplementär eine natürliche Person ist[3]. Kann diesem wegen seiner unbeschränkten Haftung die Möglichkeit der Einwirkung auf die Unternehmensleitung in einem Kernbereich ebensowenig entzogen werden wie dem letzten persönlich haftenden Gesellschafter einer Personalgesellschaft[4], so ist es folgerichtig, die Beteiligung einer KGaA in der Firma der aufnehmenden Personalgesellschaft nicht zu kennzeichnen[5].

---

[1] Vgl. § 5 II 3.

[2] Die Beteiligung von Gesellschaften an Kapitalgesellschaften ist für den Inhalt der Firma ohne Bedeutung. Die unterschiedliche Anwendung von § 19 HGB und § 4 GmbHG („Name") ist berechtigt. Auch wenn man die Beteiligung von Gesellschaften als Komplementäre einer KGaA für zulässig hält (HansOLG Hamb., vgl. § 7, Anm. 49), bedarf es keiner Anpassung der Firma der KGaA. Für die Kreditwürdigkeit der KGaA ist die unbeschränkte Haftung mindestens einer natürlichen Person nur von geringer Bedeutung (vgl. § 8 IV 2 a aa.).

[3] So nach der h. M. (vgl. *Pflug* NJW 1971, 345 Anm. 12 m. Nachw.).

[4] Vgl. § 8 IV Anm. 84.

[5] Anders § 24 a HGB i. d. F. d. § 26 EntwEGGmbHG, wo die „Kapitalgesellschaften" insoweit gleichbehandelt werden.

II. Die Notwendigkeit einer Gesamtaussage über die Kreditwürdigkeit der aufnehmenden Gesellschaft

Fraglich bleibt, auf welche Weise eine über die begriffliche Kennzeichnung hinausgehende Offenlegung einzelner Gesellschaftsmerkmale in der Firma sichergestellt werden kann, ohne daß die durch die bloße Kennzeichnung der Gesellschaftsart problemlose Firmenklarheit[6] in Frage gestellt wird.

Die wörtliche Anwendung des § 19 HGB („Name“ = Firma einschließlich des Gesellschaftszusatzes) bewirkt eine Häufung von Gesellschaftszusätzen, die nicht nur zu umständlichen und unklaren Firmen führt[7], sondern nur schwerlich mit der Ordnungsfunktion der Firma vereinbar erscheint, nach der Kapitalgesellschaften und Personalgesellschaften stets als solche erkennbar sein sollen[8]. Die Gefährdung der Ordnungsfunktion der Firma ergibt sich daraus, daß Gesellschaftszusätze nicht am Klangbild der Firma teilnehmen und vom Publikum nicht danach unterschieden werden, ob sie sich auf die aufnehmende oder auf die beteiligte Gesellschaft beziehen[9]. Deshalb ist auch der vom OLG Hamm[10] beschrittene Weg der Verknüpfung von Gesellschaftszusatz und Gesellschafterzusatz („GmbH und Co. KG“) nicht problemlos, insbesondere wenn in der Firma der beteiligten GmbH die Bestandteile „Gesellschaft“ und „mbH“ getrennt erscheinen. Den Hinweis „GmbH und Co. KG“ als einheitlichen, die aufnehmende Gesellschaft insgesamt kennzeichnenden Gesellschaftszusatz aufzufassen, ist aber bedenklich, weil es einen Begriff der GmbH und Co. KG nicht gibt, sondern sich dahinter verschiedenartige Gestaltungen der KG verbergen.

Die Verknüpfung von Gesellschaftszusatz und Gesellschafterzusatz kommt freilich der Publizitätsfunktion der Firma insofern entgegen, als es um eine Gesamtaussage über die rechtlichen Verhältnisse der aufnehmenden Gesellschaft geht. Im Vordergrund steht die Kreditwürdigkeit der aufnehmenden Gesellschaft. Nicht auf die Gesellschaftsform der beteiligten Gesellschaft kommt es primär an, sondern auf ihre Bedeutung für die Kreditwürdigkeit der aufnehmenden Personalgesellschaft.

Deutlich wird dieser Gedanke etwa in denjenigen Stellungnahmen, die auch eine „AG und Co.“ als „GmbH und Co.“ bezeichnen[11], denn

---

[6] Vgl. oben § 6 V.
[7] Vgl. oben § 4 und § 5.
[8] *Riechert* (vgl. oben § 4 Anm. 52; § 5 Anm. 49).
[9] Vgl. § 5 IV.
[10] DNotZ 1954, 92 = BB 1953, 989.
[11] Nachweise bei *Gohl*, S. 13 Anm. 33.

beide gesellschaftsvertraglichen Gestaltungen gleichen sich dadurch, daß möglicherweise keine natürliche Person unbeschränkt haftet. Die Vorstellung einer einheitlichen Kennzeichnung der aufnehmenden Gesellschaft liegt auch dem Vorschlag von *Wessel*[12] zugrunde, bei einer Firmenfortführung unter Beteiligung einer GmbH stets den Gesellschaftszusatz „GmbH und Co. KG" aufzunehmen, auch wenn der Zusatz „KG" in der Firma der aufnehmenden Gesellschaft nicht enthalten war. Schließlich ist Anlaß für die Regelung des § 24 a HGB i. d. F. des § 26 EntwEGGmbHG[13] ein Merkmal der aufnehmenden Gesellschaft, nämlich die „beschränkte" Haftung der GmbH und Co. KG (und ihr gleichgestellter Gesellschaftsbildungen)[14].

III. § 24 a HGB i. d. F. des § 26 EntwEGGmbHG

Die Regelung des § 24 a HGB[15] geht allerdings weiter als es zur Kennzeichnung der „beschränkten" Haftung der aufnehmenden Gesellschaft unbedingt erforderlich wäre. Zum einen dadurch, daß nicht nur der Gesellschaftszusatz einer der beteiligten Kapitalgesellschaften, sondern ihre gesamte Firma aufgenommen werden muß. Das ist deshalb entbehrlich, weil im Fall der Firmenfortführung allgemein auf die Erkennbarkeit beteiligter Gesellschafter verzichtet wird. Die Kenntnis der Person eines Gesellschafters liegt weder im notwendigen Vertrauensschutz der Gläubiger, die bereits vor „Umwandlung" der Gesellschaft in Geschäftsbeziehungen mit ihr standen, noch im berechtigten Interesse solcher Gläubiger, die erstmalig Geschäftsbeziehungen zu der Gesellschaft aufnehmen[16]. Denn wegen der Durchbrechung der Firmenwahrheit kann letztlich keiner Firma mit Sicherheit entnommen werden, wer Gesellschafter ist[17]. Zum anderen ist aber auch die Aufnahme des Gesellschaftszusatzes einer beteiligten Gesellschaft nicht erforderlich, da es nicht primär darauf ankommt, ob die beteiligte Gesellschaft eine AG, GmbH (oder GmbH und Co. KG)[18] ist, sondern auf die „beschränk-

[12] BB 1972, 68.

[13] BundestagsDrs. 7/253.

[14] BundestagsDrs. 7/253, S. 256.

[15] Der Wortlaut ist mißverständlich. Bei Beteiligung *mehrerer* Kapitalgesellschaften wird die Aufnahme der Firma *der* Kapitalgesellschaft gefordert. Daraus wird man nicht schließen können, daß mehrere Firmen aufzunehmen sind (was *Wessel*, BB 1972, 67 erwägt), sondern nur, daß die Firma einer Kapitalgesellschaft, gleich welcher, aufgenommen werden muß. Das macht deutlich, daß weniger die Gesellschaftsform beteiligter Kapitalgesellschaften, sondern auf jeden Fall die „beschränkte" Haftung der aufnehmenden Gesellschaft erkennbar sein soll.

[16] Auch *Gohl* verlangt nur die Aufnahme des Gesellschaftszusatzes „GmbH".

[17] *Wessel*, BB 1972, 67.

[18] Die Beteiligung der GmbH und Co. KG ist nicht ausdrücklich in den Gesetzesvorschlag einbezogen worden, um der dreistufigen GmbH und Co. KG

te" Haftung der aufnehmenden Gesellschaft. Sind mehrere Gesellschaften beteiligt, etwa eine „X AG" und eine „A GmbH", so ist es wenig sinnvoll, eine Wahlmöglichkeit zwischen den Firmierungen „X AG und Co. KG" und „A GmbH und Co. KG" zu eröffnen[19].

§ 24 a HGB schießt aber nicht nur über das Ziel hinaus, sondern ist auch geeignet, heillose Verwirrung zu stiften[20]. Man muß sich nur vorstellen, daß die nach § 24 a HGB gebildete Firma als „Name" i. S. des § 19 HGB in eine ursprüngliche Firma „eingebracht" wird. Auch die Aufnahme allein des Gesellschaftszusatzes einer beteiligten Gesellschaft führt aber zu mißverständlichen Firmierungen[21]. Im Hinblick auf die gesamte Firmenordnung praktikabel und dem begrenzten Kennzeichnungserfordernis angemessen ist es deshalb allein — und das gilt sowohl für die ursprüngliche wie die abgeleitete Firma —, daß ein „sonst verdeutlichender" Zusatz[22] aufzunehmen ist, der auf die „beschränkte" Haftung hinweist.

IV. Vorschlag: „OHGmbH", „KGmbH"

Wie dieser verdeutlichende Zusatz lauten soll, kann man allerdings aus dem geltenden Recht nicht ableiten. Sowohl im Sinne einer richterlichen Rechtsfortbildung wie im Sinne einer gesetzlichen Reform des Firmenrechts liegt es aber, an bekannte Vorstellungen anzuknüpfen[23].

---

nicht auf diese Weise gesellschaftsrechtliche Anerkennung zu verschaffen (BundestagsDrs. 7/253, S. 256). Unter der Voraussetzung gesellschaftsrechtlicher Zulässigkeit, soll § 24 a HGB analog angewandt werden (dagegen *Klunzinger*, DB 1973, 1885). Wie ist zu verfahren, wenn einziger Komplementär eine OHG ist, deren einzige Gesellschafter Kapitalgesellschaften sind (A GmbH, X AG)?

[19] Scheidet im letzten Beispiel nur die GmbH aus, während die AG als einzige Komplementärin beteiligt bleibt, so wäre nach den von der Rechtsprechung entwickelten Grundsätzen wohl die Streichung von „GmbH" und die Aufnahme von „AG" erforderlich.

[20] Beispiele bei *Wessel*, BB 1972, 67.

[21] *Winter*, GmbHRdSchau 1972, 8 Anm. 28; oben § 4 u. § 5.

[22] Stellungnahme des Bundesrats zum RegEntwEGGmbHG (Bundestags Drs. 7/253, S. 266).

[23] Als Vorbild könnte — trotz grundlegender Unterschiede im übrigen — wieder das englische Recht dienen (s. bereits § 3 II 2 a. E.): Beteiligt sich eine company limited als Gesellschafter an einer Personalhandelsgesellschaft, so ist jene das namengebende Unternehmen. Insoweit wird im Bereich der Grundtypenverbindungen und -vermischungen die Regel durchbrochen, nach der Personalgesellschaften einen Handelsnamen wählen können, der noch nicht einmal den Namen eines Gesellschafters aufweist. Außer der Pflicht zur Führung des haftungsbeschränkenden Zusatzes besteht jedoch kein Gebot, darüber hinaus anzuzeigen, in welcher Rechtsform das Unternehmen organisiert ist. Im Regelfall mag der Handelsname also wie folgt gebildet werden: XY und Co., Limited. Scheidet eine namengebende company limited aus, so muß der Zusatz „limited" entfallen, wenn keine weitere company limited beteiligt ist (*Hofstetter*, S. 87, 88).

Deshalb soll hier ein in anderem Zusammenhang[24] geäußerter Vorschlag aufgegriffen werden, nämlich die Aufnahme der Zusatzes „mbH" in den Fällen, in denen keine natürliche Person unbeschränkt für die Verbindlichkeiten der Personalgesellschaft haftet. Eine besondere Kennzeichnung der unbeschränkten Haftung wie ursprünglich bei der Genossenschaft („eGmuH") ist entbehrlich[25]. Unter Berücksichtigung dieses Vorschlages ergeben sich folgende Firmierungen:

(a) Ursprüngliche Firma.

Einziger Komplementär einer KG ist die „A GmbH". Dann könnte die Firma lauten „A KG mbH", „A und Co. mbH", „A und Co. KG mbH" o. ä.[26].

Sind einzige Gesellschafter einer OHG die „X AG" und die „A GmbH", dann könnte die Firma lauten: „X OHG mbH" oder „A OHG mbH", „X und Co. mbH" oder „A und Co. mbH" usw.

(b) Abgeleitete Firma.

Wandelt sich die „A KG" oder „A und Co." in eine GmbH und Co. i. e. S. um[27], so muß die Firma lauten „A KG mbH" oder „A und Co. mbH". Tritt aus der Personalgesellschaft „A KG mbH" die letzte unbeschränkt haftende Kapitalgesellschaft aus, unter Eintritt einer unbeschränkt haftenden natürlichen Person, so ist „mbH" zu streichen.

Übernimmt die „A KG mbH" die Gesellschaft „B und Co." mit dem Recht der Firmenfortführung, so muß sie — wenn nicht von der Möglichkeit des Nachfolgezusatzes Gebrauch gemacht wird — firmieren: „B und Co. mbH".

Bedenken gegen die vorgeschlagene Lösung bestehen zunächst wegen der Gefahr einer Verwechslung mit der GmbH, weil nach dem Wortlaut des § 4 GmbHG „mbH" als Gesellschaftszusatz ausreicht, so daß Firmen wie „A, B und Co. mbH" als zulässig erachtet werden[28]. Heute hat sich

---

[24] a) Im Zusammenhang mit der Einführung einer Personalgesellschaft mbH der *Oechelhäusersche Entwurf* einer Gesellschaft mit beschränkter Haftbarkeit vom Februar 1884 (abgedr. in *Wieland,* Handelsrecht II, S. 399 und bei *Schilling,* S. 205) § 1 Abs. 2: „Jede Firma muß den Zusatz „mit beschränkter Haftbarkeit" (oder in Abkürzung: mbH) enthalten". b) Im Zusammenhang mit der Einführung der beschränkten Haftung des Einzelkaufmanns, *Pisko,* Entwurf zu einem Gesetz über Einzelunternehmungen mit beschränkter Haftung, Grünhuts Zeitschrift 37, 699, § 4: „Die Firma muß den Beisatz: „Einzelunternehmung mit beschränkter Haftung" in unabgekürzter Form und einen dem Gegenstand des Unternehmens ausdrückenden Beisatz enthalten . . .". c) *Haas,* GmbHRdSchau 1969, 22.

[25] Dort bedurfte es noch der Abgrenzung gegenüber der eingetragenen Genossenschaft mit unbeschränkter Nachschußpflicht (vgl. § 3 II 1).

[26] Vgl. § 4 I 2.

[27] Vgl. § 8 I 2.

[28] Vgl. § 4 Anm. 89 a. E.

jedoch der Zusatz „Gesellschaft mbH“ oder „GmbH“ allgemein durchgesetzt. Nach § 4 EntwGmbHG[29] reicht zukünftig „mbH“ nicht mehr aus. Problematisch bleibt deshalb allein der Fall, daß in der Firma der Personalgesellschaft das Bestehen des Gesellschaftsverhältnisses durch „Gesellschaft“ angedeutet wird. Hier bedarf es notfalls einer Änderung der Firma durch Aufnahme eines anderen unbestimmten oder bestimmten Gesellschaftszusatzes.

Weiterhin läßt sich einwenden, daß durch die vorgeschlagene Lösung der zukünftigen Einführung einer Personalgesellschaft mbH vorgegriffen würde. Die Forderung nach Einführung einer neuen Unternehmensform hat sich in letzter Zeit verstärkt[30]. Die verschiedenen Vorschläge haben aber deutlich gemacht, daß es dabei mit einer Beschränkung der Haftung unter Beibehaltung der übrigen Regelungen für die OHG allein nicht getan ist. Dann aber sollte die neue Gesellschaftsform abweichend bezeichnet werden, indem man an ein für sie charakteristisches Merkmal anknüpft, wie das etwa bei der vorgeschlagenen HGaE erfolgt ist.

Als Orientierung für eine im Rahmen des § 19 HGB mögliche richterliche Rechtsfortbildung und für eine zukünftige Reform des Firmenrechts wird deshalb folgender § 19 Abs. 5 HGB vorgeschlagen:

„Die Firma einer OHG oder KG, an der eine oder mehrere Gesellschaften beteiligt sind, muß stets, auch in den Fällen der Firmenfortführung, den Zusatz „mbH“ enthalten, wenn keine natürliche Person, sei diese Gesellschafter der aufnehmenden oder der beteiligten Gesellschaft, unbeschränkt für die Verbindlichkeiten der OHG oder KG haftet“.

---

[29] BundestagsDrs. 7/253.

[30] Nachweise: BB 1973, 588 Anm. 3; *Geßler*, BB 1968, 717; *Wetter*, BB 1968, 734; 1969, 342; *Schmidt*, BB 1969, 341. Zum Einzelkaufmann mit beschränkter Haftung vgl. *Westermann*, Vertragsfreiheit, S. 119, Anm. 123.

Literaturverzeichnis

Adler: Beiträge zum Firmenrecht, ZHR 85 (1921), 93.

Aktuelle Probleme der GmbH und Co.: Zugleich Bericht über die Arbeitstagung „GmbH und Co.“ in Köln am 16./17. 3. 1967, mit Beiträgen von *Wiethölter, Sudhoff* u. a., Köln 1967.

Anschütz/v. Völderndorff: Kommentar zum Allgemeinen Deutschen Handelsgesetzbuch, Bd. I, Erlangen 1868.

Arbeitskreis GmbH-Reform: (*G. Hueck - M. Lutter - H.-J. Martens - E. Rehbinder - P. Ulmer - H. Wiedemann - W. Zöllner*), Die Handelsgesellschaft auf Einlagen — eine Alternative zur GmbH und Co. KG, Bd. I, Heidelberg 1971.

Bachofner, B.: Die Firma der GmbH und Co., in: Die GmbH und Co. KG im Handels-, Gewerbe- und Steuerrecht, hrsg. von W. Kastner und G. Stoll, Wien 1970, S. 65.

Ballerstedt, K.: Der gemeinsame Zweck als Grundbegriff des Rechts der Personalgesellschaften, JuS 1963, 253.

— Rezension ZHR 128 (1966), 119.

Balser/Meyer/Pichura: Die GmbH. Ein Handbuch für die wirtschaftliche, notarielle und gerichtliche Praxis, 4. Aufl., Freiburg i. Br. 1971.

Barz: Das Ende der GmbH und Co. KG. Zugleich eine Besprechung der Handelsgesellschaft auf Einlagen, NJW 1972, 465.

v. Bargen, K.: Rechtsform und Kreditwürdigkeit bei der GmbH, Diss. Göttingen 1923 (maschinenschr.).

Bauer, C.: Unternehmung und Unternehmensformen im Spätmittelalter und in der beginnenden Neuzeit, Jena 1936.

Baumbach/Duden: Handelsgesetzbuch mit Nebengesetzen ohne Seerecht, 20. Aufl., München 1972.

Baumbach/Hueck: GmbH-Gesetz, 13. Aufl., München 1970.

Behrend, J. Fr.: Lehrbuch des Handelsrechts, Bd. I, Abt. 1, Berlin 1886, Bd. I Abt. 2, Berlin 1896.

Beitzen, W.: Bildung einer GmbH-Firma mit dem Namen einer Auslandsgesellschaft, DB 1972, 2051.

Berndt: Stiftung und Unternehmen, 2. Aufl., Berlin 1971.

Blinz, H.: Das Handelsgeschäft als Sacheinlage bei der Gründung einer AG, Diss. Mainz 1972.

Boesebeck, E.: Die kapitalistische Kommanditgesellschaft, Frankfurt a. M. 1938.

Bondi: Entscheidungsanmerkungen, JW 1931, 3073 und JW 1927, 1112.

Brand/Marowski: Die Registersachen in der gerichtlichen Praxis, 4. Aufl., Berlin/Göttingen/Heidelberg 1956.

Brecher: Subjekt und Verband, in: Festschrift f. A. Hueck 1959, 233.

Brodmann: Gesetz betreffend die Gesellschaften mit beschränkter Haftung, 2. Auflage, Berlin und Leipzig 1930.

— Gesellschaft m. b. H. und Compagnie. Ein Epilog. JW 1922, 1656.

— Noch einmal und zum letztenmal die GmbH und Co., JW 1923, 683.

Buchmeister, H. O.: Die Haftungsübernahme der Kommanditisten in der GmbH und Co. KG, BB 1973, 682.

Bußmann: Name, Firma, Marke, Berlin 1937.

Canaris: Vertrauenshaftung im deutschen Privatrecht, München 1971.

Castan, E.: Zur Frage der Einführung einer Publizitätspflicht für alle Gesellschaftsunternehmen, Hamburger Jahrbuch für Wirtschafts- und Gesellschaftspolitik, 13. Jahr, Tübingen 1968, S. 191.

— Finanzierung und Bilanzierung im Regierungsentwurf eines GmbH-Gesetzes, Hamburger Jahrbuch für Wirtschafts- und Gesellschaftspolitik, 17. Jahr, Tübingen 1972, S. 147.

Cosack: II. Gutachten zum 18. DJT (1886) Bd. I, Berlin 1886, S. 19 über die Frage: Ist eine Beschränkung der Haftung der Mitglieder eingetragener Genossenschaften zu empfehlen?

Daubenbüchel, R.: Unmittelbare Rechtsbeziehungen zwischen einer GmbH und Co. und dem Geschäftsführer ihrer GmbH-Komplementärin? Diss. Köln 1971.

Derichs: Zulässigkeit der Beteiligung juristischer Personen des Handels- und Bergrechts an einer Offenen Handelsgesellschaft bzw. Kommanditgesellschaft vom Gesichtspunkt des Gläubigerschutzes aus, Diss. Bonn 1927.

Deumer: Das Recht der eingetragenen Genossenschaften, München und Leipzig 1912.

Düringer/Hachenburg: Das Handelsgesetzbuch, 3. Aufl., Mannheim/Berlin/Leipzig, Bd. I, Allgem. Einleitung, §§ 1 — 104 (Geiler, Hoeniger, Lehmann), 1930, Bd. II, 2. Hälfte, §§ 105 — 177 (Flechtheim), 1932.

Ehrenberg, V.: Beschränkte Haftung des Schuldners nach See- und Handelsrecht, Jena 1880.

— Über das Wesen der Firma, ZHR 28 (1882), 25.

— Rechtssicherheit und Verkehrssicherheit mit besonderer Rücksicht auf das Handelsregister, JheringsJb 47 (1904), 273.

Ehrenbergs Handbuch des gesamten Handelsrechts, hrsg. von Victor Ehrenberg, Bd. I, Leipzig 1913 (darin: V. Ehrenberg, Personen des Handelsrechts); Bd. II, 1. Abt., Leipzig 1914 (darin: Pisko, Das kaufmännische Unternehmen); III. Bd., 2. Abt., Leipzig 1922 (Rieß, Die Erwerbs- und Wirtschaftsgenossenschaft); III. Bd., 3. Abt., Leipzig 1929 (Feine, Die Gesellschaft mit beschränkter Haftung).

Eich: Entscheidungsanmerkung, NJW 1964, 1376.

Eichler: Die privatrechtliche Lage des Unternehmens, in: Gestaltwandel der Unternehmung, Berlin 1954.

Eltzbacher: Offene Handelsgesellschaft und Aktiengesellschaft als Theilnehmerinnen einer offenen Handelsgesellschaft, ZHR 45 (1869), 40.

Endemann, W.: Das Deutsche Handelsrecht, 4. Aufl., Leipzig 1887 (zit.: Handelsrecht).

— Studien in der romanisch-kanonischen Wirtschafts- und Rechtslehre bis gegen Ende des 17. Jhd., Bd. 1, Berlin 1874, Neudr. 1962 (zit.: Studien).

— (Hrsg.): Handbuch des Deutschen Handels-, See- und Wechselrechts, hrsg. von W. Endemann, Bd. I, Leipzig 1881 (zit.: Handbuch).

Entwurf eines HGB für die preußischen Staaten nebst Motiven, 2. Theil: Motive, Berlin 1857.

Entwurf eines HGB und EG nebst Denkschrift (Reichstagsvorlage), Berlin 1897.

Erlinghagen, P.: Zur Reform unseres Gesellschaftsrechts, in: Festschrift für R. Reinhardt, Köln-Marienburg 1972, 211.

Esch: Zur steuerlichen Gewinnverteilung bei der GmbH und Co. KG, DB 1967, 569.

Esser, R.: Das Reichsgesetz betr. die Gesellschaft mit beschränkter Haftung, Berlin 1892.

Fabricius, Fr.: Grundbegriffe des Handels- und Gesellschaftsrechts, 2. Aufl., Stuttgart/Berlin/Köln 1971.

Faißt: Kreditwürdigkeitsprüfung in Theorie und Praxis, Betriebswirtschaftliche Blätter 1965, 79.

Fetsch: Die GmbH und Co. im Steuerrecht, Düsseldorf 1964.

Fick: Über Begriff und Geschichte der Aktiengesellschaft, ZHR 5 (1862), 1.

— Mitteilungen über den gegenwärtigen Stand der Gesetzgebung betreffend die Bildung von Handelsgesellschaften mit beschränkter Haftbarkeit, insbesondere von anonymen Kommandit-Aktiengesellschaften, ZHR 13 1869), 391.

Flechtheim: Die GmbH als Komplementär einer Kommanditgesellschaft, JW 1923, 227.

Flume, W.: Gesellschaftsschuld und Haftungsverbindlichkeit des Gesellschafters bei der OHG, in: Festschr. f. A. Knur, München 1972, 125.

— Gesellschaft und Gesamthand, ZHR 136 (1972), 177.

Förtsch, R.: Das Gesetz betr. die Gesellschaft mit beschränkter Haftung, Leipzig 1899.

Geiler: Zur Systematik gesellschaftsrechtlicher Zusammenschlüsse, Zentralblatt für Handelsrecht, Jahrg. 1 (1926), 188.

— Die Entwicklung des Gesellschaftsrechts seit der Revolution, JW 1921, 300.

Geßler: Gesetzgeberische Probleme der GmbH und Co., in: Wirtschaftspraxis und Rechtswissenschaft, Festschr. f. W. Kastner, Wien 1972, 155.

Geßler/Hefermehl/Eckart/Kropff: Aktiengesetz, Kommentar, 2. Lieferung §§ 76 — 94 (Hefermehl), München 1973.

v. Gierke, J.: Reform des deutschen Firmenrechts, ZHR 100 (1934), 305.

— Die Gesellschaft im weiteren Sinne, ZHR 119 (1956), 141.

v. Gierke, O.: Handelsgesellschaftsrecht und Bürgerliches Recht, Archiv f. bürgerl. Recht Bd. 19 (1901), 114.

Godin/Wilhelmi: Aktiengesetz, Kommentar, 4. Aufl., neubearbeitet von Sylvester Wilhelmi, Berlin und New York 1967.

Gohl, H.: Die abgeleitete Firma der GmbH und Co., Diss. Köln 1967.

Goldschmidt, L.: Handbuch des Handelsrechts, Bd. 1, 1. Abt., 3. Aufl. Stuttgart 1891, 1. Lieferung: Universalgeschichte des Handelsrechts (zit.: Universalgeschichte).

— System des Handelsrechts mit Einschluß des Wechsel-, See- und Versicherungsrechts im Grundriß, Stuttgart 1892 (zit.: System).

Grobe: Zum Rechtsverhältnis des persönlich haftenden Gesellschafters einer Kommanditgesellschaft auf Aktien, NJW 1968, 1709.

Groschuff: Entscheidungsanmerkung, JW 1936, 944.

Großfeld, B.: Aktienrecht, Unternehmenskonzentration und Kleinaktionär, Tübingen 1968.

Großkommentar, Aktiengesetz: Begründet von W. Gadow, E. Heinichen, 2. Aufl., bearbeitet von Barz, Fischer u. a., Berlin 1961.

Großkommentar, Handelsgesetzbuch: Begründet von H. Staub, weitergeführt von Mitgliedern des Reichsgerichts, 3. Aufl., Bd. I, §§ 1 — 104, Berlin 1967, Bd. II, 1. Halbbd. §§ 105 — 127 (Robert Fischer), 1967.

Grussendorf: Entscheidungsanmerkung, DNotZ 1954, 94.

Gutachten zum Entwurf eines HGB, erstattet vom Verein der Industriellen des Regierungsbezirks Köln, Köln 1896.

Gutenberg, E.: Grundlagen der Betriebswirtschaftslehre, 2. Bd., Der Absatz, 13. Aufl., Berlin/Heidelberg/New York 1971.

Haas, L.: Die Bedeutung der Mitgliederhaftpflicht für die Erwerbs- und Wirtschaftsgenossenschaften und die Problematik der genossenschaftlichen Haftpflicht, Diss. Marburg 1962.

Hachenburg, M.: Kommentar zum Gesetz betr. die Gesellschaften mit beschränkter Haftung (früher Staub/Hachenburg), 6. Aufl., Bd. I Berlin 1956, bearbeitet von W. Schmidt, W. Schilling, R. Gördeler.

Hadding, W.: Zur Haftung des ausgeschiedenen OHG-Gesellschafters, ZGR 2 (1973), 137.

v. Hahn, Fr.: Commentar zum Allgemeinen Deutschen Handelsgesetzbuch, Bd. I, 3. Aufl., Braunschweig 1877.

Handbuch der Personengesellschaften von: H. Westermann, P. Scharpf, H. Paulick, G. A. Bulla, W. Hackbeil, Teil I, Gesellschaftsrecht von *H. Westermann*, Köln-Marienburg 1967 ff. (zit.: Westermann, Harry, Handbuch I).

Haupt/Reinhardt: Gesellschaftsrecht, 4. Aufl., Tübingen 1952.

Hauschildt, J.: „Kreditwürdigkeit". Bezugsgrößen von Verhaltenserwartungen in Kreditbeziehungen, in: Hamburger Jahrbuch für Wirtschafts- und Gesellschaftspolitik, 17. Jahr, Tübingen 1972, 167.

Hefermehl, W.: Gesellschaftsrecht, in: Jura Europae, Bd. I, Deutschland, München und Paris, Stand: 1. Mai 1972.

Heinen: Einführung in die Betriebswirtschaftslehre, 3. Aufl., Wiesbaden 1970.

Helm: Zum Recht atypischer Gesellschaften, ZGR 2 (1973), 478.

Hesselmann, M.: Handbuch der GmbH und Co., 11. Aufl., Köln 1970.

HGB-RGRK: Kommentar zum Handelsgesetzbuch, früher hrsg. von Mitgliedern des Reichsgerichts, 2. Aufl., Bd. I (Würdinger), Berlin 1953, Bd. II (Weipert), Berlin 1950.

Hoeniger: Entscheidungsanmerkung, JW 1925, 2338.

Hofmann, P.: Der Grundsatz der Firmenwahrheit, JuS 1972, 233.

Hofstetter, W.: Der Handelsname im englischen Recht, Diss. Mainz 1972.

Hueck, Alfred: Das Recht der Offenen Handelsgesellschaft, 4. Aufl., Berlin 1971.

Huffer, H.: Das partiarische Geschäft als Rechtstypus, Diss. München 1970.

Immenga, U.: Die personalistische Kapitalgesellschaft, Bad Homburg v. d. Höhe 1970.

Jäger, B.: Die Genossenschaft ohne Haftpflicht, insbesondere die Problematik der Umwandlungen von Genossenschaften mit beschränkter Haftpflicht und unbeschränkter Haftpflicht in Genossenschaften ohne Haftpflicht, Diss. Münster 1970.

Joos, B.: Das schweizerische Firmenrecht, Diss. Mainz 1970.

Kallmann: Zum Firmenrecht der GmbH, JW 1924, 1120.

Kämmerer, L.: Die Rechtsnatur der Offenen Handelsgesellschaft, NJW 1966, 801.

Klein, W.: Schulze-Delitzschs Kampf um die Anerkennung der Erwerbs- und Wirtschaftsgenossenschaft als Rechtssubjekt vor dem Hintergrund der politischen Verhältnisse in Preußen, Diss. Heidelberg 1972.

Klunzinger, E.: Firmenrechtliche Grenzen bei der GmbH und Co. KG, DB 1973, 1881.

Knopp: Über den Grundsatz der Firmeneinheit, ZHR 125 (1963), 171.

Knur, A.: Die GmbH und Co., in: GmbH-Reform. Mit Beiträgen von Barz, Forster u. a., Bad Homburg v. d. H./Berlin/Zürich 1970, 164.

Koch, Chr. Fr.: Allgemeines Deutsches Handelsgesetzbuch, 2. Aufl., Berlin 1868.

Kraft, A.: Die Führung mehrerer Firmen, München und Berlin 1966.

Kröner: Vorschläge zur Änderung des geltenden Firmenrechts, ZAkDR 1936, 1046.

Kupsch, P. U.: Risiko und Entscheidung. Ein Beitrag zur Fundierung betriebswirtschaftlicher Grundmodelle unter dem Aspekt des Risikoverhaltens, Diss. München 1971.

Küster, W.: Inhalt und Grenzen der Rechte des Gesellschafters, insbesondere des Stimmrechts im deutschen Gesellschaftsrecht, Berlin 1954.

Laband: Beiträge zur Dogmatik der Handelsgesellschaften, ZHR 30 (1885), 469.

Lang/Weidmüller: Genossenschaftsgesetz, Kommentar, 29. Aufl., Berlin/New York 1971.

Latinak, P.-J.: Täuschung mit dem Namen einer ausländischen Gesellschaft?, NJW 1973, 1215.

Lehmann/Dietz: Gesellschaftsrecht, 3. Aufl., Berlin und Frankfurt 1970.

Lehmann, Karl: Das Recht der Aktiengesellschaft, I. Bd., Berlin 1898.

Lohmann, M.: Ein Vorschlag zur Reform der Gesellschaft mit beschränkter Haftung, AcP 150 (1949), 506.

Martens, Kl. P.: Mehrheits- und Konzernherrschaft in der personalistischen GmbH. Zugleich ein Beitrag zur Abgrenzung von Vertragsgesellschaft und Körperschaft, Köln 1970.

— Die Anzeigepflicht des Verlustes des Garantiekapitals nach dem Aktiengesetz und dem GmbH-Gesetz, ZGR 1 (1972), 254.

— Bestimmtheitsgrundsatz und Mehrheitskompetenzen im Recht der Personalgesellschaften, DB 1973, 413.

Meier-Hayoz: Personenrechtliche Elemente in der Aktiengesellschaft, in: Festgabe f. W. Hug, Bern 1968, 377.

Meier-Hayoz/Schluep/Ott: Zur Typologie im schweizerischen Gesellschaftsrecht, Z. f. Schweiz. Recht Vol. 90 I (1971), Fasc. 3, Sonderheft, 293.

Mertens: Einmann-GmbH und Co. KG und das Problem der gesellschaftsrechtlichen Grundtypenmischung, NJW 1967, 1049.

— GmbH und Co. und Gesellschaftsrechtsdogmatik, NJW 1970, 1600.

— */Neupel:* Kann eine Personengesellschaft Gesellschafterin einer anderen Personengesellschaft sein?, GmbHRdSchau 1970, 211.

Meyer/Meulenbergh: Genossenschaftsgesetz, Kommentar, 10. Aufl., München/ Berlin 1965.

Nipperdey, H. C.: Zur doppelten Firmenführung für ein einheitliches Handelsgeschäft, in: Festschr. f. A. Hueck, Berlin und München 1959, 195.

Nitschke, M.: Die körperschaftlich strukturierte Personengesellschaft, Bielefeld 1972.

Ott, W.: Die Problematik einer Typologie im Gesellschaftsrecht, dargestellt am Beispiel des schweizerischen Aktienrechts, Bern 1972.

Peter, K.: Neuzeitliche Gesellschaftsverträge und Unternehmensformen, 4. Aufl., Herne/Berlin 1972.

Paulick: Das Recht der eingetragenen Genossenschaft, Karlsruhe 1956.

Piechotta: Firmenwahrheit und Firmenoffenkundigkeit, DR 1934, 258.

Pfander, N.: Kann eine Personengesellschaft Gesellschafterin einer anderen Personengesellschaft sein?, DB 1969, 823.

Pflug, H.-J.: Der persönlich haftende Gesellschafter in der Kommanditgesellschaft auf Aktien, NJW 1971, 345.

Pisko, O.: Die beschränkte Haftung des Einzelkaufmanns, GrünhutsZ 37 (1910), 699.

Pleyer: Entscheidungsanmerkung, GmbHRdSchau 1967, 123.

Plum, M.: Der fortschreitende Strukturwandel der Personalgesellschaft durch Vertragsgestaltung, in: Hundert Jahre Deutsches Rechtsleben, Festschr. z. hundertj. Bestehen des DJT, Bd. II, Karlsruhe 1960.

Puchelt, E. S.: Kommentar zum Allgemeinen Deutschen Handelsgesetzbuch, Leipzig 1882.

Raisch: Geschichtliche Voraussetzungen, dogmatische Grundlagen und Sinnwandlung des Handelsrechts, Karlsruhe 1965.

— Handelsgesellschaft auf Einlagen als neue Gesellschaftsform für Vereinigungen von Handelsgewerbetreibenden, Landwirten und Angehörigen freier Berufe, in: Festschr. f. A. Knur, München 1972, 165.

Raiser, L.: Die wirtschaftsverfassungsrechtlichen Fragen der Gestaltung der Unternehmensformen, in: Verhandlungen des 39. DJT (1951), B 57, Tübingen 1952.

Raiser, Th.: Das Unternehmen als Organisation, Berlin 1969.

v. Randenborgh: Zum Namensrecht der Handelsgesellschaften, DNotZ 1961, 508.

Reinhardt, E.: Jakob Fugger. Der Reiche aus Augsburg. Zugleich ein Beitrag zur Klärung und Förderung unseres Verbandswesens, Berlin 1926.

Reinhardt, Rudolf: Handel und Gewerbe, Tübingen 1938.

— Die Fortentwicklung des Rechts der OHG und KG in der neueren deutschen Lehre und Rechtsprechung, Z. des Bernischen Juristenverbandes Bd. 103 (1967), 329.

— Gesellschaftsrecht, Tübingen 1973.

Renaud, A.: Das Recht der Actiengesellschaften, Leipzig 1875.

Riechert: Die Firma der GmbH und Co., DB 1956, 493.

Rinck: Wirtschaftsrecht, 3. Aufl., Köln/Berlin/Bonn/München 1972.

Ripfel, Fr.: Die Personenfirma der GmbH, GmbHRdSchau 1959, 23.

Ritter, Karl: Die allgemeinen Lehren des Handelsrechts, Berlin 1900.

Rittner: Die handelsrechtliche Publizität außerhalb der Aktiengesellschaft, Gutachten zum 45. DJT (1964), Bd. I, Teil 4, München/Berlin 1964.

— Die werdende juristische Person, Tübingen 1973.

Schilling: Rechtspolitische Gedanken zur GmbH und Co., in: Recht und Rechtsleben in der sozialen Demokratie, Festg. f. O. Kunze, Berlin 1969, 189.

— Die Handelsgesellschaft auf Einlagen, die GmbH und Co. KG und die GmbH-Reform, BB 1971, 1.

Schlegelberger, Fr.: Handelsgesetzbuch, 1. Band, 4. Aufl., Berlin und Frankfurt 1960, 5. Aufl., bearbeitet von Hildebrandt und Steckhan, München 1973.

Schlegelberger/Quassowski u. a.: Aktiengesetz, Kommentar, 3. Aufl., Berlin 1936.

Schmalenbach, E.: Die Beteiligungsfinanzierung, 9. Aufl. bearbeitet von Bauer, Köln/Opladen 1966.

Schmatz: Entscheidungsanmerkung, DNotZ 1956, 613.

Schmidt, K.: Zur Stellung der OHG im System der Handelsgesellschaften. Eine Untersuchung des gesellschaftsrechtlichen Grundsatzes der unbeschränkten Haftung, Bonn 1972.

Schmidt, K.: Zur „Kaufmannfähigkeit" von Gesamthandgemeinschaften, JZ 1973, 299.

Schneider, H./Schneider, U. H.: Die neuere Entwicklung der Rechtsprechung des Bundesgerichtshofes zur Kommanditgesellschaft, ZGR 1 (1972), 52.

Scholz, Fr.: Kommentar zum GmbH-Gesetz, 5. Aufl., Köln 1964.

Schultze-von Lasaulx: Zur Frage der Gestaltungsfreiheit für Gesellschaftsverträge. Eine Bestandsaufnahme. Abschied von Illusionen. Zeitschr. f. d. ges. Genossenschaftswesen Bd. 21 (1971), 326.

Staub's Kommentar: zum Handelsgesetzbuch, 11. Aufl., bearbeitet von Bondi, Koenige, Pinner, Berlin/Leipzig 1921.

Steuck: Die Stiftung als Rechtsform für wirtschaftliche Unternehmen, Berlin 1967.

Teichmann, A.: Gestaltungsfreiheit in Gesellschaftsverträgen, München 1970.

Trojan: Rechtsprechung in Registersachen, Zeitschrift des deutschen Notarvereins 1925, 42.

Troller: Immaterialgüterrecht, Patentrecht, Markenrecht, Urheberrecht, Muster- und Modellrecht, Wettbewerbsrecht, Bd. 1, 2. Aufl., Basel und Stuttgart 1968.

Vogel, H.: GmbH-Gesetz, Kommentar, 2. Aufl., Berlin und Frankfurt 1956.

Weibel, P.: Betriebswirtschaftliche Probleme des Bankbetriebes, Bern und Stuttgart 1971.

Weipert: Die Firma der GmbH und Co., GmbHRdSchau 1954, 26.

Wellmann, C.: Der kaufmännische Firmenname als Name des Gesellschafters, GmbHRdSchau 1954, 40.

— Die Bildung der Gesellschaftsfirma unter Verwendung des Namens einer Muttergesellschaft, GmbHRdSchau 1953, 86.

— Entscheidungsanmerkung, GmbHRdSchau 1956, 173.

— Die Firma der GmbH, GmbHRdSchau 1972, 193.

— Entscheidungsanmerkung, BB 1972, 1383.

Wessel: Ist unser Firmenrecht reformbedürftig?, BB 1969, 885.

— Ist § 24 a HGB in der Fassung des Entwurfs eines Einführungsgesetzes zum GmbH-Gesetz praktikabel? BB 1972, 66.

Westermann, H.-P.: Vertragsfreiheit und Typengesetzlichkeit im Recht der Personalgesellschaften, Berlin/Heidelberg/New York 1970 (zit.: Vertragsfreiheit).

— Die GmbH und Co. KG im Lichte der Wirtschaftsverfassung, Karlsruhe 1973.

Wetter: Die Kommanditgesellschaft mit beschränkter Haftung (KGmbH), BB 1968, 734.

Wiedemann: Entscheidungsanmerkung, JZ 1969, 471.

Wiedemann/Bär/Dabin: Die Haftung des Gesellschafters in der GmbH. Verhandlungen der Fachgruppe für vergleichendes Handels- und Wirtschaftsrecht anläßlich der Tagung für Rechtsvergleichung in Berlin vom 27. bis 30. September 1967, Frankfurt/Berlin 1968.

Wieland, K.: Handelsrecht, Bd. I: Das kaufmännische Unternehmen und die Handelsgesellschaften, München/Leipzig 1921, Bd. II: Kapitalgesellschaften, 1931.

Wiethölter: Interessen und Organisation der Aktiengesellschaft im amerikanischen und deutschen Recht, Karlsruhe 1961.

Zemlin, W.: Die Beteiligung einer OHG/KG an einer anderen OHG/KG, Diss. Hamburg 1971.

Zielinski, G.: Grundtypenvermischung und Handelsgesellschaftsrecht, Marburg 1925.

FSC
www.fsc.org
MIX
Papier | Fördert gute Waldnutzung
FSC® C083411

Kolibri 360 GmbH
Ferdinand-Jühlke-Straße 7
99095 Erfurt, Deutschland
produktsicherheit@kolibri360.de

Druck:
CPI Druckdienstleistungen GmbH
im Auftrag der
Kolibri 360 GmbH
Ferdinand-Jühlke-Str. 7
99095 Erfurt